体育学术研究文丛

教练员领导行为、激励氛围对运动员动机内化影响研究

——以青少年排球项目为例

蔡端伟　著

北京体育大学出版社

策划编辑：钱春华
责任编辑：钱春华
责任校对：李志诚
版式设计：久书鑫

图书在版编目（CIP）数据

教练员领导行为、激励氛围对运动员动机内化影响研
究 ： 以青少年排球项目为例 / 蔡端伟著. -- 北京 ： 北
京体育大学出版社，2024.1

ISBN 978-7-5644-3946-0

Ⅰ．①教… Ⅱ．①蔡… Ⅲ．①教练员－领导行为－影
响－排球运动－训练效果－研究 Ⅳ．①G842

中国国家版本馆 CIP 数据核字（2023）第 214626 号

教练员领导行为、激励氛围对运动员动机内化影响研究　　　　蔡端伟　著

JIAOLIANYUAN LINGDAO XINGWEI、JILI FENWEI DUI YUNDONGYUAN DONGJI NEIHUA YINGXIANG YANJIU

出版发行：北京体育大学出版社
地　　址：北京市海淀区农大南路 1 号院 2 号楼 2 层办公 B-212
邮　　编：100084
网　　址：http://cbs.bsu.edu.cn
发 行 部：010-62989320
邮 购 部：北京体育大学出版社读者服务部 010-62989432
印　　刷：三河市龙大印装有限公司
开　　本：710mm×1000mm　　1/16
成品尺寸：170mm×240mm
印　　张：16.5
字　　数：318 千字
版　　次：2024 年 1 月第 1 版
印　　次：2024 年 1 月第 1 次印刷
定　　价：85.00 元

前　言

　　团体运动项目中教练员的领导力提升和团队的效能转化问题一直是理论界关注的热点，所涉及的三大核心问题是：第一，教练员通过创造哪种激励氛围，才能形成正向激励，促进其执教行为与运动员动机内化过程相融合，实现个体需求发展与团队激励目标的兼容；第二，教练员的领导行为通过哪种传导机制影响运动员动机内化的形成和自我行为的选择；第三，内生和外生的影响因子如何影响运动员的动机内化和自我成就。

　　本书以 2014 年全国青少年排球联赛（专业组）参赛队员为主研究样本，以 2014 年中国大学生排球联赛（北方赛区）（非专业组）参赛队员为对比样本，实证研究了教练员领导行为、激励氛围对运动员动机内化的影响机理，并在整合了领导理论、成就目标理论、自我决定理论和动机层次模型的基础上，构建了教练激励模型、运动员动机形成理论解释框架，探寻了教练员领导行为对运动员动机内化的影响路径。研究结果对于激发运动员参与动机、提升教练员领导效能等都具有理论和现实价值。

　　本书采用了理论整合、分层实证的研究范式，对教练员领导行为到运动员动机内化的传导路径进行了理论假设与实证分析。

　　第一，教练员的领导行为通过激励氛围影响运动员动机内化。笔者通过理论整合发现，教练员的领导行为正向影响激励氛围的创建，而运动员对激励氛围的感知、解读、转译，不仅影响教练员领导行为的效能，而且影响运动员动机内化。激励氛围在教练员领导行为与运动员心理感知、情感和行为选择中处于中介地位，运动员通过解读激励氛围来感知教练员的领导行为，进而影响动机内化。这种影响在团体项目中更为突出。此外，运动员对教练员领导行为的感知质量决定着其动机内化的方向与进程。

第二，教练员掌握型激励氛围在教练员领导行为和运动员基本心理需求之间具有中介作用。研究表明，运动员动机内化过程中基本心理需求的满足通过感知教练员掌握型激励氛围而达成。而教练员掌握型激励氛围的子维度对运动员基本心理需求满足起触发作用的感知机理存在差异。其中，努力与进步在教练员领导行为和运动员基本心理需求中的自主性之间发挥中介作用；合作学习在教练员领导行为中的训练指导、民主行为与正面反馈和运动员基本心理需求中的胜任力和归属感之间发挥中介作用；角色认同在教练员领导行为中的训练指导、正面反馈与社会支持和运动员基本心理需求中的胜任力和归属感之间发挥中介作用。运动员对于激励氛围的感知偏差会直接影响运动员对教练员领导行为的认可、接受和行为转化。

第三，基本心理需求对教练员激励氛围和运动员自我决定动机具有中介影响效用。研究表明，不同的激励氛围对基本心理需求的满足程度与方向各不相同。在基本心理需求对教练员激励氛围和运动员自我决定动机起中介作用的过程中，胜任力和归属感具有显著的中介效应。其中胜任力正向显著影响合作学习、角色认同和队内竞争，负向显著影响厚此薄彼和错误惩罚；归属感正向显著影响掌握型激励氛围的三个维度和队内竞争，负向显著影响错误惩罚。与西方自主感和胜任力对自我决定动机具有正向预测不同，在中国运动员中，归属感排在第一位，胜任力排在第二位，而自主感的影响效应有限。其原因除文化差异外，还包括项目差异、自主差异和控制差异。

第四，运动员不同的目标导向对激励氛围的感知会表现出不同的解读结果。本书研究了运动员目标导向对激励氛围感知的影响关系及目标导向对归属感中介变量的调节作用。研究发现，运动员的自我和任务两种目标导向存在着相关关系，而非正交关系，运动员的自我目标导向可以同时具备两种目标倾向，而非在强化一种目标倾向的同时压制或削弱另一种目标倾向。不同的目标导向对激励氛围的感知表现出不同的结果：任务目标导向与掌握型激励氛围高度相关，运动员具有高任务目标导向对教练员掌握激励氛围的感知和解读更为敏锐，当运动员任务目标导向较低时，其对归属感的中介变量的调节效应显著；而在表现型激励氛围方面，自我目标导向与表现型激励氛围高度相关，其自我目标导向的高低会影响其对表现型激励氛围的理解和感知。

　　本书通过对非专业组和专业组的配比样本分析，研究了不同教练员领导行为的横向效应和纵向效应。研究发现，专业组（青少年队）相较于非专业组（大学生队）：其教练员的领导作用更突出，教练员的支持行为表现较弱，群体凝聚力的作用比较明显，教练员激励氛围的塑造作用更为突出。这说明专业组更注重教练员的领导行为和群体凝聚力的打造。在教练员的激励氛围作用下，专业组和非专业组的队员均倾向于受自我导向的影响，即运动员的动机内化更乐于接受社会比较和自我认同。在不同模型中，非专业组更易于接受教练员的支持行为，专业组更愿意拥有高凝聚力的队员群体凝聚力。在非专业组，运动员对教练员领导行为有一定的抵触情绪，但是乐于接受各种动机调节手段，如果激励氛围做得更好，任务型导向可以帮助运动员产生较强的动机内化，甚至优于自我导向的作用。

　　本书建构了从微观到中观、从个体到团队的研究通道，也揭示了从教练员行为选择、激励氛围营造，运动员动机内化到自我成就转换的过程，研究结果对促进教练员有效领导和团队建设具有一定的理论和现实意义。

目录

导　论

1.1　问题提出

  教练员领导效用转化问题一直是理论界关注的焦点，各种理论层出不穷。然而，教练员通过创造何种激励氛围才能促进团队建设效能提高和运动员绩效提升，通过创造何种机制影响运动员的动机内化和自我行为选择，这是理论界一直关注的问题。打开这个"黑匣子"，不仅可以建构从微观到中观、从个体到团队的研究通道，也可以揭示从教练员行为选择、激励氛围营造，运动员动机内化到自我成就转换的过程。

1.2　研究背景

1.2.1　集体项目落后影响我国从体育大国走向体育强国的战略规划实施

  我国竞技体育在过去几十年来取得了长足发展，从奥运金牌为零突破到世界级比赛中成绩瞩目，这不仅体现了我国竞技体育的内在发展和实力增强，而且诠释了我国综合国力的提升。然而我们不能忽视的问题是，这些荣誉和奖牌多集中在传统的优势项目和个人项目上，而那些具有广泛参与性和关注人群的集体项目竞技成绩不升反降。特别是反映一国体育综合实力、潜力和参与程度的三大球类项目竞技成绩更是不尽如人意。集体项目的衰落不符合我国从体育大国走向体育强国的战略规划要求，也反映出我国学术界对于集体项目相关的研究力量薄弱，有待进一步加强。

1.2.2 实践中运动员参与动机是教练员关注的要点和难点

在集体项目运动实践中，教练员常常感叹：为什么在队员先天条件、技战术训练内容和时间都差不多的情况下，教练员领导行为绩效却表现出很大的差异呢？尽管不同教练员在对问题的归因方面往往存在一定差异，但最终结果都指向运动员。运动员在平时训练中表现出的"让我练""应该练""我要练"，以及参与比赛的愿望是影响教练执教效能的关键要素。教练员都希望自己的队员能提高参与动机，表现出"我要练"的状态。同时，教练员也都试图通过自己的行为对运动员产生影响，使运动员提高运动参与程度。这里涉及运动员动机内化的问题。所谓"动机内化"是指运动员在目标导向的调节下，通过对外部环境的感知、转移和整合实现基本心理需求满足，提升自我决定动机的过程，即运动员对教练员领导行为创设的环境进行解读后，与自身需求相结合，最终完成自我整合（自我决定）的过程。自我决定理论的子理论——有机整合理论认为：在内化过程中，运动员个体能够积极、能动地将社会赞许的价值观、规则转化为自我认同的理念，并整合成自我调节。此外，自我决定理论的另一子理论——基本心理需求理论认为：基本心理需求的自主感、胜任力和归属感是动机内化的前提条件。教练员作为运动员团队的主要影响者，如何在实践中增强运动员参与动机、实现动机内化是关注的焦点。

1.2.3 动机形成受到内外因子的共同作用

按照心理学家提出的"观念—行为—绩效"研究范式，人的价值观念决定着人的动机，动机决定着行为选择，行为选择则形成最后的绩效。该范式的起点——观念在体育运动中表现为运动员的动机，而动机的形成受到外生因子和内生因子的混合影响。成就目标理论认为，人在参与活动中会自我设定两种目标，即任务导向和自我导向，据此运动员会采用自我参照和对比参照的方式形成运动动机。自我决定理论视动机为从外在调节到内在动机的连续体，并提出这一连续体形成的前提是三种基本心理需求的满足①。情境理论则认为，动机的形成还受到外生变量即社会因子的影响②，从宏观的国情到中观的竞技水平，再到微观的社会主体都可能成为影响运动员动机生成的因子。瓦勒朗（Vallerand）③整合了以上理论，提出了"社会因子—基本心理需求—自我决定动机—行为"的动机层次模型，并从个体、情境和领域三个层次水平上对此做出了阐述。而在该模型的"社会因子"中，教练员在运动员团队中扮演十分重要的角色，优秀教练员能够促进运动员动机的形成、提升并维持团队的竞技水平。

　　根据成就目标理论，动机的形成是环境因子和个体目标导向互动的结果，并非单纯受到某个变量的支配性影响。虽然环境因子特别是激励氛围是集体项目中动机形成的重要前置变量，但是激励氛围构建的主体是教练员，而这种外生激励通过运动员的解读和转译形成动机内化还要受到运动员本身的目标导向的调节作用。目标导向理论是认知心理学家运用社会认知理论的原理，研究个体在成就情境中的动机和行为的理论。目标导向理论界定个体参与活动包括任务目标导向和自我目标导向两种倾向。具体到运动心理学上，运动员倾向于任务目标导向时其成就感来源于自我参照的提高，而具有自我目标导向的运动员则以社会比较为标准，通过超越对手或队友获得成就感。尼科尔斯（Nicholls）④指出，个体动机形成是自我稳定的个性特质（目标导向）和界定成就任务的社会情境（激励氛围）共同影响下的产物，它们之间存在交互效应。在长期干预下，激励氛围会影响目标导向的转变。尽管个体特质在其特定目标选择上具有决定性作用，但是个体所处的成就情境可以强化或弱化这种作用⑤。同时目标导向也会影响激励氛

①　DECI E L，RYAN R M. Intrinsic motivation and self-determination in human behavior [M]. New York：Plenum Press，1985.

②　AMES C. Achievement goals，motivational climate，and motivational processes [A]// Roberts G C. Advances in motivation in sport and exercise [C]. Champaign：Human Kinetics Publisher，1992：161－176.

③　VALLERAND R J. Toward a hierarchical model of intrinsic and extrinsic motivation [A]// Zanna M. Advances in Experimental Social Psychology [C]. New York：Academic Press，1997，29（8）：271－360.

④　NICHOLLS J G. The competitive ethos and democratic education [M]. Cambridge：Harvard University Press，1989.

⑤　DWECK C S，LEGGETT E L. A social-cognitive approach to motivation and personality [J]. Psychological review，1988，95（2）：256－273.

围的感知强度。尽管早期的研究表明掌握型激励氛围与任务目标导向高度相关，表现型激励氛围与自我目标导向高度相关[1][2]，但是这两种目标导向并非独立的，而是具有自相关性的交互作用，共同影响激励氛围的知觉感受[3]。目前关于这种激励氛围与目标导向的交互作用仍然存在争议。恩图曼尼斯（Ntoumanis）等[4]认为，具有任务目标导向的运动员无论自我目标导向水平高低都对掌握型激励氛围的知觉更敏感。露丝（Ruth）等[5]则发现两者之间不存在显著的相关关系。

对动机形成过程的解释最具代表性的理论就是自我决定理论。自我决定理论对动机理论的主要贡献在于：将动机分为外在动机、内在动机和无动机状态三种。自我决定理论通过其子理论——基本心理需求理论来构建动机形成的内在机理。它指出动机形成是通过个人与社会环境的交互来满足个体的基本心理需求，以实现内在动机提升和外在动机内化的过程。然而该过程的内在机理与规律却没有得到充分的阐述。瓦勒朗（Vallerand）等[6]的动机层次模型对此做出更为明晰的诠释：不同需求的个体可以产生具有较大差异的知觉感受。动机层次模型指出情境、领域和个体三个层次的社会因子都影响动机形成的过程，并且具有临近层次的交互性[7]，也就是说，个体特质和情境因子的互动可以同时影响动机形成与发展的过程。具体在运动心理学方面，根据尼科尔斯的观点，动机的形成既受到外在情境如激励氛围的影响，又依赖于个体特质如目标导向。然而目前多数研究聚焦

① SEIFRIZ J J, DUDA J L, CHI L. The relationship of perceived motivational climate to intrinsic motivation and beliefs about success in basketball [J]. Journal of sport & exercise psychology, 1992, 14 (4): 375-391.

② WHITE S A. Goal orientation and perceptions of the motivational climate initiated by parents [J]. Pediatric exercise science, 1996, 8 (2): 122-129.

③ FOX K R, GOUDAS M, Biddle S J H, et al. Children's task and ego goal profiles in sport [J]. British journal of educational psychology, 1994, 64 (2): 253-261.

④ NTOUMANIS N, BIDDLE S J H. The relationship of coping and its perceived effectiveness to positive and negative affect in sport [J]. Personality and individual differences, 1998, 24 (6): 773-788.

⑤ RUTH J A, OTNES C C, BRUNEL F F. Gift receipt and the reformulation of interpersonal relationships [J]. Journal of consumer research, 1999, 25 (4): 385-402.

⑥ VALLERAND R J, SALVY S-J, MAGEAU G A, et al. On the role of passion in performance [J]. Journal of personality, 2007, 75 (3): 505-533.

⑦ VALLERAND R J, RATELLE C F. Intrinsic and extrinsic motivation: A hierarchical model [M]// Deci E L, Ryan R M. Handbook of self-determination research. Rochester: The University of Rochester Press, 2002: 37-63.

于目标导向对动机形成的影响与作用，较少同时涉及以上两个变量的交互①作用，并且研究对象集中于中小学生②，较少涉及专业运动队的队员。

此外，自我决定理论和成就目标理论都强调三种基本心理需求中胜任力感知的作用，较少涉及归属感的研究。根据自我决定理论，归属感处于动机连续体的末端，与胜任力和自主感相比，其作用相对较弱。但是在高度社会化的组织中，例如在竞技体育中的集体项目中③，归属感则成为自我决定动机的重要预测因子。

1.2.4　教练员领导行为转化需要运动员的感知与认同

传统研究对教练员领导行为的权威、管理模式和决策影响比较关注，而对运动员如何感知、认同、理解教练员的意图、动机和行为重视不够④。研究发现，运动员对教练领导行为的感知、理解和支持直接影响教练员领导行为预期。因此，权威式的领导模式应该向运动员自我领导模式转换⑤。

目前关于教练员行为的研究多基于凯拉杜赖（Chelladurai）⑥构建的多维度体育运动领导模型。该模型指出，情境、教练员领导行为和运动员特征形成了教练员的"情境""实际"和"偏爱"这三种领导方式，三者呈现一致性时能提升运动员的满意度和团队绩效。国内相关研究大多是该模型的机械模仿与复制，并且多为对实际教练员领导行为的单方面考察，不足以诠释出该模型的内涵与本质。虽然一些研究开始关注运动员对教练员领导行为的感知差异或满意度⑦⑧，但是对运动员感知、认同、理解教练员的意图、动机和行为的过程与内在传导机理

① 陈爱国，许克云，殷恒婵，等.体育学习中成就目标导向与多维学习动机的关系研究[J]. 天津体育学院学报，2010，25（3），214-217.

② 姜志明，尹君.大学生体育目标导向研究进展 [J].体育研究与教育，2013，28（1）：72-76.

③ GUAY F，VALLERAND R J，BLANCHARD C. On the assessment of situational intrinsic and extrinsic motivation：The Situational Motivation Scale（SIMS）[J]. Motivation and emotion，2000，24（3）：175-213.

④ AVERY G C. Understanding Leadership [M]. Thousand Oaks，California：Sage Publications Ltd，2005.

⑤ LAIOS A，THEODORIKAS N，GARGALIANOS D. Leadership and power：Two important factors for effective coaching [J]. International sports journal，2003，7（1）：150-154.

⑥ CHELLADURAI P. Leadership in sports organizations [J]. Canadian journal of applied sport sciences，1981，5（4）：226-231.

⑦ 高敬萍. 高水平专业运动队教练员领导行为研究[J]. 北京体育大学学报，2007，30（3）：429-431.

⑧ 樊力平，邹本旭. 不同特征的我国甲级男排运动员期望教练员领导行为模式上的认知差异性[J]. 上海体育学院学报，2003，27（5）：83-86.

的研究依然不足[①]。斯莫尔（Smoll）等[②]依据多维度体育运动领导模型进一步提出了教练员领导行为调节的概念性模型，用于解释教练员领导行为引起的运动员心理动机和行为倾向变化。该模型指出教练员领导行为需要通过运动员的感知、评价和反馈形成一个螺旋上升的回路来不断修正和改进，并且该过程受到情境因子、教练员特质和运动员特质的影响。

在现实生活中，人们的各种行为受其感知的影响[③]，感知结果不仅影响个体行为方向也影响行为努力程度。教练员与运动员的人际互动、理解沟通、认同认可，不仅可以消除彼此的误解，而且可以影响运动员的心理感受，进而影响运动员的行为选择[④]。舍曼（Sherman）等[24]研究发现，运动员对教练员领导行为的感知会经过自我期盼、过程体验、对比评价和行为转换四个过程，而过程体验和对比评价的结果会影响运动员心理基本需求的满足和行为选择。

与此同时，期盼理论也指出，目标内容选择不仅影响教练员的行为选择，而且影响运动员的心理感知和能力差距。每个运动员团体都有其发展目标和使命定位，这些在影响教练员领导行为方式选择的同时，也影响运动员的心理感受和成就感。如果教练员只注重执教意图的执行，而不考虑运动员的感受，运动员就会产生抵触心理。

1.2.5　激励氛围在教练员与运动员之间具有中介地位

埃姆斯（Ames）[⑤]则认为教练员领导行为由于受环境因子的干扰会表现得千差万别，而由这些行为产生的激励氛围相对稳定且可靠。她根据成就目标理论中的任务目标导向和自我目标导向将激励氛围分为掌握型激励氛围和表现型激励氛围。在掌握型激励氛围中，教练员鼓励运动员以自我为参照，通过超越自己过去的竞技水平和能力而获得动机；在表现型激励氛围中教练员则鼓励运动员

---

① AVERY G C. Understanding Leadership [M]. Thousand Oaks，California：Sage Publications Ltd，2005：77－84.

② SMOLL F L，SMITH R E. COACHING COACHES[J]. Journal of sport & exercise psychology，1994，16（3）：342.

③ WANG J，CALLAHAN D. An investigation of players perceptions at competitive situations in college varsity soccer teams [J]. Journal of Applied Research in Coaching and Athletics，1999.

④ SHERMAN C A，FULLER R，SPEED H D. Gender comparisons of preferred coaching behaviors in Australian sports [J]. Journal of sport behavior，2000，23（4）：389－407.

⑤ AMES C. Classrooms：goals，structures，and student motivation [J]. Journal of educational psychology，1992，84（3）：261－271.

以他人为参照，通过超越队友或对手获得动机。大量研究已经证明，激励氛围作为重要的情境因子在运动员动机形成过程中起到了重要的作用。

在体育运动领域，社会环境重要的载体就是教练员[1][2]，而激励氛围在教练员领导行为与运动员心理感知、情感和行为选择中处于中介地位[3]。已有研究证明，掌握型激励氛围与运动员基于自我决定理论的内部动机高度相关[4][5]。然而，多数研究均笼统地将掌握型激励氛围作为单变量处理。牛顿（Newton）等发现掌握型激励氛围还可以细分为合作学习、努力与进步和角色认同三个子维度，而目前针对这些子维度的相关研究仍然较少。[6]

另外，目前多数研究没有对教练员领导行为作为激励氛围的源泉加以考虑。对于教练员通过何种行为可以营造出积极的激励氛围进而满足运动员的基本心理需求，学者还没有给出满意的答案[7][8]。最后，目前关于竞技体育激励氛围的研究缺少多元文化下的针对性探讨[9]。不同文化背景和社会环境会影响人对于目标成就的解读，进而影响三个基本需求满足的倾向。截至目前，多数研究都以北美和欧洲运动员为研究对象，而针对以集体荣誉和不计较个人得失为主流的东方文化下的动机研究仍然较少，有必要探究其结构维度与权重差异[10]。

① NTOUMANIS N. A self-determination approach to the understanding of motivation in physical education [J]. The British journal of educational psychology，2001，71（2）：225−242.

② SARRAZIN P，VALLERAND R，EMMA G D，et al. Motivation and dropout in female handballers：a 21−month prospective study [J]. European journal of social psychology，2002，32（3）：395−418.

③ RYAN R M，DECI E L. Intrinsic and extrinsic motivations：Classic definitions and new directions [J]. Contemporary educational psychology，2000，25（1）：54−67.

④ FERRER-CAJA E，WEISS M R. Predictors of intrinsic motivation among adolescent students in physical education [J]. Research quarterly for exercise and sport，2000，71（3）：267−279.

⑤ SEIFRIZ J J，DUDA J L，CHI L. The relationship of perceived motivational climate to intrinsic motivation and beliefs about success in basketball[J] Journal of sport and exercise psychology，1992，14（4）：375−391.

⑥ KIPP L E，AMOROSE A J. Perceived motivational climate and self-determined motivation in female high school athletes [J]. Journal of sport behavior，2008，31（2）：108−129.

⑦ ADIE J W，DUDA J L，NTOUMANIS N. Perceived coach-autonomy support，basic need satisfaction and the well-and ill-being of elite youth soccer players：a longitudinal investigation [J]. Psychology of sport and exercise，2012，13（1）：51−59.

⑧ ADIE，J & S JOWETT. Athletes' meta-perceptions of the coach-athlete relationship，multiple achievement goals and intrinsic motivation among track and field athletes [J]. Manuscript under review.2008.

⑨ COAKLEY J J. Sport in society：issues and controversies [M]. St. Louis，MO：C.V. Mosby，1994.

⑩ 朱晓娜，黄燕，李宗浩. 基本需要理论在中国运动员中的初步检验. 天津体育学院学报，2011，26（4）：346−350.

1.3　研究目的与意义

1.3.1　研究目的

第一，探究掌握型激励氛围在教练员领导行为和运动员基本心理需求之间的中介作用；考察教练员领导行为、掌握型激励氛围与运动员基本心理需求各子维度之间的影响关系；揭示中国教练员领导行为的影响机理与作用，以期解决教练员领导行为有效性的路径选择与优化问题。

第二，考察运动员基本心理需求在激励氛围和自我决定动机之间的中介作用，揭示该过程中子维度的影响关系；揭示激励氛围影响中国运动员自我决定动机的机理与作用。

第三，考察不同目标导向类型的运动员对激励氛围感知的差异，发现不同目标导向下运动员的激励方式差异，为教练员修正和改进领导方式提供启示。

第四，考察不同目标导向类型的运动员对"掌握激励氛围—归属感—自我决定动机"路径中归属感中介效应的调节作用与机理。

第五，考察专业运动员和非专业运动员对教练员执教行为的理解和激励氛围的解读，及其动机内化差异。

1.3.2　研究意义

1. 研究的实践意义

教练员领导行为通过何种传导机制影响运动员的动机内化，这个问题一直是实践界关注的热点和难点。现有的研究多从教练员视角研究其执教效能，而对于教练员影响运动员动机形成的过程、传导路径和行为选择关注不够。特别是从运动员视角探究运动员如何通过对教练员所创设的激励氛围的感知来实现基本心理需求满足和自我决定动机提升的动机内化过程的研究较少，缺乏对于从教练员领导行为到运动员动机内化的过程的解读。探究运动员对教练员领导行为的感知、解读与转译如何影响其动机内化的过程，对指导我国教练员有效执教、创建科学的激励机制，以及引导运动员建立正向的动机内化具有现实实践价值。

2. 研究的理论意义

我国社会发展中"以人为本"的理念已经深入人心。教练员如何适应时代发展，使以往的权威领导模式转换为运动员自我领导模式，提高运动员自我使命感和成就感是目前理论界关注的议题。尽管大量研究表明，教练员领导行为对运动员动机、行为和绩效有直接影响，但多采用单一理论进行研究。本书整合领导理论、成就目标理论、自我决定理论和情境理论，从运动员视角探究教练员领导行为对运动员动机内化的影响。这种整合研究范式对解释运动员的动机内化和行为选择具有理论指导意义，而且研究结果对促进教练员的有效领导和团队建设具有一定的理论意义。

1.4 研究对象与方法

1.4.1 研究对象

本书以我国青少年排球队为研究对象，通过对专业组 2014 年全国青少年排球联赛的实地调研，分别对参加全国青少年 U21 男子排球联赛和全国青少年 U20 女子排球联赛的运动队队员进行现场数据采集。专业组运动队共计 32 支球队，其中 U21 男子排球队共计 15 支球队，U20 女子排球队共计 17 支球队。作为配比对象，本书还对 2014 年中国大学生排球联赛（北方赛区）男女排球运动队队员进行了现场数据采集。大学生排球队共计 38 支球队，其中女子排球队共计 17 支，男子排球队共计 21 支。

1.4.2 研究方法

1. 文献分析法

本书基于上海体育学院、河南师范大学的图书馆馆藏书籍以及在线数据库等获取资料，结合谷歌学术等网络搜索途径，搜集并整理了关于教练员领导行为、运动员目标取向、教练员激励氛围、动机内化、自我决定理论和基本心理需求理论等相关研究文献，构建了基本的理论框架与研究思路，为后续的实证研究奠定了坚实的理论基础。

2. 理论演绎法

本书在梳理和归纳组织行为学、教练员领导行为理论、自我决定理论、动机理论、情境理论和目标成就理论的基础上，构建了本书的基本逻辑框架与研究假设，并结合文献分析法形成了本书的技术路线。

3. 访谈法与观察法

由于研究涉及的量表多来自西方文化背景的国家，主要以欧美运动员为研究对象，所以这些量表在中国情境下的适用性、信度和效度是否良好值得深入探究。因此，笔者首先邀请了两位具有英语专业八级水平的英语系副教授对原始问卷和量表进行转译，对于存在争议的量表题项需经两人协商后形成统一修改意见。笔者基于自身多年的高校排球教练员的经验及对青少年排球运动训练与比赛的观察，对各量表内容及其维度做一个预期的判断，并在此基础上征询相关专家意见后达成共识，初步形成中文问卷和量表。同时，笔者借2013年河南省青少年排球锦标赛的举办之机，以问题为导向，结合排球运动实际，与球队教练员和运动员进行开放式访谈，试图通过这种非结构式访谈方式进一步发现研究问题，以进一步明晰研究的动机与目的。在此基础上，为了防止题项用词不当，笔者分别请男女排球队各5名队员填写了问卷，并在完成后征询队员的看法和建议，对问卷的初稿个别处进行了调整，主要检查测试内容是否符合运动情境中排球队的实际情况，使用词更加准确，从而正式形成预测的调研问卷和量表。

笔者利用在河南省球类运动管理中心集训三个月的机会，对河南省青少年男女排球队进行实地观察，并针对典型案例进行访谈，结合访谈发现教练员领导行为过程中的实际教练员领导行为与运动员的反应，试图揭示教练员领导行为与运动员动机形成、变化的机制，对所获得的数据做出合理的分析与解释。

4. 问卷调查法

依据研究目的，本书所采用的问卷由运动员的基本信息和量表两部分组成。其中量表在参考国内外研究的基础上，结合排球运动员的特征，通过观察、访谈和运动员试填写、量表预调研数据处理等方式获得。量表包括以下7个：

教练员领导行为量表、教练员支持行为量表、教练员激励氛围量表、运动员目标导向量表、运动员基本心理需求满足量表、运动动机量表、群体凝聚力量表（见附录 B）。

（1）问卷的发放与回收。专业组青少年排球队和非专业组大学生排球队（北方赛区）问卷的发放与回收情况见表 1-1。

表 1-1　问卷的发放与回收一览表

组别	实发问卷/份		回收问卷/份		有效问卷/份		有效问卷回收率	
专业组	共 384		共 384		共 354		92%	
	男子	女子	男子	女子	男子	女子	男子	女子
	184	200	184	200	166	188	90%	94%
非专业组	共 456		共 456		共 366		80%	
	男子	女子	男子	女子	男子	女子	男子	女子
	252	204	252	204	184	182	73%	89%

（2）量表的验证性因子分析。通过探索性因子分析后，笔者对量表的题项做出删减和修正，并采用验证性因子分析检验假设模型与实际搜索数据的契合程度。同时，由于假设模型中存在着大量的潜变量，而验证性因子分析作为共变结构模型，允许反映与解释潜变量之间或潜变量与显变量之间的线性关系。验证性因子分析主要通过模型拟合优度（Goodness of Fit）作为模型适切性的检验标准。

通过对 2014 年全国青少年排球联赛进行调研，各量表经验证性因子分析结果如下。① 教练员领导行为量表：验证性因子分析后的模型拟合指数 $\chi^2=491.978$，$df=183$，$\chi^2/df=2.688$，RMSEA=0.079，CFI=0.932，NFI=0.917，IFI=0.894，GFI=0.901。② 教练员支持行为量表：验证性因子分析后的模型拟合指数 $\chi^2=133.867$，$df=96$，$\chi^2/df=1.986$，RMSEA=0.068，CFI=0.910，NFI=0.887，IFI=0.896，GFI=0.913。③ 教练员激励氛围量表：验证性因子分析后的模型拟合指数 $\chi^2=457.197$，$df=284$，$\chi^2/df=1.610$，RMSEA=0.059，CFI=0.915，NFI=0.896，IFI=0.917，GFI=0.907。④ 运动员目标导向量表：验证性因子分析后的模型拟合指数 $\chi^2=168.732$，$df=43$，$\chi^2/df=3.924$，RMSEA=0.081，CFI=0.924，NFI=0.910，

IFI=0.924，GFI=0.902。⑤ 运动员基本心理需求满足量表：验证性因子分析后的模型拟合指数 χ^2=152.867，df=74，χ^2/df=2.066，RMSEA=0.078，CFI=0.940，NFI=0.891，IFI=0.940，GFI=0.898。⑥ 运动动机量表：验证性因子分析后的模型拟合指数 χ^2=631.002，df=284，χ^2/df=2.222，RMSEA=0.075，CFI=0.909，NFI=0.912，IFI=0.899，GFI=0.913。⑦ 群体凝聚力量表：验证性因子分析后的模型拟合指数 χ^2=187.692，df=84，χ^2/df=2.352，RMSEA=0.074，CFI=0.903，NFI=0.911，IFI=0.891，GFI=0.902。

根据吴明隆[①]的观点，验证性因子分析及结构方程模型构建中，χ^2/df 值小于5 尚可接受，RMSEA 值小于 0.10 表明模型适配度尚可，CFI、NFI、IFI、GFI值大于或接近 0.9 表明模型拟合度很好。因此，修正后的量表模型结构效度较好，达到拟合标准。

5. 数理统计法

本书通过问卷调查采用数理统计法对问卷信度和效度进行检验，保证了科学研究的严谨性。利用 SPSS17.0 和 AMOS17.0 软件对数据变量之间的相关和因果关系进行了检验和路径分析，试图揭示出各变量之间的内在逻辑关系。具体方法涉及可靠性分析、因子分析、相关分析、回归分析和结构方程模型路径分析等统计方法。

1.5 研究框架结构与研究内容

1.5.1 研究框架结构

依据研究的核心问题、研究预期与研究的层次安排，本书确定的研究框架如图 1-1 所示。

---

① 吴明隆. 问卷统计分析实务：SPSS 操作与应用[M]. 重庆：重庆大学出版社，2010：20−47.

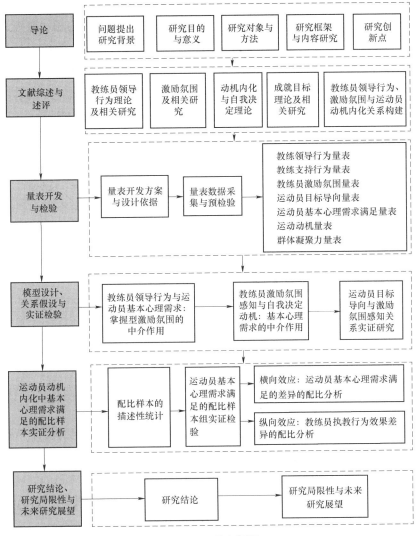

图 1-1　研究框架

1.5.2　研究内容

1. 导论

导论部分主要包括问题提出、研究背景、研究目的与意义、研究对象与研究方法、研究框架结构与研究内容、研究创新点。

2. 文献综述与述评

首先，根据研究主题和研究凝练的问题，对教练员领导行为相关研究进行了综述。综述内容不仅涉及教练员领导行为特质理论、情境理论、教练员领导行为理论、变革型教练员领导行为理论，而且包括对各种理论的模型、变量和研究结果进行的述评。其次，对激励氛围相关理论和研究成果进行了梳理，内容涉及概念的界定、模型介绍、维度分析和机制探讨，并且对现有的研究进行了述评。最后，对动机内化、自我决定理论和成就目标理论进行了综述和归纳，分析了动机内化与自我决定的互动影响，探讨了成就目标与行动动机的互动关系，归纳了现有研究成果的可借鉴之处与不足，并在此基础上，构建了教练员领导行为、激励氛围和运动员动机内化的关系。对文献的系统综述与述评为本书提供了良好的理论基础和创新起点。

3. 量表开发与检验

此部分涉及预调研量表开发方案和设计依据、量表数据采集与预检验。量表数据采集与预检验包括量表数据采集、样本选择、效度分析、因子分析和信度检验。其中预调研量表效度分析包括：题项偏态与峰度检验、量表内部一致性效标分析。本研究删除各量表题项偏态与峰度绝对值大于1的题项、量表内部一致性效标分析不显著的题项，以及因子分析载荷量小于0.5的题项，然后依据各量表预调研的结果，对各量表进行重新编号，最后确定了7个量表作为正式调研量表，为本研究随后的实证研究提供理论和现实支持。

4. 教练员领导行为、激励氛围与运动员基本心理需求满足的关系检验

此部分以教练员领导行为为逻辑起点，考察了教练员领导行为对掌握型激励氛围的作用机理，以及其对基于自我决定理论的基本心理需求满足的影响，验证了掌握型激励氛围在教练员领导行为和运动员基本心理需求满足之间的中介作用，分析了不同掌握型激励氛围对运动员基本心理需求满足的影响。

5. 教练员激励氛围感知与自我决定动机：基本心理需求的中介作用

此部分重点考察了运动员基本心理需求对激励氛围影响自我决定动机所起到的中介作用。所探讨的问题是：①不同的激励氛围对运动员基本心理需求的影响程度；②基本心理需求如何影响运动员的自我决定动机；③基本心理需求在激励氛围和自我决定动机之间如何充当中介变量的角色。研究首先提出激励氛围、基本心理需求与自我决定动机转化模型，然后对变量间相关关系进行分析，在假设模型路径检验基础上修正模型，并对假设模型和修正模型的适配度加以检验，最后对其路径的直接效应和间接效应进行了分析。

6. 运动员目标导向对动机内化过程的影响

此部分研究了运动员目标导向与激励氛围感知的关系，以及目标导向对归属感中介变量的调节作用，研究内容包括：①运动员目标导向与激励氛围维度的相关性分析；②运动员目标导向的聚类分析；③运动员目标导向不同对激励氛围感知和解读产生的影响；④运动员目标导向的调节作用判定；④运动员目标导向对归属感中介变量的调节作用。研究对于揭示在不同目标导向、不同任务导向和不同情境下运动员对激励氛围的解读和对动机内化的影响具有一定的理论和现实价值。

7. 教练执教行为与运动员基本心理需求满足：配比样本组的比较分析

此部分着重考察教练员执教行为的内化效果，并通过配比样本组的组间差异分析探讨教练员领导行为策略的适用性。研究内容包括：①描述专业组和非专业组研究样本的社会属性特征；②分析样本组特征与动机内化中基本心理需求满足变量的关系，并加以验证；③通过专业组和非专业组配比分析，检验不同模型在横向和纵向对比中，教练员领导行为的特点及其相关变量产生的影响。研究旨在阐明不同情境下的教练员领导行为作用机理，为不同组别的运动员动机内化管理指明路径与策略。

8. 研究结论

此部分依据研究目的，实证检验结果，对研究内容进行归纳总结。

9. 研究局限性与未来研究展望

此部分结合研究局限性与未来研究展望进行讨论，为未来相关本课题研究的深入发展奠定理论和现实基础。

1.6　研究创新点

教练员领导行为对运动员动机内化的影响是一个复杂的过程，涉及诸多内生和外生变量及中介调节变量，根据研究结果，笔者认为本书存在如下创新点。

第一，由于涉及不同主体、不同内生的和外生的影响因子，教练员领导行为对运动员动机内化的影响过程非常复杂。本书从运动员感知、认同角度对教练员领导行为、激励氛围和运动员动机内化进行了一体化整合，研究了从教练员领导行为、激励氛围到运动员动机内化的转换过程中的诸多影响因子。本书不仅从整体上构建了教练员领导行为、激励氛围和运动员动机内化转换的路径关系，而且分层次对其中介变量和调节变量进行了专题研究验证,研究结果对解读运动员对教练员领导行为的感知、解读、转译、动机内化和自我行为选择具有重要的理论价值。目前国内研究多从教练员角度分析领导效能的转化问题,从运动员感知和激励氛围解读角度研究教练员领导行为对运动员动机内化的影响的论述甚少,一体化整合研究和分层实证检验是本书的第一个创新点。

第二,传统的体育教练员领导行为研究对教练员的领导行为的权威性、管理模式和决策影响等方面的关注较多,而对运动员如何感知、理解、转译教练员的执教意图、如何通过对激励氛围的解读形成自我决定动机并且转化为具体的行动等的关注较少。为弥补对运动员感知和解读现有相关研究的不足,本书基于中国文化,通过解读运动员对教练员领导行为的感知、对激励氛围的解读及教练员领导行为对运动员动机内化过程的影响,开发了量表并从运动员感知角度研究教练员领导行为的效能转化。这是本书的第二个创新点。

第三,本书致力于探讨在教练员领导行为对运动员动机内化影响的过程中教练员通过激励氛围推动运动员动机内化的中介作用、运动员基本心理需求满足在激励氛围和自我决定动机之间的中介效应,以及不同目标导向类型对激励氛围的解读差异及其对归属感中介效应的调节作用。研究结论对于分析运动员动机内化具有理论和创新价值。这是本书的第三个创新点。

第四,本书通过对教练员领导行为与运动员动机内化中基本心理需求满足配比样本进行对比,分析教练员领导行为对于不同样本组的影响效应,探讨不同样本组基本心理需求满足的前置因子,并进行实证检验。研究结论对于分析不同样本组基本心理需求满足的影响因子,探索教练员针对不同团队应采取的不同执教模式具有重要的理论和创新价值。这是本书的第四个创新点。

文献综述与述评

"动机"一直是心理学研究经久不衰的主题，究其原因在于动机是人的情感、心理和行为最重要的内驱力和逻辑起点。虽然早期对动机的研究强调本能和外驱力，但是强调认知、知觉、情感等方面的内驱力理论现在已经开始占据主流并形成了如自我效能、归因理论等理论体系。关于动机，近些年的研究主要集中在成就目标理论和自我决定理论。成就目标理论强调个人的目标导向，认为个体动机受目标的驱使；而自我决定理论则认为同一种行为在被激发时受到不同的自我调节的影响。然而，动机层次理论则将两个理论有机地结合起来，构建了情境因子—基本心理需求—自我调节动机—情感、认知和行为的动机形成传导机制。根据教练员领导行为调节模型，这里的情境因子作为外生变量在运动心理学中既表现为教练员的个体特质，又可以理解为教练员领导行为和其所构建的激励氛围。同时，根据成就目标理论，动机的形成过程是目标结构和环境因子互动作用的结果，因此激励氛围还受到目标导向的调节作用。而自我决定理论则认为人具有三种基本心理需求，当获得满足后会产生自我调节，最终形成由无动机至内在动机的动机连续体。

目前关于成就目标理论和自我决定理论的心理学研究在我国已取得了长足的进步和丰硕的成果，然而在运动心理学方面，这些理论应用取得的成果较少，并且鲜有研究将这两个理论有机结合起来研究教练员的领导行为与运动员动机内化的互动关系。因此，本书在系统归纳整理了教练员领导行为、成就目标理论和自我决定理论的基础上，深入探究了激励氛围、目标导向、自我决定动机的理论沿革与研究现状，为后续的研究框架提供理论支撑。

2.1 教练员领导行为理论及相关研究

"领导"这一主题自 20 世纪 30 年代起就受到了人们的广泛关注，大批心理学和管理学专家对"领导"进行了深入的研究。随着研究的不断深入，学者们对"领导"的认识也有较大的变化，从关注领导者逐渐发展到关注教练员领导行为，从个人层面上升到组织层面。但是从本质上讲，"领导"应该包括以下几方面的含义。首先，"领导"的本质是影响力。教练员领导行为的实施、组织或团体成员对领导者的信任和追随，都离不开领导者的影响力。其次，"领导"是一个过程，即对被领导者施加影响的过程。最后，"领导"是与某种目标相联系的，是一种目的性很强的行为。

在体育运动领域中，对教练员领导行为或方式进行研究一直是一个重要的议题。教练员领导行为研究结合运动心理学学科和管理学学科，是具有交叉学科性质的重要研究领域。教练员领导行为理论是一般领导理论应用于运动研究领域逐步发展形成的。也就是说，教练员领导行为研究遵循其母学科的发展道路。梳理教练员领导行为或方式的相关研究，有利于对理论问题的研究边界、测评方法和研究成果形成全面的认知，有利于推动运动员心理学者对教练员领导行为问题的进一步探讨[①]。

2.1.1 教练员领导行为特质理论及相关研究

在体育运动领域，教练员领导行为特质理论研究的问题是什么样的人适合从事教练员工作，其目的是探寻优秀教练员自身所应具有的特质，主要采用与一般教练员比较的方法。也就是说，优秀教练员具备一般教练员自身所没有的某些特质[②]。有学者曾经提出有关教练员特质的模型，其所包含的教练员特质的内容是：意志坚强、行为专制、对外界的抗压能力强、情感成熟、思维独立以及具有现实

① 冯琰，刘晓茹. 教练员领导问题的研究进展[J]. 沈阳体育学院学报，2005，24（3）：8-10.

② 张建福. 教练员领导行为对球员训练绩效影响的研究：以我国 U-17 足球队为例[D]. 福州：福建师范大学，2010.

主义。而另有学者认为，优秀教练员和一般教练员相比，具有更强的成就动机、活力和热心等。还有学者认为，优秀教练员与一般教练员相比，具有积极的性格及权威支配性。奥格尔维（Ogilvie）和塔特克（Tutko）[1]对篮球、足球、田径、棒球教练员所进行的研究表明，与一般人相比较，教练员的人格特质具有显著的不同，教练员普遍表现出意志坚强、行为专制、个性鲜明等特点，还表现出对他人的感觉相对迟钝。而有学者对加拿大教练员的调研显示，被调研的教练员对他人表现出的专制型特征与普通人并没有显著性差异[2]。

有学者运用心理学理论，并结合运动训练实践，从素质和能力视角探讨了优秀教练员的一些特质。例如，陈小容[3]认为优秀教练员应具备高水平的创新能力。马启伟等[4]提出，教练员应具备高尚的人格、高超的管理和技术指导能力。宗棣华[5]认为优秀教练员不仅要有深厚的知识背景、高层次的智慧和专业技能，而且要情绪稳定、意志坚强并具有较强的应变能力。付哲敏等[6]通过文献综述研究了运动员和教练员的人格特征，分别从人格的重要性、人格的测量与评价、人格与运动成绩的关系等方面论述优秀运动员和教练员与一般运动员和教练员在人格特征上的显著差异。

魏亚栋、安红[7]通过对不同运动项目的教练员的调研，提出教练员的特质可以分为八类：①机灵民主型；②热情认真型；③严厉威严型；④有条不紊型；⑤和蔼可亲型；⑥教条专制型；⑦嘻嘻哈哈型；⑧懒散随和型。在此研究基础上，又有学者将教练员的特质归纳为放任型（随意式）、民主型（合作式）、专制型（家长式）三类，并且多数学者认为运动员之所以能够获得优良的成绩，多数源于专制型教练员。

根据以上相关文献可知，特质理论关注的主要特质类型有：个人身体特征、智力品质以及人格特征。然而，随着研究的深入和实践的反馈，特质理论受到了质疑。对领导特质研究的有关资料显示，优秀领导者的个人特质众说纷纭，而且各种特质之间不具有很大的相关性，甚至这些研究获得的特质

① 刘改成. 高校体育领导者变革型领导行为及其有效性研究[D]. 武汉：华中师范大学，2005.

② 翟群. 运动领导心理研究发展综述[J]. 广州体育学院学报，1999，19（3）：53.

③ 陈小蓉. 创新：高水平教练员必备的能力[J]. 中国体育科技，1995（1）：44.

④ 马启伟，张力为. 体育运动心理学[M]. 杭州：浙江教育出版社，1998.

⑤ 宗棣华. 谈影响足球教练员决策能力的心理因子[J]. 足球世界，1995（22）：11.

⑥ 付哲敏，张萍. 排球教练员人格特征与执教效能关系的研究现状和分析[J]. 沈阳体育学院学报，2004，23（2）：155−157.

⑦ 魏亚栋，安红. 我国教练员个性及其表现特征探讨[J]. 天津体育学院学报，1995，10（3）：30−33.

之间本身就有矛盾，最终导致越来越多的条目被当作领导者的特质，导致理论上的争执和混乱。此外，运动实践也证实，每个教练员在执教过程中，其执教理念、目标制定、行为决策、与运动员的相互关系及其交流方式、对结果的评价方式、对运动员的激励及其发展路径的制定、训练内容的组织等方面都会不同。而且，我们会发现特质差异较大的教练员，往往有可能获得成功的执教。

自从20世纪70年代以后，体育运动领域中与领导行为特质理论相关的研究大幅减少，究其原因，除了领导理论的发展缓慢外，重要的是各种特质理论的研究成果没有找到所有成功教练员所具有的普遍特质。另外，研究者还发现，领导者拥有的某些特质可能有助于他的成功，但能否有效发挥作用要视具体情境来定。

2.1.2 教练员领导行为情境特质理论与相关研究

教练员领导行为情境特质理论把领导看成教练在某一特定情境下的行为和情境本身之间交互作用的结果。教练员领导行为情境特质理论认为教练员领导行为的有效性是教练员、运动员（或运动队）及其生存环境之间交互作用的结果。也就是说，不同特征的教练员适合不同的情境。这可以对运动实践中，相同的教练员为什么在不同的运动队中的领导效能相差迥异做出有效的解释。[①]

教练员领导行为情境特质理论认为，教练员行为由两大行为组成，分别是教练员的任务行为和关系行为。教练员在实际领导过程中，从任务和人际关系两个中心相连接的连续体上的点来进行取舍[②]，也可以说是专制—民主连续统一体。张薇[③]运用"管理方格模型"将教练管理行为分为协调型管理行为、任务型管理行为、中间型管理行为、微弱型管理行为，并认为协调型管理行为可以有效地实现管理效能。

教练员要想在执教过程中获得成功，如何决定以人为中心或是以任务为中心，或者说如何对两者进行取舍，很大程度上取决于环境的特征。那么什么样的环境特征有利于教练员的执教成功呢？

① 季浏. 国外教练员领导心理和行为的研究现状[J]. 山东体育学院学报，1995，11（3）：38－43.

② 郝晓岑. 我国运动队教练员领导模式的组织行为学研究现状及探讨[J]. 广州体育学院学报，2009，29（2）：48－52.

③ 张薇. 运动训练"管理方格模式"的理论与实践探索[J]. 成都体育学院学报，2002，28（2）：67－69.

首先是教练员的权威性特征。在运动队中,教练员是否具有明显的支配地位,是否得到上级组织的授权以及大力支持,对其工作开展的效果都有明显的影响。如果运动员感觉到教练员在整个组织中的权威不高且得不到上级组织的支持,那么教练员就难于驾驭运动队的正常工作。对于教练员权威体系的研究,李大为[①]认为教练员的权威就是运动员心悦诚服地接受教练员全面、系统的指导,认真完成教练员制定的具体任务,才能保证运动员或运动队目标的实现。也就是说,教练员的权威是权力和威信的综合体。教练员的权威包括薪酬性权威、强制性权威、合作性权威、专家性权威和模范性权威。

其次是教练员与运动员的关系特征。运动员是否喜欢教练员,对于教练员能否顺利履行领导职责非常重要。如果运动员喜欢某一教练员,运动员就会从心理上接受教练员的指导,也更容易按照教练员的指导努力完成任务,并乐于奉献。周成林和蒋志学[②]通过专制和民主的视角,对我国部分优势竞技运动项目的教练员领导行为特征进行研究,认为运动队中教练员与运动员之间的关系是半专制的关系,不存在绝对民主的领导方式。也就是说,运动员愿意自发地服从权威,才能保证运动员或运动队取得成功。

教练员领导行为情境特质理论通过教练员的外显行为,主要探讨教练员的实际行为或领导方式在特定情境下与领导效能之间的关系。例如:在不同的竞赛环境下,Erle[③]从运动员视角下研究发现,在校外情境下,运动员更喜欢接受教练员的训练指导行为和社会支持行为,而民主行为和正面反馈行为需求相对较少;Wandzilak等人[④]的研究表明在比赛情境和训练情境下,教练员所表现的行为存在差异。在比赛情境下,教练员表现出更多的鼓励;而在训练情境下则表现出指导和组织等行为,同时负面评价、批评和惩罚更多地出现在训练情境中;Chaumeton和Duda[⑤]经过研究发现,竞争水平会影响教练员的行为选择。随着竞争水平的降

---

① 李大为. 论教练员的教练员领导行为[J]. 武汉体育学院学报,2003,37(1):85-86.

② 周成林,蒋志学,袭长城,等. 我国部分优势竞技运动项目教练员领导行为特征与评价研究[J]. 体育科学,2005,25(10):12-17.

③ ERLE, F J. Leadership in competitive and recreational sport [D]. London, Ontario: University of Western Ontario, 1981.

④ WANDZILAK T, ANSORGE C J, POTTER G. Comparison between selected practice and game behaviors of youth sport soccer coaches [J]. Journal of sport behavior, 1988, 11(2): 78-88.

⑤ CHAUMETON N R, DUDA J L. Is it how you play the game or whether you win or lose? The effect of competitive level and situation on coaching behaviors [J]. Journal of sport behavior, 1988, 11(3): 157-174.

低，教练员行为会从结果导向向过程导向转变；Liukkonen 等人[①]发现随着竞争水平的提升，教练员会减少反应性行为，而更多地表现出自发性行为。对不同的项目进行研究，Chelladurai 等人[②]发现，运动员在闭合性或个人项目中比在开放性或集体项目中更喜欢教练员的民主行为，而集体项目中的运动员更喜欢教练员的指导行为；在不同文化背景下，Chelladurai 等人[③]通过比较研究认为，日本运动员和加拿大运动员对教练员领导行为的偏好存在较大差异。同时也有研究表明，中国运动员和韩国运动员在教练员领导方式认可上也有不同。[④]在教练员性别上，Millard[⑤]指出男性教练员表现出更多的控制性行为，在训练中通常采用技术指导，而女性教练员则更多地使用鼓励性行为。

与西方国家强调个人主义、民主、自由相比，受东方儒家文化影响的国家更看重集体性、秩序性和程序性。不同的文化情境对教练员领导行为风格的选择具有一定的影响。目前的研究多以西方文化逻辑为出发点，对教练员领导行为在不同环境下进行定性或定量研究，而对中国文化和中国特殊体育组织赛事情境下的中国球队研究不足。本书借鉴该理论的权变思想，研究中国文化对中国运动员动机氛围解读的影响，研究情境因子对于中国运动员动机内化的影响。

2.1.3　教练员领导行为理论与应用

教练员领导行为理论发展是对社会认知理论的继承与发展，强调运动员的"社会人"属性而非简单的"生物人"属性。该理论突出情境因子和运动员个体特征对教练员领导行为发挥效力的作用，认为教练员领导行为是教练员与运

① LUIKKONEN，J，LAASKO L，TELAMA R. Educational perspectives of youth sport coaches: Analysis of observed coaching behaviours [J]. International journal of sport psychology，1996（27）：439-453.

② CHELLADURAI，P. A V CARRON. Task characteristics and individual differences，and their relationship to preferred leadership in sports [J]. Psychology of motor behavior & sport，1982，3：565-571.

③ CHELLADURAI P，IMAMURA H，YAMAGUCHI Y，et al. Sport leadership in a cross-national setting: the case of Japanese and Canadian university athletics [J]. Journal of sport & exercise psychology，1988，10（4）：347-389.

④ 焉石，李尚滨，纠延红. 韩国速滑教练员领导行为与运动员意志力关系[J]. 山东体育科技，2013，35（1）：49-52.

⑤ MILLARD，L. Differences in coaching behaviors of male and female high school soccer coaches [J]. Journal of sport behavior，1996，19（1）：19-31.

动员在特定社会背景下通过他们之间的关系互动相互影响，最终实现竞技目标的行为。

1. 教练员领导行为调节模型与应用

Smith 等人[1]提出了教练员领导行为调节模型的原始模型（图 2-1），该模型主要包含了教练员行为、运动员感知与回忆、运动员评价性反应。该模型强调运动员对教练员领导行为的感知、回忆和反应与教练员领导行为本身同等重要，强调不仅要重视情境因子和行为表象，而且要关注运动员对这些行为的认知过程和个体差异在教练员领导行为和结果中的调节效应。[2]

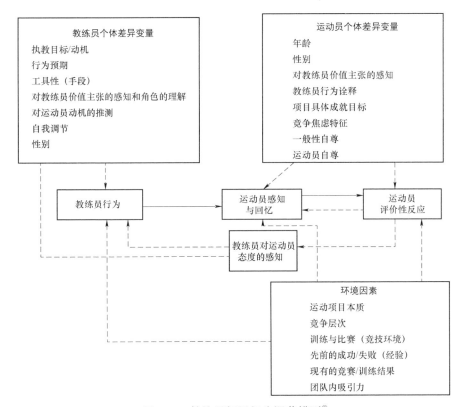

图 2-1　教练员领导行为调节模型[2]

① SMITH R E，SMOLL F L，HUNT E B. A system for the behavioral assessment of athletic coaches [J]. Research quaterly，1977，48（2）：401－407.

② SMOLL F L，SMITH R E. Leadership behaviors in sport: a theoretical model and research paradigm [J]. Journal of applied social psychology，1989，19（18）：1522－1551.

影响教练员领导行为的感知与反应的核心因子就是环境因素，包括：体育项目本质、竞争层次、训练与比赛（竞技环境）、先前的成功/失败（经验）、现有的竞赛/训练结果和团队内吸引力。而教练员个体差异变量则包括：执教目标/动机、行为预期、工具性（手段）、对教练员价值主张的感知和角色的理解、对运动员动机的推测、自我调节、性别。运动员个体差异变量则表现为：年龄、性别、对教练员价值主张的感知、教练员行为诠释、项目具体成就目标、竞争焦虑特征、一般性自尊、运动员自尊。这些变量交互作用，不仅直接和间接影响教练员领导行为的选择，而且影响运动员的行为选择。

2. 教练行为评价系统量表

在这一概念模型的指引下，Smith 等人又提出了用教练行为评价系统（CBAS）量表来测量教练员实际的教练员领导行为（表 2–1），包括教练员的反应性行为和自发性行为。反应性行为指教练员针对运动员行为所做出的反应，例如对运动员表现正确的、错误的和不规范的行为等做出的及时反应。而自发性行为则指教练员在训练指导过程中一贯的行为表现，并不与运动员行为发生联系。

尽管 CBAS 量表较为全面细致，但是并没有涉及教练员领导行为中的一些重要因子，例如：口头或非口头的反应、激励程度、训练指导质量与时效等问题[1]。正如 Chelladurai 和 Riemer[2]所述，尽管 CBAS 量表从观察者、运动员和教练员三个不同视角来观测教练员领导行为具有创新性，然而这也增加了三个视角评价结果之间比较的难度，如何对结果之间的差异做出合理的测量与解释是该量表的主要问题。

表 2–1　教练员行为反馈评价体系

	Class Ⅰ 反应行为
对期望结果的反应	
强化	对好行为或者好结果有语言或者非语言积极的、鼓励性反应
非强化	对好结果没有反应

---

① SMITH R E，SMOLL F L. Sport performance anxiety [M]// Leitenberg H. Handbook of social and evaluation anxiety. New York：Plenum Press，1990：417–454.

② CHELLADURAI P，RIEMER H A. Measurement of leadership in sport[M]// Duda J L. Advances in sport and exercise psychology measurement. Morgantown，West Virginia：Fitness Information Technology，1998：227–253.

Class Ⅰ反应行为	
对错误的反应	
偶发错误鼓励	鼓励运动员试错
偶发错误技术指导	指导或演示如何修正错误
惩罚	知错不改，语言或非语言消极反应
惩罚性技术指导	知错不改，惩罚性或非善意技术指导
忽略错误	对选手错误不做反应
Class Ⅱ反应行为	
与项目相关	
一般技术指导	自发遵循技术和策略（不犯错误）
一般鼓励	自我鼓励不犯错误
组织	制定目标，对选手责任、义务、定位等进行管理
与项目无关	
一般沟通	与选手互动，但与项目无关

　　CBAS 模型的形成引起了运动心理学界的广泛关注，学者针对该模型尝试做出了修正、补充和完善，以丰富其内涵与内容，对该模型后续的发展主要从"教练员反馈"和"教练员行为"两个视角展开。

　　①教练员反馈量表。教练员领导行为的效应要通过运动员对其行为的转译和解读才能实现外部动机向内部动机转化，从而使运动员按照教练员的领导意图和目标来训练或比赛，进而提升自身素质与水平。而运动员对教练员领导行为的认知过程则在上述过程中扮演着过滤的作用。[①]然而 CBAS 模型并没有充分地阐述和诠释运动员的评价反馈过程与认知过程，为此 Amorose 等[②]针对该模型的不足开发了"教练员反馈量表"（CFQ）来测量运动员对教练员不同类型反馈的感知程度。CFQ 由 16 个题项、8 个类别的问题构成，是对 CBAS 模型中教练员反应性行为的拓展与深化。其中，3 个类别涵盖了教练员对运动员表现优异的反馈行为，包括赞扬/强化、非强化和技术指导强化；另外 5 个类别则关注了教练员

---

　　① SMOLL F L，SMITH R E. Leadership behaviors in sport: a theoretical model and research paradigm [J]. Journal of applied social psychology，1989，19（18）：1522−1551.

　　② AMOROSE A J，HORN T S. Intrinsic motivation: relationships with collegiate athletes' gender，scholarship status，and perceptions of their coaches' behavior[J]. Journal of sport & exercise psychology，2000，22（1）：63−84.

对运动员犯错时的反馈行为，包括错误鼓励、忽视错误、纠正指导、惩罚和惩罚性纠正指导。大量实证研究发现，通过因子分析该量表中的 16 个题项，实际上可以将其归纳为三个维度：正面信息实时反馈行为、惩罚导向的反馈行为、忽视错误的反馈行为。同时，这些研究还发现教练员正面信息实时反馈行为相对于惩罚导向的反馈行为或忽视错误的反馈行为对内部动机形成所起到的作用更为明显。

②教练员行为量表。Kenow 等[1]开发的由 28 个题项构成的"教练员行为量表"（CBQ）用来研究教练员行为评价与运动员焦虑或自信之间的关系。该量表主要观测的是运动员对教练员沟通能力、自信程度、沉着冷静程度、情绪控制力和激励运动员的水平的感知。研究表明，较高的特质焦虑、状态认知焦虑和较低的自信程度均与教练员的负面评价高度相关。后来，Williams 又对该量表进行了进一步的修正，将 28 个问题归纳为 5 个维度：教练员行为的认知和注意力效应、支持力、情绪控制和沉着冷静、交流、身体状态影响。Williams 等[2]认为 CBQ 是对教练员领导行为调节模型的继承与发展，也是对研究运动员如何感知教练员行为的深化。该量表在中国被大量采用，学者希望借此来研究中国教练员的执教行为。

2.1.4 教练员领导行为多元模型与测量

根据教练员实施领导行为时可能遭遇的各种因子和变量，结合权变理论、路径—目标理论、适应反应理论和领导差距模式等理论，Chelladurai[3]提出了教练员领导行为多元模型（图 2-2）。教练员领导行为多元模型的基本假设就是教练员领导行为的 3 种状态的协调程度可以决定结果变量和成员满意度。该假设强调了教练员需要不断地在情境因子和团队偏爱因子所要求的教练员领导行为中做出权衡与选择。该模型在教练员领导行为和结果变量中的反馈回路表明，教练员需要不断针对结果变量的要求来适时调整自己的教练员领导行为。例如：当团队

① KENOW L J，WILLIAMS J M. Relationship between anxiety self−confidence，and evaluation of coaching behaviors [J]. The dport psychologist，1992，6（4）：344−357.

② WILLIAMS T，VALLE J，VIÑUELA E. Is the naturally derived insecticide spinosad® compatible with insect natural enemies? [J]. Biocontrol science and technology，2003，13（5）：459−475.

③ CHELLADURAI，P. A contingency model of leadership in athletics [D]. Waterloo，Ontario：University of Waterloo，1978.

表现低于既定目标和教练员期望时,教练员会采用任务导向性的教练员领导行为强化团队成员的竞技表现能力;当教练员发现团队成员不满意教练员或其他团队成员时,他们更倾向于采用较为缓和的、强调人际关系的行为来改善团队成员之间的关系,从而有助于实现既定目标。教练员领导行为多元模型由前因变量、领导者行为、结果变量 3 个主要部分构成。

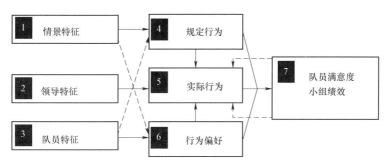

图 2-2　教练员领导行为多元模型[①]

前因变量由运动队的情境特质、领导者特质和团队成员特质 3 部分组成。运动队的情境特质主要包括运动队的组织结构、工作任务、相关规范或规定,以及文化价值观等;领导者特质主要是指教练员的人格特质、训练与管理能力,及其具有的相关经验等;团队成员特质主要指运动员的个人特质和成员之间相互作用下形成的整体特质。这些前因变量影响着整个教练员领导行为[②③]。

领导者行为包括教练员被要求的行为、实际行为、被运动员喜欢的行为 3 部分。被要求的行为是指教练员依据不同运动队实际情况的差异,为了适应运动队中的各种现实因子,对环境情境中的某些因子表现出迎合的行为。例如:根据团队成员的构成、年龄层次等方面的差异,教练员可能改变自己原来的行为标准。实际行为是指教练员依据本身的人格特质、过去的经验和个人能力等个人因子,以及他人的反馈(如了解运动员喜欢的教练员领导行为类型)所发展出的一种行为。被运动员喜欢的行为是指运动队成员受个体因子影响而喜欢的教练员领导

① CHELLADURAI. P,IMAMURA. H,et al. Sport leadership in across-national setting: The case of Japanese and Canadian university athletics[J]. Journal of Sport and Exercise Psychology, 1988(10): 347-389.

② CHELLADURAI P. Leadership in sports:a review [J]. International journal of sport psychology,1990,21（4）:328-354.

③ CHELLADURAI P. Leadership [M]// Singer R N,Murphey M,Tennant L K. Handbook of Research on Sport Psychology. New York:Macmillan,1993:647-671.

行为。例如：教练员在训练指导、社会支持和正面反馈过程中被团队成员所偏爱的教练员领导行为。而这些偏爱受到团队成员的个性特征影响，例如成就感的需求、归属感的需求或认知结构等。另外，被运动员喜欢的行为还包括教练员在接受和满足不同层次需求的过程中，因为教练员的个人能力、魅力等因子使得团队成员乐于接受并喜欢的教练员领导行为。Chelladuri 指出这 3 种教练员领导行为之间并非割裂独立的，实际行为的表现受被要求的行为和被运动员喜欢的行为的影响。教练员在实践中应既关注情境的规范与约束，又重视团队成员对教练员领导行为的偏好。

结果变量则主要体现在成绩表现与成员满意度两个方面，最后视前因变量和领导者行为相互结合的一致性而定。因此将成绩表现和成员满意度列入结果变量中，可以作为与各种变量交互作用后所得的整体结果的依据。然而 Courneya 等[①]指出在测量成绩表现时，不应该使用具体的指标，如总分和成绩排名等，因为这些指标容易受比赛环境、竞技等级、对手强弱、裁判因子等随机因子的干扰。因此结果变量的测量应将成绩表现和满意度结合，最终形成运动员对表现和成绩的满意度的指标。

另外，其他学者也指出结果变量不应只限于成绩表现或满意度等狭隘的方面，因为教练员领导行为对运动员在心理动机、情感、情绪和行为倾向上都起到广泛的作用，因此需要拓展结果变量的边界。例如，Price 等[②]的研究指出，教练员心理倦怠程度会影响其教练员领导行为，进而影响运动员的心理反应。教练员在情感和精神上的疲劳会使得教练员领导行为表现得更为民主，更少地参与训练指导或较少地提供社会支持，这与教练员领导行为多元模型的基本假设是背离的。Anderson 等[③]则指出在教练员领导行为和结果变量中存在的众多的中介因子值得关注。他的研究指出团队凝聚力是教练员领导行为和结果的中介变量，而教练员领导行为对结果则不存在显著的影响作用。

尽管教练员领导行为多元模型获得了学术界的广泛关注，同时很多学者都试

① COURNEYA K S，CHELLADURAI P. A model of performance measures in baseball [J]. Journal of sport & exercise psychology，1991，13（1）：16−25.

② PRICE M S，WEISS M R. Relationships among coach burnout，coach behaviors，and athletes' psychological responses [J]. Sport psychologist，2000，14（4）：391−409.

③ ANDERSON D F，TRAIL G T，KWON H. Gender differences in sport consumer behavior among college students [J]. Research quarterly for exercise & sport，2004，75（1）：115.

图通过修正或改进该模型来揭示教练员和运动员的关系，然而仍然缺乏对这种关系的全面概括。Terry 等[①]指出该模型存在两个重大缺陷：第一，缺乏聚焦于不同体育项目的测量项目，也就是其构建的教练员领导行为量表（LSS 量表）具有较好的通用性但缺乏针对性，无法全面地反映出不同体育项目中教练员领导行为的差异。例如：团体项目中运动员更偏爱专制行为[②]和强调身体素质训练的教练员领导行为[③]。第二，该模型的理论根源来自 House[④]提出的"路径—目标理论"，也就是说该模型并不是为体育领域教练员领导行为研究量身打造的，其是否适用于竞技体育，或学校体育教学，或业余体育训练仍须进行深入探究。如 Chelladurai 所述，未来关于教练员领导行为的研究需要兼顾教练员和运动员关系的互动，并对现有量表的项目做出扩展和修正。为此，CÔTÉ 等[⑤]通过扎根理论构建了教练员执教模型来探讨其他变量对教练员领导行为的影响（图 2-3）。该模型的核心部分包括教练员领导行为的 3 个过程：竞赛、训练和组织。竞赛是指教练员通过提高自身的知识和经验来帮助运动员在比赛中突破其能力极限的过程。训练则包括获得、保持和提升竞赛技能的过程。组织指的是在训练和竞赛的环境下构建最优条件来促使运动员发挥最大潜能的过程。CÔTÉ 等[77]还指出，基于这 3 个过程与教练员思维模型的交互影响，可以将这 3 个过程进行相互评价和调整以期达到最优效能。另外，该模型指出的影响因子包括了与 Smoll 等的领导行为调节模型相似的因子：教练员的个性特征、运动员的个性特征和竞技发展水平以及情景因素。这些影响因子与教练员思维模型共同影响着前述教练员领导行为的 3 个过程。

① TERRY P C，HOWE B L. Coaching preferences of athletes [J]. Canadian journal of applied sport sciences，1984，9（4）：188-193.

② TERRY P C. The coaching preferences of elite athletes competing at Universiade '83 [J]. Canadian journal of applied sport sciences，1984，9（4）：201-208.

③ CHELLADURAI P，SALEH S D. Preferred leadership in sports [J]. Canadian journal of applied sport sciences，1978（3）：85-92.

④ HOUSE R J. A path-goal theory of leader effectiveness [J]. Administrative Science Quarterly，1971，16（5）：321-328.

⑤ CÔTÉ J，SALMELA J，TRUDEL P，et al. The Coaching model：a grounded assessment of expert gymnastic coaches' knowledge [J]. Journal of sport & exercise psychology，1995，17（1）：1-17.

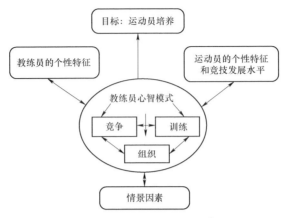

图 2-3　教练员执教模型①

据此，Bloom 等②、Gilbert 等③、Salmela④、Baker 等⑤通过实证研究均验证了教练员执教模型在研究教练员领导行为和其与运动员关系上具有较好的可靠性和可信度。Côté 等[77]根据该模型还构建了 CBS-S 量表作为测量工具来探索基于教练员和运动员关系的教练员领导行为。该量表由身体训练与规划、目标设定、思想准备、技能技术、竞争策略、私人关系融洽、负面私人关系 7 个维度构成。

1. 教练员领导行为的期望理论：对前置变量的研究

教练员领导行为调节模型为研究教练员领导行为与运动员感知之间的因果关系奠定了基础，然而该模型并没有全面阐释教练员行为如何影响运动员感知的过程与机理。针对该过程，Chase 等⑥、Horn⑦做出了大量探索性研究，其中最为

① CÔTÉ J，SALMELA J，TRUDEL P，BARIA A，RUSSELL S. The coaching model：a grounded assessment of expert gymnastic coaches' knowledge[J]. Journal of Sport and Exercise Psychology，1995，17：1-17.

② BLOOM G A，DURAND-BUSH N，SALMELA J H. Pre-and postcompetition routines of expert coaches of team sports [J]. Sport Psychologist，1997，11（2）：127-141.

③ GILBERT W D，TRUDEL P. Validation of the coaching model（CM）in a team sport context [J]. International sports journal，2000，4（1）：120-128.

④ SALMELA，J H. Great job coach: Getting the edge from proven winner [M]. Ottawa: Potentium，1996.

⑤ BAKER J，J YARDLEY，J CÔTÉ. Coach Behaviors and Athlete Satisfaction in Team and Individual Sports [J]. International Journal of Sport Psychology，2003，34（3）：226-239.

⑥ CHASE M A，FELTZ D L，LIRGG C D. Do coaches' efficacy expectations for their teams predict team performance? [J]. Sport psychologist，1997，11：8-23.

⑦ HORN L. Toward a new taxonomy of pragmatic inference：Q-based and R-based implicature[M]// Schiffrin D . Meaning，form，and use in context: Linguistic application. Washington D C: Georgetown University Press，1984：11-42.

广泛、最受关注的就是基于期望理论的相关研究。

Sinclair 等[1]指出，期望理论，也称为自我实现预言理论，可以用来揭示教练员的期望如何影响其与运动员的互动过程，继而该互动过程又如何影响运动员行为。Rejeski 等[2]以社区篮球联赛的教练员和运动员为样本，对教练员期望与运动员能力感知是否存在相关关系进行了研究。研究发现，教练员对被赋予高期望值的运动员给予了更多的正面强化性鼓励和指导，而针对那些被赋予低期望值的运动员，教练员只给予了一般性指导，或者对其表现不做出评价。Rejeski 等三位学者对此的解释是，不是教练员故意忽视被赋予低期望值的运动员，而是这些运动员并没有做出教练员所期望的反应和表现。

Horn 研究了初中垒球队教练员对运动员的期望与教练员行为的关系。研究认为对给予不同期望的运动员，教练员的行为表现存在差异，而这种差异性只存在竞赛环节中，而在训练环境中并不明显。教练员会根据运动员在上次竞赛中的表现对运动员给予不同的期望值，并采用差异化指导方式。例如：原本给予低期望值的运动员若在竞赛中表现优异，则会受到教练员更为个性化的技术指导；而那些原本给予高期望值的运动员若在竞赛中表现优异，则很少得到正面的鼓励，甚至会被忽视，而当他们犯错误的时候，教练员则更愿意采用批评的方式来激励他们。与此同时，这一研究结果还证实了教练员的期望和行为是受到情境因子制约的，即不同的情境下其行为表现会存在差异。

2. 教练员领导行为量表：对过程行为的研究

教练员领导行为多元模式量表——LSS 量表，最初是由 Chelladurai 等人在1978 年提出的，并被当作测量教练员领导行为的工具，分为五个方面，分别是：训练与指导行为、民主行为、专制行为、社会支持行为、正面反馈行为，这五种行为构成教练员领导行为的五个维度。训练与指导行为围绕运动项目，以提高和强化运动员各方面能力为主；民主行为反映的是教练员与运动员共同参与决策的水平；专制行为强调的是教练员在运动队的个人权威；社会支持行为反映的是运动队营造相互关怀氛围的行为；正面反馈是指反馈运动员的各种表现，以增强运

---

① SINCLAIR，D A & R S VEALEY. Effects of coaches' expectations and feedback on the self-perceptions of athletes [J]. Journal of Sport Behavior，1989，12：77-91.

② REJESKI W J，DARRACOTT C，HUTSLAR S. Pygmalion in youth sport: a field study [J]. Journal of sport psychology，1979，1（4）：311-319.

动员表现和参与的动机。民主行为和专制行为与团队的决策风格有关，训练与指导行为和正面反馈行为与任务导向有关，社会支持行为则与群体氛围有关。Chelladurai 和 Saleh 在 1980 年将这五个维度加以分类，分为直接因子（训练与指导行为）、两个决定团队风格的因子（民主行为和专制行为）和两个影响运动员参与动机的因子（社会支持行为和正面反馈行为）（表 2-2）。

表 2-2　教练员领导行为的分类、维度及内容

分类	维度	内容
直接因素	训练与指导行为	透过激烈与艰苦的持续训练，提高运动员的成绩
		指导运动员各项动作技术与比赛战术等
		理顺与协调运动员之间的关系
		指导与协调运动员间的活动
决定团队风格因素	民主行为	教练员允许运动员参与团队目标、练习方法、比赛战术和战略决定等的决策行为
	专制行为	教练员独立判断与做决定，强调个人权威的行为
影响参与动机因素	社会支持行为	教练员关心运动员福利、激励团队气氛、与运动员之间温馨的人际关系所表现的行为
	正面反馈行为	教练员认同及奖励运动员优良表现的强化行为

注：根据 Chelladurai 等人研究整理。

之后，Zhang 等[①]针对原始的 LSS 量表进行了修正与扩展，在保留原始五个维度的基础上增加了两个新的维度：团队维护行为和情境关注行为。团队维护行为旨在明晰团队成员间的关系、塑造和协调队员的行为、改善教练员与队员的关系和提升团队凝聚力。情境关注行为则表现为：①切实考虑到情境因子的影响与约束；②帮助队员树立个人目标并明晰实现途径；③区分不同阶段的执教方式；④明确队员的分工、位置与任务。然而对修正过的 LSS 量表，即 RLSS 量表进行实证检验后，因子分析表明团队维护行为在统计意义上是不显著的，因此修正

① ZHANG J，JENSEN B E，MANN B L. Modification and revision of the Leadership Scale for Sport [J]. Journal of sport behavior，1997，20（1）：105 – 122.

后的 LSS 量表是否应该加入这两个维度存在争议。在后续的研究中，Jambor 等[①]证明了情境关注行为在统计意义上是显著的。然而所有的研究均缺少对 RLSS 量表中七个维度与原始 LSS 量表中五个维度的比较，而且这两个量表是否存在较强的交叉性与重叠性也值得探究。未来的研究需要同时采用这两种量表进行测量并比较两者的异同，因此 RLSS 量表中增加的两个新维度是真具有统计意义上的显著性和理论上的创新性，还是只是从属于原始量表中的五个维度，这样的探讨是对这些维度的进一步分解与描述。

3. 教练员领导行为效能模型：对结果变量的研究

为了弥合并衔接 Smoll 与 Smith 教练员领导行为调节模型和 Chelladurai 教练员领导行为多元模型之间的鸿沟，Horn[②]基于成就目标理论、归因理论、能力动机理论、期望价值模型、自我决定理论、自我效能理论和运动投入模型发展出教练员领导行为效能模型（图 2-4）。该模型由前因变量、调节变量、教练员行为、直接结果变量和间接结果变量构成。前因变量包括社会文化环境、组织环境和教练员个性特征。对教练员的期望、价值观、信念和目标等因子起到调节影响作用的变量为调节变量，会影响教练员行为。教练员行为直接作用于运动员的表现与行为，通过运动员对教练员行为的感知、解读和评价间接影响运动员的自我感知、信念和态度。这些感知、信念和态度反过来影响运动员的竞技水平和心理动机。

教练员领导行为效能模型中的社会文化环境和组织环境与 Chelladurai 教练员领导行为多元模型中的情境因子相对应，教练员个性特征、期望、价值观、信念和目标则与教练员领导行为多元模型中的领导特质一致。运动员个性特征、动机水平和类型、自我感知、信念和态度则是教练员领导行为多元模型中团队成员特征的隐性表达。同时，该模型提出的"前因—调节—行为—结果"的逻辑链条又来源于 Smoll 等的教练员领导行为调节模型，是对教练员领导行为调节模型的进一步发展与补充。

---

① JAMBOR，E A & J J ZHANG. Investigating leadership，gender，and coaching level using the revised leadership for sport scale [J]. Journal of Sport Behavior，1997，20（3）：313-321.

② HORN，T S. Coaching effectiveness：research findings and future directions [A]. In Horn T S（eds.）. Advances in sport psychology [C]. Champaign，Illinois：Human Kinetics，2002：309-354.

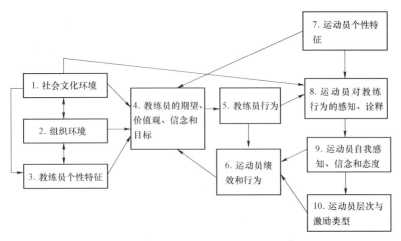

图 2-4　教练员领导行为效能模型[1]

2.1.5　变革型领导风格理论与应用

尽管教练员领导行为调节模型和领导行为多元模型在应用边界上存在争议，然而不可否认的是这两个模型无论从理论概念上还是测量工具上都没有清晰地界定运动的目标是追求快乐还是追求卓越。而这些目标的差异将会影响教练员领导行为的选择与应用。例如，对于专业运动员而言，更高更快更强是竞技体育永恒的主题。追求卓越、超越自我自然是每个职业运动员希望达到的状态，而教练员的目标则倾向于通过其教练员领导行为与方式帮助运动员挖掘潜力、突破极限、共同进步以实现双方的既定目标。在这一主题下，运动员需要从那种追求快乐的状态转向执着、投入和奋发努力的状态，而教练员领导行为调节模型和领导行为多元模型都没有揭示教练员应如何通过教练员领导行为来实现状态和角色的转化。

Downton[2]首先提出"变革型领导"概念，Burns[3]在其经典著作《领导学》中把变革型领导作为一种重要的领导理论。此后，变革型领导理论受到研究者的

① HORN, T. S，WEISS, M.R. A developmental analysis of children's self-ability judgements in the physical domain[J]. Pediatric Exercise Science，1991，3：312.

② DOWNTON，J V. Rebel Leadership：Commitment and Charisma in the Revolutionary Process [M]. New York：Free Press，1973.

③ BURNS，J M. Leadership [M]. New York：Harper & Row，1978.

关注，并且不断完善和发展。Bass[1]所做的理论研究奠定了变革型理论的基础。总体来说，无论是实践者还是研究者，他们都认为变革型领导提出实施组织新方向，利用创建远景、形象构建等对追随者进行授权和培养，对追随者个人、组织、组织文化产生广泛的影响。变革型领导在变革过程中发挥关键和核心作用。

变革型领导被定义为"尽最大限度改变组织成员参与态度和未来假设，而且对组织目标及实现策略的改变形成承诺的过程"[2]。在承诺形成的过程中领导者和被领导者彼此之间相互激励。领导者能依据被领导者目前的需求和动机，进一步意识和挖掘他们超越现阶段利益的高层次需求。在这种高层次需求下，变革型领导能激励被领导者最大限度地实现个人及组织的共同愿望和利益[3]。

变革型教练员领导行为多数包括：领导魅力、感召力（激发鼓舞）、智能激发和个性化关怀。领导魅力主要是领导者能获得下属的尊重、信任与信心，对下属而言是一种心理情感上的依附[4][5]，包括归因的理想化影响与行为的理想化影响；前者指领导者考量下属的需求多于自己，后者指领导者能与下属分享愿景、信念与价值观，对下属而言，领导者是理论道德的标准[6]；感召力（激发鼓舞）是领导者个人魅力下的教练员领导行为之一，该领导者表现出乐观的态度激励下属[7]；智能激发强调领导者能唤醒下属的潜能，鼓励下属用新的思维方式面对问题、解决问题[8]；个性化关怀指领导者能考量下属个别的能力与需求，并与下属维持良好的关系，此种教练员领导行为能增强下属的自信心，协助下属自我成长，提高下属成就感与责任感。

尽管变革型领导方式在管理学、心理学和教育学等领域已经取得了丰硕的成

① BASS，B M. Leadership and performance beyond expectations [M]. New York：Free Press，1985.

② YUKL，G & D D VAN FLEET. Theory and research on leadership organization [A]. In Dunnette M D，Hough L M（eds.）. Handbook of industrial and organizational psychology [C]. Palo Alto，California：Consulting Psychologists Press，1992：147−197.

③ TICHY，N M & M A DEVANNA. The transformation leader [M]. New York：John Wiley，1988.

④ YUKL，G A. Leadership in organizations [M]. Upper Saddle River，New Jersey：Prentice Hall，2002.

⑤ ALLIX，N M. Transformational leadership：Democratic or despotic? [J]. Educational Management & Administration，2000，28（1）：7−20.

⑥ BASS，B M & B J AVOLIO. Improving organizational effectiveness through transformational leadership [M]. Thousand Oaks，California：Sage Publications，1994.

⑦ AVOLIO，B J & D A WALDMAN & F J YAMMARINO. Leading in the 1990s：The four I's of transformational leadership [J]. Journal of European Industrial Training，1991，15（4）：9−16.

⑧ BASS，B M & B J AVOLIO. Developing transformational leadership：1992 and beyond [J]. Journal of European Industrial Training，1990，14（5）：21−27.

果，然而在体育领域虽已被关注，但是相关的研究仍然较少。Ulrich[1]首先将变革型领导理论在体育领域中进行了应用，提出创造性的工作，把这种创造性的改变转化成下属的需求，领导者和被领导者共同克服这种改变的困难，努力实现共同的远景并达成共同承诺，并将这种承诺形成一种制度保证。基于他的研究贡献，其他学者也在这方面展开了大量研究[2][3]。

关于变革型领导方式的主流研究多基于 Chelladurai 的领导行为多元模型，他在该模型的基础上增加了变革式领导风格作为情境特征、领导特质和成员特征的前置变量。在这一概念模型的基础上，后续学者在体育领域展开了相关研究。

1. 变革型教练员领导行为的维度与测量研究

虽然部分学者直接采用了原始的 MLQ 量表[4][5]或增加了一些符合体育领域教练员领导情境的题项[6]，并取得了较为满意的研究结论，但是 Bass 和 Avolio 等研究认为，变革型教练员领导行为所包括的 4 个维度——领导魅力、感召力、智能激发和个性化关怀只是为后续研究提供了一个概念性模型，而这 4 个维度的具体内涵与子维度的研究在其他领域的适用性仍然存在争议[7][8]，特别是如何构建适用于体育领域中的变革型教练员领导行为的子维度是值得关注的。

同时，一些学者尝试修正原始 MLQ 量表，减少该量表的题项并应用于体育

① ULRICH，D R. The role of transformational leaders in changing sport arenas [A]. In Slack T，Hinings C R（eds.）. The organization and administration of sport [C]. London，Ontario：Sport Dynamics，1987.

② DOHERTY，A J & K E DANYLCHUK. Transformatonal and transactional leadership in interuniversity athletics management [J]. Journal of Sport Management，1996，10（3）：292－309.

③ KENT，A & P CHELLADURAI. Perceived transformational leadership，organizational commitment，and citizenship behavior：a case study in intercollegiate athletics [J]. Journal of Sport Management，2001，15（2）：135－1

④ 刘改成，王斌. 高校体育领导者变革型教练员领导行为及其有效性的实证研究[J]. 武汉体育学院学报，2007，41（9）：41－44.

⑤ CHARBONNEAU，D & J BARLING & E K KELLOWAY. Transformational leadership and sports performance：The mediating role of intrinsic motivation. Journal of Applied Social Psychology，2001，31，1521－1534.

⑥ 张永郎. 跆拳道选手目标取向、知觉动机气候与运动自信心之相关研究[D]. 台中市：国立台湾体育大学，2000.

⑦ RAFFERTY，A E & M A GRIFFIN. Dimensions of transformational leadership：Conceptual and empirical extensions [J]. The Leadership Quarterly，2004，15：329－354.

⑧ CARELESS，S A. Assessing the discriminant validity of transformational leader behaviours as measured by the MLQ [J]. Journal of Occupational & Organizational Psychology，1998，71（4）：353－358.

领域的变革型教练员领导行为研究，如 Podsakoff 等①设计了变革型领导力清单量表。

最后，还有一些学者应用教练员领导行为量表和多因子领导量表②、测量组织文化的文化强度评估量表（CSA）、组织文化评估量表（OCAQ）③和组织效能量表（OEQ）④等。

以上研究都是采用问卷调研的方法。问卷调研方法本身具有一定局限性，同时研究过程中所采用的研究问卷并不统一，从而导致出现相互矛盾的研究结果，所以有些研究者尝试了其他形式的研究方法。例如，Hoyt 等⑤针对变革型领导和交易型领导的方式对领导绩效的影响，采用了"实验室实验"的研究方法；Hahesy⑥以美国大学体育协会（NCAA）的优秀教练员为研究对象，采用了定性和个案研究相结合的研究方法，认为优秀教练员呈现出的是一个变革型领导者作风，对运动员具有榜样效应，训练和比赛中能有效激励运动员迸发出积极参与的热情。研究者对各种研究方法的尝试尽管并不是很多，但这是一种有益的尝试，促使体育组织中的变革型领导的研究方法呈现多元化。也就是说，之后的研究将会呈现实验研究、现场观察和问卷调查，以及元分析等多样化研究方法并存的局面。

问卷调查作为研究方法，由于自身存在一定的局限性，再加上问卷内容的不一致性，使研究结果出现相互矛盾的现象，因此，有研究者开始尝试运用其他研究方法。例如，Hoyt 等通过在实验室实验的方法，对变革型领导效应和交易型领导效应进行对比试验，并进行了探讨。Hahesy 以美国大学体育协会优秀教练

---

① PODSAKOFF，N P & S W WHITING & P M PODSAKOFF，et al. Individual and organizational－level consequences of organizational citizenship behaviors：A meta－analysis [J]. Journal of Applied Psychology，2009，94（1）：122－141.

② 刘改成. 体育组织中的变革型领导研究述评[J]. 搏击：体育论坛，2011，6：10－12.

③ WALLACE，M & W J WEESE. Leadership，organizational culture，and job satisfaction in Canadian YMCA organizations [J]. Journal of Sport Management，1995，9（2）：182－193.

④ PRUIJN，G & R BOUCHER. The relationship of transactional and transformational leadership to the organizational effectiveness of Dutch national sport organizations [J]. European Journal for Sport Management，1995，72：72－87

⑤ HOYT CL & J BLASCOVICH. Transformational and transactional leadership in virtual and physical environment [J]. Small Group Research，2003，34（6）：678－715.

⑥ HAHESY，M J. Transformational leadership theories，attribution beliefs，and self－efficacy：a qualitative study of one successful NCAA wrestling coach [M]. Eugene，Oregon：Kinesiology Publications，2002.

员为研究对象，利用定性和个案研究方法得出研究结果，认为优秀教练员属于变革型领导者，对运动员具有榜样效应，能有效激发运动员的训练及比赛热情。这种方法上的尝试是有意义的，有助于体育组织变革型领导研究方法的多元化。

2. 变革型教练员领导行为的应用研究

由于变革型领导是一种自上而下的变革方式，因此变革型教练员领导行为的研究首先聚焦于体育领域的高层管理者，如运动竞赛部门主任[①]、运动竞赛部门的负责人等。

在该层面的研究遵循着"行为—结果"的因果关系链，研究关注变革型教练员领导行为对组织绩效和员工满意的影响。Doherty 等[②]通过对大学竞赛部门主任的变革型教练员领导行为与教练员工作满意度的关系研究，发现教练员工作的满意度、感知的执教效能及额外的工作努力与变革型教练员领导行为具有积极相关性。同时 Yuso[③]研究也得出，部门变革型教练员领导行为与教练员的工作满意度具有显著的相关性。然而，所有研究结果并不是完全一致的。例如，在加拿大体育组织中，Langely 等发现，在变革型领导水平不同的组织中，其员工的工作满意度不存在显著性的差异。同时另一项针对曲棍球联盟中变革型教练员领导行为的研究也认为，变革型教练员领导行为与组织效能之间没有关联。Pruijn 等对荷兰国家体育组织的研究也得到同样结论。

在微观层面变革型领导方式的研究则聚焦于这种教练员领导行为对运动员动机、情感和行为的作用。涂志贤[④]的研究指出变革型教练员领导行为对不同经验和成熟度的运动员影响效应不同。运动经历越多的运动员与教练员的互动越频繁，越能感受到教练员的激发、鼓励等行为。Charbonneau 等[⑤]的研究发现运

———————

① YUSOF，A. The relationship between transformational leadership behaviors of athletic directors and coach's job satisfaction [J]. Physical Educator，1998，55（4）：170-175.

② DOHERTY，A J. The effect of leader characteristics on the perceived transformational/transactional leadership and impact of interuniversity athletic administrators [J]. Journal of Sport Management，1997，11（3）：275-285.

③ YUSOF，A. The relationship between transformational leadership behaviors of athletic directors and coaches' job satisfaction [J]. Physical Educator，1998，55（4）：170-175.

④ 涂志贤. 运动教练领导风格对选手成绩表现与满意度影响之研究[J].体育学报，1999，28：45-58.

⑤ CHARBONNEAU，D & J Barling & E K Kelloway. Transformational leadership and sports performance：The mediating role of intrinsic motivation [J]. Journal of Applied Social Psychology，2001，31：1521-1534.

动员认为采用变革型领导方式的教练员在训练比赛中更有效率、更令人满意。张永郧[①]在对台湾大专院校运动队的研究中指出，训练与比赛过程中，除了技能指导外，教练员更倾向于通过激发运动员的信心、意志力、荣誉感和智力潜力来帮助他们展现潜能、获得佳绩、肯定自我；同时研究还指出不同背景的运动员对变革型教练员领导行为的感知存在显著差异。Charbonneau 等认为变革型教练员领导行为通过动机内化可以提升运动员的竞技表现。Rowold[②]则指出变革型教练员领导行为比交易型教练员领导行为对运动员感知教练员效能及对运动员的满意度更具预测力。Arthur 等[③]的研究也提出了变革型领导风格与运动员动机形成和运动员的努力倾向高度相关。Vallée 等[④]发现教练员的变革型教练员领导行为对运动员的全面发展和学校体育项目的成功开展具有促进作用。陈启仲[⑤]在对台湾男子篮球二级联赛的大学生运动员的研究中发现具有高尚品格、亲和力和领导魅力的教练员更容易获得运动员的认可。同时他还指出成年运动员对教练员的领导魅力感知更为敏感。黄国恩等[⑥]对台湾高中柔道运动员的研究表明，中学生运动员对变革型教练员领导行为中的个性化关怀感知最为强烈，其次是智能激发；研究指出教练员除需要关心运动员的个别需求外，还需要营造支持性氛围，提供多样化的学习机会以帮助运动员激发潜能。Callow 等[⑦]的研究表明，教练员通过变革型教练员领导行为可以促进运动员对组织目标的认同，提升其团队协作能力。

---

① 张永郧. 跆拳道选手目标取向、知觉动机气候与运动自信心之相关研究[D]. 台中市：台湾体育大学，2000.

② ROWOLD，J. Transformational and transactional leadership in martial arts [J]. Journal of Applied Sport Psychology，2006，18（4）：312−325.

③ ARTHUR，C A & T WOODMAN & C W ONG，et al. The role of athlete narcissism in moderating the relationship between coaches' thansformational leader behaviors and athlete motivation[J]. Journal of sport & Exercise Psychology，2011，33（1）：3−19.

④ VALLÉE，C N & G A BLOOM. Building a successful university program：Key and common elements of expert coaches [J]. Journal of Applied Sport Psychology，2005，17（3）：179−196.

⑤ 陈启仲. 教练转型教练员领导行为影响选手组织承诺与选手满意度之研究−以 94 学年大专练球联赛第二级男子篮球选手为例[D]. 台北县：辅仁大学，2006.

⑥ 黄国恩，姜定宇，周婉茹，等. 教练转型式领导对团队成员专业承诺的影响−教练满意度、团队满意度与训练满意度的调节效果[J]. 体育学报，2007，40（4）：63−74.

⑦ CALLOW，N & M J SMITH & L HARDY，et al. Measurement of Transformational Leadership and its Relationship with Team Cohesion and Performance Level [J]. Journal of Applied Sport Psychology，2009，21（4）：395−412.

高三福[①]对台湾大专院校的排球运动员的研究发现，当教练员具有树立榜样、个性化支持、启发智力、描绘愿景、高度期望等教练员领导行为时，运动员更愿意为团队荣誉和目标主动付出努力。

2.2　激励氛围理论及相关研究

成就目标理论认为个体的动机来源于目标导向或任务导向，而根据自我决定理论和动机层次理论，个体动机内化的过程受到外界情境因子的影响。Ames 依据成就目标理论提出了激励氛围的概念，并将其作为动机内化的前置变量。

2.2.1　激励氛围的概念界定

激励氛围是影响运动结构和教练员与运动员人际互动关系的环境[②]，是在成就情境下所强调的目标构成的个人复合观点[③]。基于成就目标理论中的控制型目标和表现型目标，激励氛围分为掌控导向（或任务参与型）、表现导向（或自我参与型）两个维度。

教练可以通过减少胜利的重要性或者关注其他参与动机（例如技能训练、个人努力）的方法来创造任务参与型激励氛围。任务参与型激励氛围可以产生很多积极的结果，比如运动胜任力的提升、运动自信的提升、团队凝聚力的提升和合作有效性的提升。同时，教练也可以通过提升队内竞争、关心最有天赋的运动员、惩罚犯错的运动员的方式来创造自我参与型激励氛围。而 Ames[④]、Biddle[⑤]、

---

① 高三福. 教练的转型与交易领导及运动员的团队承诺：内在动机的调节效果[J]. 体育学报，2009，42（2）：45−61.

② ALLEN，J B & K HODGE. Fostering a learning environment：Coaches and the motivational climate [J]. International Journal of Sport Science and Coaching，2006，1（3）：260−277.

③ DUDA，J L. Achievement goal research in sport：Pushing the boundaries and clarifying some misunderstandings [A]. In Roberts G C（eds.）. Advances in Motivation in Sport & Exercise [C]. Champaign，Illinois：Human Kinetics，2001：129−183.

④ AMES，C. Achievement goals and the classroom motivational climate [A]. In Meece J，Schunk D（eds.）. Students' Perceptions in the Classroom [C]. Hillsdale，New Jersey：Lawrence Erlbaum Associates，1992：327−348.

⑤ BIDDLE，S J H & D MARKLAND & D GILBOURNE，et al. Research methods in sport and exercise psychology：quantitative and qualitative issues [J]. Journal of Sport Sciences，2001，19（10）：777−809.

Treasure 等[1]则直接使用任务参与和自我参与来界定激励氛围，以区别于成就目标理论的概念。然而关于激励氛围的维度和测量与子维度的界定与探索却经历了很长时间。

2.2.2　激励氛围的早期研究——TARGET 模型

激励氛围的研究基于情境因子，作为成就目标理论的分支，其主要贡献来源于 Carole Ames 的早期研究。尽管激励氛围的早期研究源于 Ames 和她的同事[2]，但是其最初的研究并非基于成就目标理论，而是基于情境因子，如报酬结构和奖励对激励过程的影响等。Ames 及其同事考察了竞争和非竞争情境下 40 个六年级孩子面对成功和失败的后续行为。其中，男孩被设置为能力配对组，并面临着失败和成功两种情境。在竞争环境下，只有赢家获得奖励；而在非竞争环境下输家和赢家都会获得奖励。竞争环境导致参与者在失败后出现较为强烈的自我惩罚行为，而在获胜后表现出自我强化的行为；而在非竞争环境中，两组参与者并没有表现出明显的行为差异。在后续研究中，Ames[3]通过鼓励孩子组内对抗和鼓励孩子自我提升，构建了竞争目标情境和个人目标情境。研究结果表明在竞争目标情境中孩子倾向于将能力与结果相联系，而在个人目标结构中孩子将失败或成功的结果归咎于努力。同时，个人目标情境导致孩子更容易出现自我指导行为。Ames 认为孩子的上述表现非常类似于 Diener 等[4]定义的掌控导向反映的任务参与型行为。这种在不同情境下不同的行为表现体现了不同的奖励结构会影响自我能力评价、成功失败感和能力感知的多元信息来源。尽管其研究并非来源于成就目标理论，但是其所界定的竞争目标和个人目标情境非常接近于激励氛围中的掌控导向和表现导向两个维度。

Ames 等的后续研究表明教学中的情境暗示可以影响不同成就目标的特征。

① TREASURE，D C & G C ROBERTS. Students' perceptions of the motivational climate，achievement beliefs and satisfaction in physical education [J]. Research Quarterly for Exercise & Sport，2001，72（2）：165−175.

② AMES，C A & R AMES & D W FELKER. Effects of competitive reward structure and valence of outcome on children's achievement attributions [J]. Journal of Educational Psychology，1977，69（1）：1−8.

③ AMES，C. Competitive，co−operative and individualist goal structures: A motivational analysis [A]. In Ames R，Ames C（eds.）. Research on Motivation in Education: Student Motivation [C]. New York: Academic Press，1984：177−207.

④ DIENER，C I & C S DWECK. An analysis of learned helplessness：II. The processing of success[J]. Journal of Personality & Social Psychology，1980，39（5）：940−952.

Ames 指出主观意义或者个人对激励情境的感知是预测后续个人目标和行为形态的关键因子。基于以上研究，后续学者界定了 2 种激励氛围——掌握型激励氛围和表现型激励氛围。在掌握型激励氛围中个人评判标准是以自我为参照的，个体将胜任力界定为取得进步、完成任务或学习到新知识的能力；而在表现型激励氛围中，个人评价标准是以他人为参照的，其所关注的重点是自身表现超越其他人并尽可能避免错误①。Ames 结合 Epstein②的研究，首先提出并区分了激励氛围的两个感知维度：掌控导向和表现导向。具体而言，Epstein 指出存在 6 种变量可以帮助教师组织课堂教学和互动，包括任务（任务设计）、权威（决策区域）、认可（奖励配置）、团队（组成团队的方式与频率）、评价（考核标准）和时间（学习步骤），并将以上 6 个变量对应英文单词的首字母组成了 TARGET 激励方式（表 2-3）。Ames 还指出主观解读或者称为动机环境的感知是预测动机认知成分和情感成分的关键因子。

表 2-3　TARGET 激励方式表③

掌控导向	表现导向
任务（Tasks）	
挑战性与多样化	缺乏多样性和挑战性
权威（Authority）	
学生被赋予选择权并承担领导力角色	学生不能参与决策
认可（Recognition）	
个体性及以个人进步为标准	公众性及以社会比较为标准
团队（Grouping）	
促进合作学习和同伴互动	团队形成基于个体能力
评价（Evaluation）	
基于对任务的掌握和个体改进	基于获胜或超越其他人
时间（Time）	
时间要求根据个体能力而灵活调整	分配到所有学生的学习时间是统一的

① BLUMENFELD，P C. Classroom learning and motivation: Clarifying and expanding goal theory [J]. Journal of Educational Psychology，1992，84（3）：272-281.

② EPSTEIN，J L. Family structures and student motivation: A developmental perspective [A]. In Ames C，Ames R（eds.）. Research on Motivation in Education [C]. San Diego，California：Academic Press，1989：259-295.

③ EPSTEIN J L. Family structures and student motivation: A developmental perspective [A]. In Ames C，Ames R（eds.）. Research on Motivation in Education [C]. San Diego，California：Academic Press，1989：259-295.

如果学生参与到决策过程中，并且其团队的形成不依赖于个人能力，那么其成功就会被界定为个人努力和提高。团队则鼓励学习新知识、发现新的学习方法。在这种情境下，学生所处的课堂环境是掌控导向型的。这种掌控导向型的课堂环境感知与适应性激励方式有关，例如：使用有效的学习方法、对课堂活动的积极态度与努力参与程度。相反，如果学习的目的在于相互比较，表现的评估是基于规范标准，学习团队的组织是基于能力而且学习时间分配不灵活的话，学生感受到的课堂氛围是表现导向型的。此时，学生表现出不适应的激励反应。

Ames 认为学习环境赋予学术成就不同的意义与观点，进而影响学生的学习过程。因为学生的感知携带着大量关于成就情境下的投入信息，如教室和运动环境，因此有必要对学生的感知或者成就理论做出合理的评估。Ames 等指出，激励氛围的不同结构属性如何促进运动中的适应性或非适应性激励过程值得关注，即不同类属的激励氛围应该匹配不同的激励过程，以适应学生的自身需求，从而获得激励正效应，并且需要强调这些结构的作用机理与过程，以及其随干预项目的变化而产生的相应变化。他们强调了解激励投入的关键步骤就是明晰氛围的产生与作用，在学习情境下氛围影响努力程度、毅力、认知、情感和行为。

2.2.3　激励氛围的维度研究

最早开展感知激励氛围定量研究的是 Seifriz 等[①]，他们开发出了感知激励氛围的运动问卷－1（Perceived Motivational Climate in Sport Questionnaire－1，PMCSQ－1）量表，用来观测掌握型激励氛围和表现型激励氛围，针对美国男子篮球运动员的实证研究表明，PMCSQ－1 量表具有较高的内部一致性（$a>0.80$）。量表中掌握型激励氛围的子项目包括努力工作、技能提升、视错误为学习的一部分等内容；表现型激励氛围的子项目则包括超越队友、因为错误而获得惩罚、偏爱队内的明星队员等内容。其研究结果显示，运动员的掌握型激励氛围感知和幸福感与努力会带来成功的信念正相关。而表现型激励氛围与因技能突出而获得成功的观念相关。然而该研究在信度和效度检验上并没有做出清晰的解释和阐述。

① SEIFRIZ, J J & J L DUDA & L CHI. The relationship of perceived motivational climate to intrinsic motivation and beliefs about success in basketball [J]. Journal of Sport & Exercise Psychology，1992，14（4）：375－391.

White[1]在对青年运动员的研究中发现三种激励氛围子维度，即焦虑氛围、不劳而获氛围和学习导向氛围，并且性别差异影响激励氛围的感知。同时其研究结论证明PMCSQ-1量表的效度存在问题。同样在1993年，有学者在对美国青年运动员的研究中采用验证性因子分析证实了PMCSQ-1量表的效度，但没有证实两种激励氛围子维度是否具有独立性。研究结论表明掌握型激励氛围与运动员满意度正相关，而与运动员焦虑感负相关。

Ebbeck等[2]的研究也表明较高的掌握型激励氛围和较低的表现型激励氛围与较高的任务导向高度相关。其后续研究还发现父母的目标导向对运动员自我导向的产生具有较好的预测力。该结论表明其他心理影响的来源比如家长、队友等对激励氛围的影响和目标导向的形成值得关注。

Kavussanu等[3]通过性别差异的比较研究发现男性运动员较高的掌握型激励氛围感知与幸福感、运动努力程度和感知胜任力正相关，与紧张焦虑感负相关。

Goudas[4]针对100名希腊男篮球队员研究了激励氛围对运动员内部动机形成的作用，结论表明掌握型激励氛围对内部动机形成具有显著影响，而表现型激励氛围与其无关。但是研究没有揭示感知胜任力与激励氛围的互动关系。

Ommundsen等[5]对148名挪威大学生运动员的研究揭示了掌握型激励氛围是满意度、学习作为训练结果和视运动为终身技能发展的源泉。同时在表现型激励氛围方面，研究认为其与自我导向有关，大学运动员认为体育运动是其社会身份的体现。

Williams[6]的研究则表明激励氛围对目标导向并不具备足够的解释力。在127

① WHITE，S A & J L DUDA & S HART. An exploratory examination of the parent–initiated motivational climate questionnaire [J]. Perceptual & Motor Skills，1992，75（3）：875-880.

② EBBECK，V & S L BECKER. Psychosocial predictors of goal orientations in youth soccer [J]. Research Quarterly for Exercise & Sport，1994，65（65）：355-362.

③ KAVUSSANU，M & G C ROBERTS. Motivation in physical activity contexts：The relationship of perceived motivational climate to intrinsic motivation and self–efficacy [J]. Journal of Sport & Exercise Psychology，1996，18（3）：264-281.

④ GOUDAS，M. Motivational climate and intrinsic motivation of young basketball players [J]. Perceptual & Motor Skills，1998，86（1）：323-327.

⑤ OMMUNDSEN，Y & G C ROBERTS & M KAVUSSANU. Perceived motivational climate and cognitive and affective correlates among Norwegian athletes [J]. Journal of Sports Sciences，1998，16（2）：153-164.

⑥ WILLIAMS，L. Contextual influences and goal perspectives among female youth sport participants [J]. Research Quarterly for Exercise & Sport，1998，69（1）：47-57.

名女性垒球运动员的赛季目标导向变化的研究中，掌握型激励氛围和表现型激励氛围分别只解释了 11% 和 3% 的目标任务导向的时间变化。而且这两种激励氛围都没有预测目标自我导向的变化。

关于任务导向型和自我导向型激励氛围的关系在理论界一直存在争议。Biddle 等①和 Papaioannou②的研究表明这两种激励氛围不存在明显的相关关系。而 Walling 等③则指出它们之间存在强负相关。而目标导向研究也提出了相似的问题，即在训练中是否同一个人既受到任务导向又受到自我导向的约束，还是二者存在转换问题。尽管 Ames④指出两种激励氛围不可能兼容，但是二者的转化问题或共存问题仍然不得而知，需要进一步探讨。

Newton 等⑤对 PMCSQ-1 量表做了深入细化的改进，开发出了感知激励氛围运动问卷-2（PMCSQ-2）量表。该量表在 PMCSQ-1 的基础上增加了 300个项目，并最终删减为 42 个题项。通过对 225 名美国女子篮球和排球运动员的测试，他们发现由 30 个题项构成的 6 个因子，包括由努力与进步、角色认同和合作学习 3 个子维度构成的掌握型激励氛围，以及由不公平认同、错误惩罚、队内竞争 3个子维度构成的表现型激励氛围。掌握型激励氛围与营造出运动员感知其是团队中重要成员、因努力和进步而获得褒奖以及相互帮助学习新技能的环境相关。相反，在表现型激励氛围中运动员基于自身能力而被认可和评价，运动员由于犯错误而受到惩罚，团队中队友之间的内部竞争被认为是恰当合理的。Newton 等以385 名美国女子排球运动员为样本，通过验证性因子分析进一步检验 PMCSQ-2量表的层次结构的效度。研究结论表明由 6 个子维度构成的 PMCSQ-2 量表比由 2 个子维度构成的 PMCSQ-1 量表在信度和效度上更为优异。

---

① BIDDLE，S & F CURY & M GOUDAS，et al. Development of scales to measure perceived physical education class climate：A cross-national project [J]. British Journal of Educational Psychology，1995，65（3）：341-358.

② PAPAIOANNOU，A. Development of a questionnaire to measure achievement orientations in physical education [J]. Research Quarterly for Exercise & Sport，1994，65（1）：11-20.

③ WALLING，M D & J L DUDA & L CHI. The Perceived Motivational Climate in Sport Questionnaire：Construct and predictive validity [J]. Journal of Sport & Exercise Psychology，1993，15（2）：172-183.

④ AMES，C. Achievement goals，motivational climate，and motivational processes [A]. In Roberts G C（eds.）. Advances In Motivation in Sport and Exercise [C]. Champaign，Illinois：Human Kinetics publisher，1992：161-176.

⑤ NEWTON，M & J L DUDA. The Perceived Motivational Climate in Sport Questionnaire：Construct and Predictive Validity [J]. Journal of Sport & Exercise Psychology，1993，15（2）：172-183.

PMCSQ-2量表为激励氛围研究提供了一个多维度概念性框架和测量工具，尽管区分了两种激励氛围的子维度，但是仍然缺少对2种激励氛围子维度清晰深入的阐述。因此，目前多数研究仍然只是针对量表的信度与效度做出相关的验证，只是PMCSQ-1量表的延伸研究，其研究范畴仍只是TARGET模型的部分解读。因此未来的研究中应增加反映运动员选择权感知、决策参与、任务设计和学习规划等方面的题项，不断丰富和完善该量表。

2.2.4　激励氛围的机制研究

1. 竞技胜利的归因

根据成就目标理论和归因理论，在任务导向或掌握型激励氛围中，个体将成功归因于努力与付出；在自我导向或表现参与型激励氛围中，个体则将成功归因于更高的竞技水平和能力[1][2]。当运动员感知到表现型激励氛围时他们相信能力不足是阻碍其成功的因子，因为他们认为持续的努力付出是无法增加获胜的机会的。这种信念会在其失败后削弱其动机或继而采用欺骗或违反体育精神的行为来获得成功。相反，在掌握型激励氛围中的运动员则更愿意将失败归结于缺乏努力与付出，因而他们在面对失败时不会采用违背体育精神的行为。

Seifriz等的研究表明高中运动员可以有效地区分掌握型激励氛围与表现型激励氛围。当团队以掌握为导向时，运动员认为努力是可以从教练员那里得到回报的，并且他们可以感知到自己在团队中的角色定位。而在表现型激励氛围中，运动员则更倾向于努力训练来超越同伴，避免因犯错误而受到惩罚。Treasure等通过对美国精英男子足球队员的研究，发现其所表现出的体育精神和道德与掌握型激励氛围正相关，而与表现型激励氛围负相关。Guivernau等[3]发现感知掌握型激励氛围的女子足球运动员在比赛中较少采用粗暴野蛮的犯规方式来伤害对手。

① SEIFRIZ，J J & J L DUDA & L CHI. The relationship of perceived motivational climate to intrinsic motivation and beliefs about success in basketball [J]. Journal of Sport & Exercise Psychology，1992，14（4）：375–391.

② CARPENTER，P J & K MORGAN. Motivational climate，personal goal perspectives and cognitive and affective responses in physical education classes [J]. European Journal of Physical Education，1999，4（1）：31–44.

③ GUIVERNAU，M & J L DUDA. Integrating concepts of motivation and morality：The contribution of norms regarding aggressive and rule–violating behaviors [J]. Journal of Sport & Exercise Psychology，1998，20：13.

Miller 等[1]通过对挪威青年男子足球运动员的研究，发现运动员所表现出的不尊重规则和裁判、对体育运动投入程度低等不符合体育精神的行为与其感知到的表现型激励氛围相关。而在较高感知的掌握型激励氛围中，运动员则表现出尊重对手和投入比赛等符合体育精神的行为。Kavussanu 等[2]对大学生篮球队员的研究却没有发现运动员的表现型激励氛围感知与较低水平的道德行为直接相关。

Ommundsen 等[3]在对挪威青年男子足球队员的研究中指出，感知到掌握型激励氛围的运动员更容易表现出较高的体育精神与道德，例如尊重竞技规则、裁判和对手。而 Miller 等[4]对挪威青年足球运动员的研究表明，当运动员感知到教练员特别关注运动中的成败标准时，运动员在这种表现型激励氛围下更倾向于降低自身的体育道德精神；而当教练员强调以学习、进步和个人发展为标志的掌握型激励氛围时，运动员则表现出较高的体育道德精神。Gano-Overway 等[5]的研究也发现，掌握型激励氛围与运动员尊重体育运动与规则的正向影响很弱，而表现型激励氛围对运动员体育精神没有任何影响。

2. 体育运动的目的

体育运动通常被认为是学习生活技能和适应性策略的重要载体，然而研究表明这种感知只存在于掌握型激励氛围中，因此只有在掌握型激励氛围中运动员才会认为体育运动的目的是不断提升和挑战自己。而处于表现型激励氛围的运动员则相信体育运动是提升社会地位和身份的重要途径。Ommundsen 等[6]的研究指出

① MILLER，B W & G C ROBERTS & Y OMMUNDSEN. The relationship between perceived motivational climate and sportspersonship in elite male youth soccer players [A]. Proceedings of the sport psychology conference in the New Millennium [C]. Halmstad，Sweden：Halmstad University，2000：274−278.

② KAVUSSANU，M & G C ROBERTS & N NTOUMANIS. Contextual influences on moral functioning of college basketball players [J]. Sport Psychologist，2002，16（4）：347−367.

③ OMMUNDSEN，Y & G C ROBERTS & P N LEMYRE，et al. Perceived motivational climate in male youth soccer：Relations to social−moral functioning，sportspersonship and team norm perceptions [J]. Psychology of Sport & Exercise，2004，4（4）：397−413.

④ MILLER，B W & G C ROBERTS & Y OMMUNDSEN. Effect of motivational climate on sportspersonship among competitive youth male and female football players [J]. Scandinavian Journal of Medicine & Science in Sports，2004，14（3）：193−202.

⑤ GANO−OVERWAYA，L A & M GUIVERNAU & T M MAGYAR，et al. Achievement goal perspectives，perceptions of the motivational climate，and sportspersonship：individual and team effects [J]. Psychology of Sport & Exercise，2005，6（2）：215−232.

⑥ OMMUNDSEN，Y & G C ROBERTS. Effect of motivational climate profiles on motivational indices in team sport [J]. Scandinavian Journal of Medicine & Science in Sports，1999，9（6）：389−397.

较高的掌握型激励氛围感知与能力掌握和进步正相关,而这种对能力的掌握与提升是团体运动员满意度的重要源泉。同时在掌握型激励氛围中运动员会认为他们能力的提升来源于不懈的努力和投入,而在表现型激励氛围中运动员会展现出回避困难和努力的倾向。Ommundsen 等对 148 名挪威大学生运动员的研究发现高掌握型激励氛围和高表现型激励氛围感知的大学生运动员更认同体育锻炼中持续的努力对学习是有帮助的,并且他们还认为体育运动是促进社交和人际关系的重要途径。

3. 正效应——幸福感、内在兴趣和满意度

任务导向或掌握型激励氛围促进挑战性和自主感的形成,使运动员认为体育运动本身最终的结果是形成内部动机和幸福感,而处于自我导向或表现型激励氛围中的运动员则认为体育运动是实现某种目标的手段,具体而言就是自我高超能力的展示。这种认知会对运动员产生压力感和紧张感,同时降低了正面积极的情感。大量研究已经证明掌握型激励氛围感知与运动员正面情感高度相关。[1][2][3][4][5][6]Balaguer 等对 219 名西班牙网球运动员的研究指出感知掌握型激励氛围与运动员对比赛成绩、竞技水平满意度和教练评价高度正相关,而表现型激励氛围则与这些感知负相关。

Treasure 等的研究发现处于高掌握型激励氛围感知和低表现型激励氛围感知的孩子对体育锻炼有正面积极的态度,表现出较高的幸福愉悦感和较低的乏味感。只有少数的研究指出表现型激励氛围感知与运动员正面情感形成相关。上述

① BALAGUER, I & J L DUDA & M CRESPO. Motivational climate and goal orientations as predictors of perceptions of improvement, satisfaction and coach ratings among tennis players [J]. Scandinavian Journal of Medicine & Science in Sport, 1999, 9 (6): 381−388.

② DOROBANTU, M & S J H BIDDLE. The influence of situational and individual goals on the intrinsic motivation of adolescents towards Physical Education [J]. The European Yearbook of Sport Psychology, 1997, 1: 145−168.

③ LIUKKONEN, J & R TELEMA & S J H BIDDLE. Enjoyment in youth sports: A goal perspective approach [J]. The European Yearbook of Sport Psychology, 1998, 2: 55−75.

④ NEWTON, M & J L DUDA & Z N YIN. Examination of the psychometric properties of the Perceived Motivational Climate in Sport Questionnaire−2 in a sample of female athletes[J]. Journal of Sports Sciences, 2000, 18: 275−290.

⑤ PARISH, L E & D C TREASURE. Physical activity and situational motivation in physical education: Influence of the motivational climate and perceived ability [J]. Research Quarterly for Exercise & Sport, 2003, 74 (2): 173−182.

⑥ WHITEHEAD, J & K V ANDRÉE & M J LEE. Achievement perspectives and perceived ability: How far do interactions generalize in youth sport? [J]. Psychology of Sport & Exercise, 2004, 5 (3): 291−317.

争议的存在可能是由于目前测量工具无法有效地区分激励氛围中"接近"与"回避"的两个方面。

4. 负效应——压力感、紧张感、焦虑感、沮丧感

运动员表现出的压力感、紧张感和焦虑感等负面情绪是运动员在特定情境下受到威胁和在紧张感状态下做出反应的特征状态。这些反应表达为干扰注意力和其他认知功能的高水平自我觉醒、焦虑、自我导向意识。[1][2]尽管 Jones 等[3]认为焦虑感有助于运动员的临场发挥,但是多数研究指出表现焦虑感对运动员临场发挥、运动参与的幸福感、身体健康等均具有负面影响[4][5][6][7]。同时对青年运动员的研究也发现这种焦虑感与运动员运动参与兴趣下降、心理倦怠和运动损耗高度相关[8][9]。并且高水平的焦虑感会影响运动员的身心健康,增加其在训练比赛中受伤的风险[10]。

① SMITH,R E & F L SMOLL & S WIECHMAN. Measurement of trait anxiety in sport [A]. In Duda J L（eds.）. Advances in sport and exercise psychology measurement [C]. Morgantown,West Virginia:Fitness Information Technology,1998.

② SMITH,R E & F L SMOLL & M W PASSER. Sport performance anxiety in children and youth [A]. In Smoll F L,Smith R E（eds.）. Children and youth in sports:A biopsychosocial perspective [C]. Dubuque,Iowa:Kendall/Hunt publishing company,2002:501－536.

③ JONES, G & A SWAIN. Predispositions to experience debilitative and facilitative anxiety in elite and non－elite performers [J]. The Sport Psychologist,1995,9（2）:201－211.

④ MAHONEY,M J & A W MEYERS. Anxiety and athletic performance:Traditional and cognitive－developmental perspectives [A]. In Hackfort D,Spielberger C D（eds.）. Anxiety in sports:An international perspective [C]. Washington D C:Hemisphere Publishing,1989.

⑤ SCANLAN,T K & M L BABKES & L A SCANLAN. Participation in sport:A developmental glimpse at emotion [A]. In Mahoney J L,Larson R W,Eccles J S（eds.）. Organized activities as contexts of development:Extracurricular activities,after school,and community programs [C]. Mahwah,New Jersey:Lawrence Erlbaum Associates,2005:275－309.

⑥ SCANLAN,T K & R LEWTHWAITE. Social psychological aspects of competition for male youth sport participants:IV. Predictors of enjoyment [J]. Journal of Sport Psychology,1986,8:25－35.

⑦ SMITH,R E & F L SMOLL & B HUNT. A system for the behavioral assessment of athletic coaches [J]. Research Quaterly,1977,48（2）:401－407.

⑧ GOULD,D & D FELTZ & T HORN,et al. Reasons for discontinuing involvement in competitive youth swimming [J]. Journal of Sport Behavior,1982,5:155－165.

⑨ GOULD, D & S TUFFEY & E UDRY,et al. Burnout in junior tennis players:II. A qualitative analysis [J]. The Sport Psychologist,1996,10:341－366.

⑩ SMITH,R E & J T PTACEK & E PATTERSON. Moderator effects of cognitive and somatic trait anxiety on the relation between life stress and physical injuries [J]. Anxiety,Stress & Coping,2000,13（3）:269－288.

教练员在运动员训练比赛中的核心地位影响了运动员的运动经历，突出表现在青少年运动员中。教练员在给运动员设定努力方向和目标的同时，其行为已经包含了激励氛围的内容，具体体现在训练比赛中的目标导向和反馈方式。这些行为表现出的激励氛围进而影响了运动员的心理变化，例如，青年运动员会因为害怕失败和惩罚而产生负面情绪和心理紧张，而教练员对运动员做出积极正面的鼓励性支持则会使运动员提升幸福感、降低焦虑感[1][2]。相对于鼓励超越和相互比较的表现型激励氛围，掌握型激励氛围则有助于降低运动员的社会比较，促进他们专注于自我参照目标、个人发展和任务掌握[3]。因为在该氛围下，错误被视作是学习的必经途径而非害怕和回避的行为。

Papaioannou 等[4]对 239 名高中低年级学生的研究考察了任务结构、感知激励氛围和目标导向对学生状态焦虑的影响。研究发现自我参与目标结构和任务参与目标结构对认知焦虑的影响不显著，而自我参与目标结构会导致较高水平的躯体焦虑。

Carr 等[5]对 181 名舞蹈演员的研究发现教练员表现出的错误惩罚会强化表现型激励氛围的作用，进而导致运动员的认知特质焦虑和注意力分散。而研究并没有发现掌握型激励氛围与认知特质焦虑之间的必然联系。Smith 等[6]的研究指出教练员的有意识介入、主动创造掌握型激励氛围有助于改变运动

① SCANLAN，T K & M W PASSER. Factors related to competitive stress among male youth sports participants [J]. Medicine & Science in Sports，1978，10（2）：103－108.

② SMOLL，F L & R E SMITH & N P BARNETT，et al. Enhancement of children's self－esteem through social support training for youth sport coaches [J]. Journal of Applied Psychology，1993，78（4）：602－610.

③ DUDA，J L & N NTOUMANIS. After－school sport for children：Implications of a taskinvolving motivational climate [A]. In Mahoney J L，Larson R W，Eccles J S（eds.）. Organized activities as contexts of development：Extracurricular activities，after school，and community programs [C]. Mahwah，New Jersey：Lawrence Erlbaum Associates，2005：311－330.

④ PAPAIOANNOU，A & O KOULI. The effect of task structure，perceived motivational climate and goal orientations on students' task involvement and anxiety [J]. Journal of Applied Sport Psychology，1999，11（1）：51－71.

⑤ CARR，S & M WYON. Motivational climate and goal orientations，trait anxiety and perfectionism in dance students：the link between contextual climate and motivational traits [J]. Journal of Sports Sciences，2003，21（4）：343－344.

⑥ SMITH，R E & F L SMOLL & S P CUMMING. Effects of a motivational climate intervention for coaches on young athletes' sport performance anxiety [J]. Journal of Sport & Exercise Psychology，2007，29（1）：39－59.

员的焦虑感。

关于激励氛围与情感负面效应相关性的这些研究主要得到两方面结论。第一，感知掌握型激励氛围并不与负面情感经历相关[1][2]；第二，积极营造和培育掌握型激励氛围则有助于降低负面情感经历[3]。同时以上研究均表明表现型激励氛围与团队中的焦虑感、沮丧感和不满情绪的形成高度正相关。

5. 感知胜任力

多数研究表明，感知掌握型激励氛围与感知胜任力高度相关[4][5]，而只有 Cury 等[6]和 Sarrazin 等的研究指出感知掌握型激励氛围与感知胜任力的相关性不显著，而感知表现型激励氛围则与较低的胜任力感知相关。

6. 学习与竞争策略

Roberts 等[7]指出任务导向或掌握型激励氛围情境强调运动员自我内心的标准比较，也就是通过体育运动员在竞技水平等方面是否获得了自我提升进行衡量。这种自我提升感和成就感促使运动员寻求具有挑战性的任务，不断挑战自我，并且在训练中表现出坚毅、执着与投入的状态。相反，自我导向或表现型激励氛围情境则强调人际比较，而比较的结果往往具有不稳定性和不确定性，容易使运动员采取多样化的学习策略，表现为非合作性的学习方式，例如对抗、偷师、违

① ESCARTI，A & M GUTIERREZ. Influence of the Motivational Climate in Physical Education on the Intention to Practice Physical Activity or Sport [J]. European Journal of Sport Sciences，2001，1：1−12.

② NTOUMANIS，N & S J H BIDDLE. The relationship between achievement goal profile groups and perceptions of motivational climates in sport [J]. Scandinavian Journal of Medicine & Science in Sports，1998，8（2）：120−124.

③ PENSGAARD，A M & G C ROBERTS. Elite Athletes' Experiences of the Motivational Climate：The Coach Matters [J]. Scandinavian Journal of Medicine & Science in Sport，2002，12（1）：54−59.

④ BALAGUER，I & J L DUDA & F L ATIENZA，et al. Situational and dispositional goals as predictors of perceptions of individual and team improvement，satisfaction and coach ratings among elite female handball teams [J]. Psychology of Sport & Exercise，2002，3（1）：293−308.

⑤ DIGELIDIS，N & A PAPAIOANNOU & K LAPARIDIS，et al. A one−year intervention in 7th grade physical education classes aiming to change motivational climate and attitudes towards exercise [J]. Psychology of Sport & Exercise，2003，4（3）：195−210.

⑥ CURY，F & D D FONSECA & M RUFO，et al. Perceptions of competence，implicit theory of ability，perception of motivational climate，and achievement goals：A test of the trichotomous conceptualization of endorsement of achievement motivation in the physical education setting [J]. Perceptual & Motor Skills，2002，95（1）：233−244.

⑦ ROBERTS，G C & D C TREASURE. Children in sport [J]. Sport Science Review，1992，（2）：46−64.

背体育精神和道德的小动作。Gano-Overway 等[1]、Yoo[2]、Xiang 等[3]、Magyar 等[4]、Ntoumanis 等[5]、Ommundsen[6]、Treasure 等的研究均表明当运动员感知到掌握型激励氛围时，他们通常会在训练中采用适应性策略以学习新任务、掌握新技能，而这些适应性学习策略在表现型激励氛围中则没有体现。Magyar 等的研究指出感知表现型激励氛围会降低运动员对教练员训练指导的信任程度。

Ryska 等[7]则发现在表现型激励氛围中的运动员通常会出现自我障碍，对较难的任务和技术动作采取回避态度，不利于运动员竞技水平的持续提升。Ntoumanis 等的研究指出表现型激励氛围中的运动员对训练中的困难有回避或宣泄情绪的倾向，而在掌握型激励氛围中运动员则表现为专注于问题解决策略和寻求社会支持。

7. 目标导向

大量相关研究都揭示了激励氛围与运动员目标导向之间的互动关系[8][9][10]。关于运动员目标导向影响激励氛围感知还是激励氛围影响运动员目标导向的研究

① GANO-OVERWAY，L A & M E EWING. A longitudinal perspective of the relationship between perceived motivational climate，goal orientations，and strategy use [J]. Research Quarterly for Exercise & Sport，2004，75（3）：315-325.

② YOO，J. Motivational-behavioral correlates of goal orientation and perceived motivational climate in physical education contexts [J]. Perceptual & Motor Skills，1999，89（1）：262-274.

③ XIANG，P & A LEE. Achievement goals，perceived motivational climate，and students' self-reported mastery behaviors [J]. Research Quarterly for Exercise & Sport，2002，73（1）：58-65.

④ MAGYAR，T M & D L FELTZ. The influence of dispositional and situational tendencies on adolescent girls' sport confidence sources [J]. Psychology of Sport & Exercise，2003，4（2）：175-190.

⑤ NTOUMANIS，N & S J H BIDDLE & G HADDOCK. The mediating role of coping strategies on the relationship between achievement motivation and affect in sport [J]. Anxiety，Stress & Coping，1999，12（3）：299-327.

⑥ OMMUDSEM，Y & B W MILLER & G C ROBERTS，et al.. Moral functioning in soccer: the influence of perceived motivational climate and gender [J]. British Library Inside Conferences，2001：158-160.

⑦ RYSKA，T A & Z N YIN & M BOYD. The role of dispositional goal orientation and team climate on situational self-handicapping among young athletes [J]. Journal of Sport Behavior，1999，22（3）：410-425.

⑧ STANDAGE，M & J L DUDA & N NTOUMANIS. A model of contextual motivation in physical education：Using constructs from self-determination and achievement goal theories to predict physical activity intentions [J]. Journal of Educational Psychology，2003，95（1）：97-110.

⑨ WILLIAMS，L. Contextual influences and goal perspectives among female youth sport participants [J]. Research Quarterly for Exercise & Sport，1998，65（1）：47-57.

⑩ XIANG，P & A LEE. Achievement goals，perceived motivational climate，and students' selfreported mastery behaviours[J]. Research Quarterly for Exercise and Sport，2002，73，58-65.

最初来自于干预研究。Lloyd 等[1]和 Todorovich 等[2]的研究表明随时间变化而发生改变的激励氛围会影响体育运动参与者对目标导向的选择。处于特定环境和情境中的参与者的目标导向对激励氛围感知会产生认知偏差、选择偏差和错误解读，即个人可能会对与其目标导向相契合的情境暗示或行为更为敏感、感知更为强烈。例如，高表现/低掌握目标导向的运动员会选择性地过滤甚至忽视教练员所营造的掌握目标氛围，而过度解读教练员在训练中传导出的以获胜为目标、以社会评价和公众认同为标准的行为和信息。这种感知偏差或过度解读会进一步强化运动员的认知、情感和行为倾向[3]。同时，Cumming 等[4]、Papaioannou 等[5]、Morgan 等[6]的研究也发现即使教练员有意识地营造较为均衡的激励氛围，即教练员会同时采用掌握型激励氛围和表现型激励氛围，但是运动员仍然受到自我目标导向的指引而对激励氛围做出非均衡的感知与解读。同时这些研究也指出激励氛围对目标导向的影响具有时间性和情境性。短期介入，运动员目标导向会错误地影响激励氛围感知，而长期介入，激励氛围的感知则会影响运动员的目标取向。

2.2.5　激励氛围的定性研究

尽管大量关于激励氛围的定量研究揭示了运动员激励氛围感知对动机、行为

① LLOYD，J & K R FOX. Achievement goals and motivation to exercise in adolescent girls：A preliminary intervention study [J]. British Journal of Physical Education Research Supplement，1992，11：12−16.

② TODOROVICH，J R & M D Curtner−Smith. Influence of the Motivational Climate in Physical Education on Sixth Grade Pupilsí Goal Orientations [J]. European Physical Education Review，2002，8（2）：119−138.

③ DUDA，J L. Achievement goal research in sport：Pushing the boundaries and clarifying some misunderstandings [A]. In Roberts G C（eds.）. Advances in Motivation in Sport & Exercise [C]. Champaign，Illinois：Human Kinetics，2001：129−183.

④ CUMMING，S P & F L SMOLL & R E SMITH，et al. Is winning everything? The relative contributions of motivational climate and won−lost percentage in youth sports [J]. Journal of Applied Sport Psychology，2007，19（3）：322−336.

⑤ PAPAIOANNOU，A & H W MARSH & Y THEODORAKIS. A multi−level approach to motivational climate in physical education and sport settings：An individual or group level construct? [J]. Journal of Sport & Exercise Psychology，2004，26（1）：90−118.

⑥ MORGAN，K & J SPROULE & D WEIGAND，et al. A computer−based observational assessment of the teaching behaviours that influence motivational climate in Physical Education [J]. Physical Education & Sport Pedagogy，2005，10（1）：83−105.

和情感的影响①，然而这种过度依赖自填问卷的定量研究范式存在以下问题②。第一，激励氛围的感知在运动员之间存在明显差异，即使在同一教练领导下的运动员中，这种差异仍然明显。这意味着定量研究中运动员的反应并不能客观准确地反映出其所观察到的教练员行为③。第二，问卷调查中的数理统计方法使研究者只能观察到运动员普遍和抽象的感知，遵循典型的因果研究范式，而激励氛围对运动员动机、行为和情感的影响过程、机理与规律等则无从知晓，同时这种定量研究只局限于对动机某个方面的研究，而不能全面地反映出其他社会介质对运动员动机的影响。第三，由于存在不同的社会环境介质对激励氛围以及运动员动机的影响，因此学者针对教练员、家长和队友④分别提出了理论框架，设计了针对性的量表与测量方法，但是这种研究设计的差异使得不同社会环境介质的比较研究变得异常困难。

鉴于以上定量研究的不足，Keegan 等⑤采用定性研究方法探究了青年运动员在体育运动参与初期的动机形成与激励氛围感知，以及到成年之前在这些方面的变化。研究首先肯定了青年运动员在动机形成过程中受到了教练、家长和队友的激励影响。他们发现这 3 种外在激励环境在青年运动员运动生涯中动机形成的不同阶段扮演着不同的角色。例如，由于教练员处于体育运动中指导和评价的核心地位，因此他们对运动员的影响主要表现在对运动员举止的影响上；家长的影响则表现为对运动员运动参与的支持和心理关怀等方面；队友则往往通过竞争、合作、评价和社交等方式影响运动员动机的形成。然而目前的研究仍然不能准确地预测教练、家长和队友的哪种具体行为与运动员的动机结果相联系⑥。尽管存在

① HARWOOD，C G & C M SPRAY & R J KEEGAN. Achievement goal theories in sport [A]. In Horn T（eds.）. Advances in Sport Psychology [C]. Champaign，Illinois：Human Kinetics，2008：157−185.

② KEEGAN，R J & C M SPRAY & C G HARWOOD，et al. A qualitative investigation of the motivational climate in elite sport [J]. Psychology of Sport & Exercise，2014，15（1）：97−107.

③ KEEGAN，R J & C G HARWOOD & C M SPRAY，et al. A qualitative investigation exploring the motivational climate in early−career sports participants：Coach，parent and peer influences on sport motivation [J]. Psychology of Sport & Exercise，2009，10：361−372.

④ NTOUMANIS，N & S VAZOU. Peer motivational climate in youth sport：Measurement development and validation [J]. Journal of Sport & Exercise Psychology，2005，27（4）：432−455.

⑤ KEEGAN，R J & C M SPRAY & C G HARWOOD，et al. The 'motivational atmosphere' in youth sport：Coach，parent and peer influences on motivation in specializing sport participants [J]. Journal of Applied Sport Psychology，2010，22：87−105.

⑥ HOLT，N L & K A TAMMINEN & D E BLACK，et al. Youth sport parenting styles and practices [J]. Journal of Sport & Exercise Psychology，2009，31（1）：37−59.

这些不足与缺陷，但是定性研究仍然不失为一个全新的研究思路和视角，它更利于发现哪种具体外界环境干预与动机结果之间的联系。

2.2.6 激励氛围对动机影响的研究不足

以上研究已经证明，掌握型氛围与运动员基于自我决定理论的内部动机高度相关，然而仍存在不足之处。首先，多数研究尚未探究掌握型激励氛围与内化激励子维度之间的相关关系。目前 Sarrazin 构建了概念模型并做了探索性研究，其结论的有效性和普适性有待检验。其次，这些研究没有将教练员领导行为作为激励氛围的源泉加以考虑，对于通过何种行为教练员可以营造出积极的激励氛围进而满足运动员的心理需求，学者还没有给出满意的答案[①]。最后，关于竞技体育激励氛围的研究目前缺少多元文化下的针对性研究。不同文化背景和社会环境会影响人对目标成就的解读，进而影响 3 个基本需求满足的倾向。到目前为止，多数研究都以北美和欧洲运动员为研究对象，而针对亚洲运动员的动机研究仍然不足，因此有必要探究其结构维度与权重差异。

综上，在以上研究的基础上，有必要探究以下 3 方面内容：①研究掌握型激励氛围在教练员领导行为和基本心理需求之间的中介作用；②考察掌握型激励氛围各子维度与基本心理需求子维度之间的互动关系；③揭示中国情境下何种教练行为激励内化的影响机理与作用，以期解决教练员领导行为有效性的路径选择与优化问题。

2.3 动机内化与自我决定理论

2.3.1 动机内化与自我决定研究综述

Deci 等认为动机关注的是行为中的归因理论，也就是通过什么样的动机会产生什么样的行为。他们在后续的研究中提出了一个简单且贴切的定义，动机就是

---

① ADIE, J W & S JOWETT. Athletes' meta-perceptions of the coach-athlete relationship, multiple achievement goals and intrinsic motivation among track and field athletes [J]. Manuscript under review, 2008.

为什么我们要这么做，也就是说，动机是出现某种行为或缺失某种行为背后的原因。而 Maehr[1]则认为研究人类动机应既始于对行为的研究，也应终于对行为的研究，因为目前对动机的研究都必须通过对行为表象的观察和测量来获得动机的信息，例如注意力、努力程度、行为选择、行为一致性，以及经历挫折与困难后的坚毅程度、幸福愉悦感等。因此有关动机的研究均是考察动机是否能够产生特定行为倾向的过程观。

　　早期的动机理论的基础是生理学研究，认为只需要输入人类的基本生理需求，如食物、奖励或惩罚就可以观察到相应的行为倾向。然而该理论无法解释一些无关的生理需求动机会产生相同行为倾向的现象，同时人类较为复杂的行为例如学习和语言等也得不到合理的解释。尽管存在以上明显不足，但是行为主义理论仍不失为人类动机研究的开端与起源，该理论第一次试图系统地研究人类的行为[2][3]。然而这种基于人类生理需求与反应，将动机和行为简单机械地等同于"输入—输出"过程的行为主义理论无法准确阐释人类复杂的认知过程与相应的行为。为此，行为主义学家引入"本能"概念尝试对此作出解释[4]，并且随着"本能"概念的不断拓展与深化，出现了一种新的现象：只要出现特定的行为，行为主义学家就针对该行为命名一种新的本能[5][6]。这种同义反复的研究方法使得对动机的研究愈发乏力，使研究陷入"概念丛林"而无法归纳梳理出人类动机与行为的规律与内在形成机理，同时也未给未来认知理论的发展提供理论空间。

　　20 世纪 30 年代，Tolman[7]发现在"刺激—反应"过程中存在着起中介作用且无法被观察到的认知过程。他认为人类对自身的行为具有完全控制力，即人类

① MAEHR，M L & M W STEINKAMP. Gender Differences in Motivational Orientations Toward Achievement in School Science: A quantitative synthesis[J]. American Educational Research Journal，1984，21（1）：39−59.

② SKINNER，B F. Some contributions of an experimental analysis of behavior to psychology as a whole [J]. American Psychologist，1953，8（2）：69−78.

③ WATSON，J B. Psychology as the behaviorist views it [J]. Psychological Review，1913，20（2）：158−177.

④ MCDOUGALL，W. Outline of Abnormal Psychology [M]. New York：Scribner，1926.

⑤ DUNLAP，K. Psychological Research in Aviation [J]. Science，1919，49（12）：94−97.

⑥ BERNARD，L L. Discussion of Professor McDougall's paper [J]. The Journal of Abnormal Psychology and Social Psychology，1924，19（1）：42−45.

⑦ TOLMAN，R C. Models of the physical universe [J]. Science，1932，75（1945）：367−373.

可以基于内外部信息的处理来有意识地选择自己的行为。如 Maslow[①]所阐述的，动机是持续的、永无休止的、具有波动性和复杂性的过程，对人类行为的解释具有普适性。因此认知主义学家认为动机理论根植于认知过程，且该过程是动机行为的决定性因子。据此，认知理论逐渐在动机理论发展中占据了支配地位，并先后发展出了归因理论、自我效能理论、目标理论、期望理论、主观任务价值理论。然而单纯地使用认知方法会过度强调某种动机因子而弱化和忽视其他动机因子的作用，使其失去普适性与解释力[②]。同时认知理论还无法全面地解释人为什么希望成功，以及附着在结果上的价值评价等问题，例如人对结果的评价是基于信念、价值还是需求。最后，认知主义学家过分强调了认知过程对个体的决定性力量，而忽视了外界环境或情境对人的动机和约束作用。正如 Deci 等[1]所指出的，认知理论只关注了动机与行为形成的内在过程而忽视了外界刺激的影响。这就为后续的社会认知等外在认知过程理论提供了发展空间。

社会认知理论认为行为的变化不仅是由动机高低所决定的，而是还受到在特定社会情境下形成的目标感知控制的影响[③]。行为主义观所阐述的"输入—输出"或"刺激—反应"的外在过程，认为外界刺激作为动机因子对行为具有影响力，与此不同的是，社会认知理论则强调对社会情境的"感知"才是行为倾向产生的外在因子。Reeve[④]则给出了一个更为简明的定义，他指出社会认知理论关注的是社会情境下我们与其他方面接触的过程指导我们的思维方式。也就是说，被视作努力、坚毅、行为选择、风险偏好、幸福愉快感等动机因子不仅仅是为了满足某种与生俱来的需求，或受到大脑思维中信息感知和处理过程的影响，而且受到情境任务需要、个体感知、任务结果价值的社会评价等因子的影响。因此，社会认知理论强调个体对外界情境因子刺激的感知，不是行为主义所阐述的机械的生理反应，更非认知理论阐述的内部认知过程。它将外界情境与认知过程相结合，社会认知理论对动机的研究主要关注在社会情境下和个体特征下如何界定行为结

① MASLOW，A H. Motivation and Personality [M]. New York：Harper，1954.

② WIGFIELD，A & J S ECCLES & D RODRIGUEZ. Changing Competence Perceptions，Changing Values：Implications for Youth Sport [J]. Journal of Applied Sport Psychology，2003，15（1）：67-81.

③ ANDREWS，J A & P M LEWINSOHN & H HOPS，et al. Psychometric properties of scales for the measurement of psychosocial variables associated with depression in adolescence [J]. Psychological Reports，1993，73（3）：1019-1046.

④ REEVE，C L & N BLACKSMITH，et al. Equivalency and reliability of vectors of g-loadings across different methods of estimation and sample sizes [J]. Personality & Individual Differences，2009，47（8）：968-972.

果的价值，是弥合以上两种理论缺失和鸿沟的重要途径与方法①。

从广义上讲，动机是"描述驱动人类行为主动性、方向性、深度和持续性的内外部力量的假设结构"。该定义强调动机是具有假设性的，它不能被认为是真实存在的或可以被独立观察到的。同时动机中一个重要的构成因子就是外部力量，而这些外部力量是难以观测、界定和测量的。因此这种局限性导致对外部力量的研究主要考察参与者对外部环境的感知程度，而非社会和人际环境的直接作用。而对这种外部环境感知作为动机要素的研究源于 Deci 等②的自我决定理论。

1. 人本主义心理学对自我决定理论的影响

人本主义心理学对自我决定理论的影响主要体现在两个方面。一方面，从理解人性上出发，人本主义心理学家，包括罗杰斯、马斯洛等人认为人所拥有的自我实现的倾向是人所固有的、先天的。因此，整体来讲，人的基本特性是向"善"可塑的，拥有积极向上的创造力。虽然环境对自我实现潜能的发挥是一把双刃剑，但从制约因子的角度上讲，环境并非决定因子，而是"屈居"于催化剂的角色。这些指引着自我决定理论的研究者将与健康、价值相联系的自我实现定位为个体的最高动力。另一方面，人本主义心理学同时影响着自我决定理论的研究主题和内容。人的价值、尊严、自由受到人本主义者的关注，与之对应的自我决定理论则通过实证将主题定为自我决定、价值、目标、幸福感的研究进行分析。

实际上，自我决定理论的学科基础理论与罗杰斯"以人为中心"的理论一致，天生的自我实现倾向以内在驱力的形式试图摆脱外部环境的操控，力图实现自主控制自身。由于自我决定理论偏向以科学严谨的实证方式得到研究结论，其从三方面有力地验证了罗杰斯的理论，为其理论假设提供了支持依据。第一，自我决定理论针对个体目标追求的变化研究证实了罗杰斯关于有机体内在自我实现需要通过价值评价获得反馈的观点。当然，相关研究包括目标选择、自我和谐的论断亦得到证实。第二，自我决定理论研究实证表明了环境对内在动机的作用③，即物质奖励、威胁与外部压力等有利或不利的外在因子对个体的内在

① ELLIOT，A J & C S DWECK. Competence and Motivation：Competence as the Core of Achievement Motivation [M]. Elliot A J，Dweck C S. Handbook of competence and motivation. New York：Guilford Publications，2005.

② PLANT，R W & R M RYAN. Intrinsic motivation and the effects of self－consciousness，self－awareness，and egoinvolvement：An investigation of internally controlling styles [J]. Journal of Personality，1985，53（3）：435－449.

③ DECI，E L & R KOESTNER & RM RYAN. A meta－analytic review of experiments examining the effects of extrinsic rewards on intrinsic motivation[J]. Psychological ulletin，1999，125（6）：627－668.

动机起到了促进或抑制作用，这一结论支持了罗杰斯关于个人成长过程中外部环境扮演关键角色的论调。第三，自我决定理论关于自我实现有机体内在价值导向一致性的探讨证实了罗杰斯的相关观点，即任何有机体，只要充分展现了自身机能，那么都会对他人、人际关系的处理以及外在经验保持一种更为敏感的开放态度[①]。

2. 动机心理学

Deci 等人通过最初对有机体行为动机的研究创立了自我决定理论。他们尝试通过向研究对象提供物品奖励、金钱、其他报酬等方式观察研究对象的反应，事实证明，这些奖励性质的研究手段使得个体内在动机有所降低。自 20 世纪 80 年代，认知论者逐渐提出诸如成就目标理论、自我效能理论、归因理论等一系列认知动机理论。作为当代动机研究的主流，认知动机理论对能动性以及自我调节的关注早已在诸如班杜拉、弗里德曼的自我效能理论、预言理论对自我效能感的中介作用和人类自身及对环境控制需求的阐释中得以体现。

认知动机研究所呈现的繁荣局面对自我决定理论的影响主要体现在以下五个方面。第一，对个体认知效用的关注。20 世纪 60 年代之前，诸如弗洛伊德、赫尔等动机研究者的动机理论退出了当前以自我效能、成就目标为代表的动机研究范畴。自我动机理论关注机体动机对个体认知评价的反应，认为个体认知是外在事物影响个体内在动机的必经之路，即个体认知是二者的中介变量。第二，关注自我。相关研究当前的研究对象纳入了"自我"，并将其与其他变量结合进行研究。像班杜拉、弗里德曼的动机理论都涉及"自我"的概念。自我决定理论甚至扩大"自我"的概念以突显其在动机因子中的支配地位。第三，关注需要的效用。人的基本需要是大多数认知动机理论的假设前提，例如阿特金森将成就需要设定为成就动机理论的基本假设，弗里德曼将控制需要作为预言理论的理论前提。而自我决定理论则认为个体的自我实现与健康成长应归结为三种基本心理需要（归属感、自主性、效能）的满足。第四，对情绪问题关注度的提升。不同于以往的相关研究，情绪的动机效用大受研究者重视。由于相关研究强调自我在动机过程中的影响，因此针对自我指向的各种不同情绪也吸引了不少学者的目光。自我决定理论认为情绪对个体动机来说存在正极性。第五，动机的跨文化问题。作为热门话题，跨文化心理学关注人类心理、行为与文化的联系。动机心理学家

---

① DECI，E L & R KOESTNER & R M RYAN. A meta-analytic review of experiments examining the effects of extrinsic rewards on intrinsic motivation [J]. Psychological Bulletin，1999，125（6）：627-668.

对相关研究进行了跨文化探索。自我决定理论的研究学者也正在着手归属感、自主性、效能在跨文化一致性方面的实证研究。

2.3.2 动机内化与自我决定互动影响

自我决定理论是一种关于人类自我决定行为的动机过程理论。自我决定理论的基础理论是有机辩证元理论，它包括五个分支理论：基本心理需求理论、认知评价理论、有机体整合理论、因果导向理论、目标内容理论。

有机辩证元理论的理论假设前提是人作为自觉的有机体，拥有寻求内在发展、驾驭外在挑战、整合内外理念的本能。但是这种本能需要外在社会环境的驱动，否则是无效力的，也就是说外界环境对本能的开启既可以起到积极的作用，也可以使其向相反方向发展。自我决定理论基于积极个体与社会环境的辩证视角预测个体行为和效能的发挥；相反，欲求不满是病态和非最佳功能状态的前兆。有机辩证元理论要求研究者完整理解个体发展，并充分把握内在动力、社会情境以及二者的辩证关系。从基本需求满足，到自我认知评价，再到因果推导，最后到目前选择，自我实现。自我决定不仅受主观因子的影响，也受客观因子的影响，是一个复杂的从动机到行为的辩证转化过程，是一个自进化过程。从动机到选择，有机辩证元理论主要内容如下。

1. 基本心理需求理论

基本心理需求理论是自我决定理论分支理论的研究基础。该理论在描述人的基本心理需求的基础上，进一步阐释这些需求与个体内在幸福感、动机、心理健康状况、目标导向等方面的关系。基本心理需求理论认为任何个体都拥有内在的发展需求，也就是所谓的基本心理需求。作为一种主观倾向，心理需求受到外部环境因子的影响。其中，为心理需求提供支持的环境要比为心理需求设置障碍的环境对人的影响更具普遍影响力。不论哪种基本心理需求受阻，个体机能都将受到不同程度的损伤。因为它们尽管独特，却又普遍存在，甚至跨文化、跨情境地广泛存在着。虽然被视为人类的本能，然而研究者对需求强度的关注程度要远远低于需求被充分满足的结果的关注程度。

早期关于需求的研究来源于 Hull 和 Murray 的理论贡献。Hull[1]把行为与生

---

① HULL，C L. Principles of behavior: an introduction to behavior theory [A]. In Hull C L.Principles of Behavior An Introduction to Behavior theory[C]. Appleton Century，1943.

物的基本生理需求和其所处的特定环境相联系。他认为生物存在一系列的生理需求，例如食物、水和性等，这种天生的需求刺激了生物的非神经性驱动状态，导致生物采取行动来满足其生理需求并保持身体健康。而这种驱动状态不足时则促进了生物的学习能力，将刺激与某种反应相联系。驱动状态和刺激反应理论的出现为需求理论奠定了基础，然而该理论无法有效地解释人的某些行为，例如追求卓越、探险精神。这种理论缺陷使学者开始探索何种行为促使个体内部动机的形成和心理需求的满足。

Murray[①]认为需求是一种后天习得的心理状态而非先天的生理状态。他认为需求代表大脑中的一种驱动力，这种驱动力组织了知觉、领悟、智力活动、意欲和行动，并将这些转化为特定方向上的不满状态。Murray 认为任何产生某种行动的心理状态都可以理解为需求，这种需求极可能产生正面积极的心理状态，也可能产生如贪婪等心理状态。区别于 Murray 关于需求是后天习得的心理状态的理解，自我决定理论将需求界定为一种个体持续心理成长、培育性格完整性和身心健康的天然心理养分。这一定义假设人具有趋向活力、完整、健康的倾向，并且这种生物趋向性依赖于心理养分的满足，并导致行为优化。

学者从影响有机体主观动机与心理健康状况的外部环境入手，得出人类具有三种基本心理需求，包括自主感需求、胜任力需求、归属感需求。这三种基本心理需求不同于以往心理学理论对"需求"的诠释，即"需求"并非出自人类本能的生理需求，也并非完全脱离人类本能的后天习得，而是先天与后天二者的融合。

自主感需求中的"自主"与"自我决定"拥有相同的含义，即当自身进行不同类别的活动时，不受他人的掌控，可以根据自己的主观意愿进行抉择。当然，这是建立在个体对自身需求地充分认知和对环境信息地准确识别的基础上进行的，它引导人们投入可以激发自己兴趣、利于培养能力的事情中去，从而形成了所谓的内在动机。然而，自主不能等同于独立，这里的自主是指外部压力造成的有机体自主选择[②]，也不同于自由意志，因为自由意志无视规则的存在，这不符合理论对于社会规范限定个体行为的假设，无论是自主引导抑或外部干扰，个体行为都会受到某种控制。作为自主的核心要素，整合是个体发展的必经途径，因

① MURRAY，H A. Explorations in personality: a clinical and experimental study of fifty men of college age [A]. Explorations in personality: a clinical and experimental study of fifty men of college agexiv [C]. Oxford University Press，1938.

② RYAN，R M & E L DECI. Self-regulation and the problem of human autonomy: Does Psychology Need choice，self-determination，and will? [J]. Journal of Personality，2006，74（6）：1557-1586.

此它是自主的基础。胜任力需求中的"胜任力"是个体在进行不同类别活动时对外部环境的掌控能力。归属感需求是指个体对渴望获得来自周边与自身存在某种联系的其他人给予的关注、爱护、支持的需求[①]。

自主感需要、胜任力需要、归属感需要的满足程度同主观幸福感的关系是基本心理需求理论关注的核心问题。相关研究显示，上述三种基本心理需求与幸福感存在正相关关系。当这些心理需求得到满足时，人们就更容易以一种健康、积极的方式发展，在发展的过程中，个体会获得一种切实的完整感和"因理性或积极生活而带来的幸福感"；相反，当受到威胁或外部压力时，人们容易在不良心理状态的影响下表现出病态或者忧伤的情绪。相关研究涉及基本心理需求满足程度对业绩以及快乐程度的预测，内在抱负（发展、与他人的亲密程度等）与追求外在目标（名利等）对获取幸福感难易程度的比较等，而跨文化的研究结果与上述结论保持一致。除此之外，目标导向与主观幸福感的关系也被纳入基本心理需求理论的研究范围内。

自主感需求、胜任力需求、归属感需求的满足为激发内在动机、内化外在动机提供了保障。外在环境对个体自主体验的满足意味着个体在特定活动中拥有较高的自我决定权，会感到自己能以主人的身份主宰自己，体验到内部归因，这时其内在动机明显提高。如果个体相信自己的行动能够达到某个特定水平，就会拥有类似自我效能的胜任力感，认为自己能够胜任上述行为。如果个体感受到与自己有某种联系的周围人群的关爱与理解，一般会表现出较强的自主性动机和对环境更强的适应力。需要指出的是，基本心理需求具有生物适应性[②]，人们对自身基本心理需求的满足体验存在明显的个体差异，因此，"需求"需要根据社会环境特征以及个体差异进行预测，之后再对研究对象的体验、健康状况、行为进行估计。

2. 认知评价理论

基于报酬对内在动机的影响效果研究[③]，学者将以往对外部事件与内在动机关系的实证研究进行整合后，认知评价理论应运而生。认知评价理论聚焦内部动机的影响因子，其中以社会环境因子的研究居多。任何满足自主感需求、胜任力

① RYAN，R M & C M FREDERICK. On energy，personality and health: Subjective vitality as a dynamic reflection of well-being [J]. Journal of Personality，1997，65（3）：529-565.

② DECI，E L & R M RYAN. The 'what' and 'why' of goal pursuits: Human needs and the self-determination of behavior [J]. Psychological Inquiry，2000，11（4）：227-268.

③ DECHARMS，R. Personal causation: The internal affective determinants of behavior [M]. New York: Academic Press，1968.

感需求、归属感需求的社会环境（也就是所谓的外部事件）都能使个体的内部动机得到增强。外部事件的信息性促进个体提高内在动机，其控制性则会削弱个体的内在动机[①]。

依据动机来源，Deci 将动机分为内在和外在两种。外在动机是以活动的外部因子为导火索引发的个体在外界环境要求与作用下产生的行为。内在动机无需外在因子的参与，是因个体于活动本身获得快乐与满足而产生的。内在动机是认知评价理论关注的焦点。在 Deci 看来，内在动机源于个体自身成长与发展的心理生而有之，因而不论是物质的还是精神的营养，人们都会迫切汲取以达到充分发挥各种内在潜能的目的。受内在动机的驱动，个体在投入某项活动时容易表现得兴致盎然，陶醉感油然而生并呈现出快乐的状态，这些对于个体的心理成长、发展大有裨益。

在划分动机的基础上，认知评价理论阐述了基本需要的满足与内在动机的联系。首先，"心流"状态就是满足胜任力需求与内在动机关系下的产物。当人的能力远胜于自身所投入的行动时，就会不自觉地产生厌倦心理；相反，如果自己的能力水平远远达不到自身参与的活动项目的难度时，人们会不由得产生焦虑的情绪；只有当自身的能力水平恰好与投身的计划行动的难易程度持平时，人们才会处于"心流"的状态，人们会对手中的行动更为专注，甚至达到"忘我""忘时"的地步。对于此时的人来说，投入本身就是对自己的奖励，无需外在的物质引导。这与一些科学家、艺术家工作时的投入程度极为相似。其次，"心流"状态使体验到自主感与本能下因果关系知觉点的人们形成了某种内在动机，然而如果仅仅是能力感知的驱动是不足以强化内在动机的。个体在获得胜任自信的同时，需要获得自我决定的掌控感，这样才能对内在动机起到实质性的强化作用。也就是说，自主性程度与能力自我感知的动态变化调节着内在动机的强弱程度，当上述两种支配因子处于高水平时，内在动机会有所提升，否则会有所降低。除此之外，内在兴趣如果受到积极环境的刺激，会使内在因果知觉点外化，假使为人们提供更多的选择同时接受对方的内在体验，会使内在动机由于获得更多的内部因果控制点而程度倍增，这无疑间接表明了外部事件的信息性比控制性更易形成内在动机。最后，归属感需求与内在动机也不无联系。安全的、容易让人获得归属感的外部环境更易孕育出内在动机行为，尽管这并非是决定因子，但其对内在动机的触动依然不言则明[②]。

① 张剑，郭德俊.内部动机与外部动机的关系[J]. 心理科学进展，2003，11（5）：545-550.

② CSIKSZENTMIHALYI，M. Flow：The Psychology of optimal experience [M]. New York：Harper，1992.

在认知评价理论中,外部事件被划分为三种不同的类型:信息性的外部事件、控制性的外部事件、去动机的外部事件。外部事件的不同类型可以利用对胜任力的感知与因果关系知觉的影响间接作用于内在动机。首先,所谓的"信息性"也就是对个体的正向反馈,它为进行某项活动的个体提供了多种选择,使个体能够进行自我决定,无论是胜任力感的提升还是对如何胜任有了更好的把握,都是源于信息性的外部事件对个体内在因果关系知觉的影响而实现的,当然,这无疑会提高个体的内在动机水平。其次,所谓的"控制性"等同于对个体设置的某种规则,使得个体不得不按照特定方式开展行动,备受控制地强化外部因果关系知觉,自主性大打折扣,内在动机亦明显降低,甚至可能引起个体抵抗或非本质的顺从,包括惩罚措施、目标强制、期限限制、竞争等大量实证研究结果都证实了上述观点。最后,"去动机"等价于"无效",诸如负面反馈会使个体产生无胜任力的体验,进而弱化内在动机。

3. 有机体整合理论

Deci 和 Ryan[①]提出有机体整合理论后,Ryan 和 Connell 发展了该理论。21 世纪初,Deci 和 Ryan 基于基本心理需求的概念对其进行了补充。有机体整合理论聚焦外在动机作用于行为的影响机理,认为外在动机通过内化、整合能够激发个体的非内在活动产生。个体整合经验倾向的本能性是有机体整合理论的理论假设,也就是说理论认为个体具有将外在规则、价值整合后归属于自我的能力。于是,"内化"的概念应运而生,它表示个体积极、能动地将社会赞许的价值观、规则等转化为自己认同的理念并整合成为自身一部分的自我调节过程。

有机体整合理论将动机划分为三种类型:内在动机、外在动机、无动机。三者以此次序形成动机的连续体[②]。内在动机是个体参与的某项活动本身使个体产生的投入欲望,它可以理解为个体所固有的对于与此项活动相对应的发展、锻炼探索、学习的先天倾向。作为自我决定的原型,内在动机高度自主。外在动机是经外部事件激发的,个体为达到特定可分离结果而产生的非活动本身的倾向。无动机是指不存在动力来源,个体对自己进行某项特定活动的原因毫无头绪,无法察觉行为与结果之间的联系。在这种情况下,行为最终会以失败告终。(图2-5)

① DECI,E L & R M RYAN. The general causality orientation scale:Self-determination in personality [J]. Journal of Research in Personality,1985,19:109-134.

② DECI,E L & R M RYAN. Handbook of self-determination research [M]. Rochester:University of Rochester Press,2002:119-142.

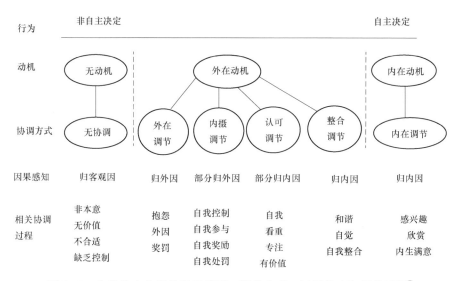

图 2-5 自我决定有机体显示类型、调节方式、因果轨迹和相关过程①

（1）内在动机。

早期通常将内在动机视为单维度变量②。Deci 等、Vallerand 等③则建议将内在动机具体细分为多种动机，包括求知、实现、经历刺激。Vallerand 等指出"求知"指的是运动员在参与运动中不仅获得了快乐和满足，同时更体现为一种学习、探索和理解新知识的过程。"实现"则表达为运动员在运动过程中身心愉快的同时达到其既定目标。"经历刺激"可以理解为运动中产生的刺激、快乐和兴奋感。

内在动机通常与正面积极的心理状态、行为和情感相联系。Frederick 等④研究发现，那些具有较高内在动机的运动员通常表现出较高的运动参与积极性、自尊和较低的忧郁感和焦虑感。Duda 等⑤研究认为，较高水平的任务目标导向与较

① DECI E L. Handbook of self-determination research [M]. NY: University of Rochester Press, 2003: 119－142.

② VLACHOPOULOS，S P & C I KARAGEORGHIS & P C TERRY. Hierarchical confirmatory factor analysis of the Flow State Scale in exercise [J]. Journal of Sports Sciences，2000，18（10）：815－823.

③ VALLERAND，R J & L G PELLETIER & M R BLAIS，et al. The academic motivation scale – a measure of intrinsic，extrinsic，and amotivation in education [J]. Educational and Psychological Measurement，1992，52（4）：1003－1017.

④ FREDERICK，C M & R M RYAN. Differences in motivation for sport and exercise and their relations with participation and mental health [J]. Journal of Sport Behavior，1993，16（3）：124－146.

⑤ DUDA，J L & L CHI & M L NEWTON, et al. Task and ego orientation and intrinsic motivation in sport [J]. International Journal of Sport Psychology，1995，26（1）：40－63.

高水平的内在动机相联系，同时较低水平的内在动机与较低水平的胜任力知觉相关。Alexandris 等[1]对 257 名希腊运动员进行研究后，发现运动团队内部的人际关系与内部动机的形成相关。

（2）外在动机。

内化可以使外在动机整合成为内在动机。就内化过程来讲，外在价值与个体理念的整合程度存在梯度，那么个体对活动的参与自主程度（自我决定程度）也是具有层次的。基于此，有机体整合理论将外在动机依据自我决定程度的增加幅度依次排列形成一个连续体，具体分为外在调节、内摄调节、认同调节、整合调节。

外在调节是个体在外部环境刺激下做出的应激反应，个体本身毫无自主权可言，仅仅是围绕外部规则以避免惩罚或者获得奖励。对于"内化"来说，此时的外在动机最具掌控能力，与内在动机处于完全对立状态，它带给个体冷漠感。这种动机支配中的个体受控行为受到行为主义心理学家的关注，其调节类型与操控理论中的类型几乎无异。例如，为了获得教练褒奖或被动地受到父母推动的运动员的动机取向往往来自外部调节，亦或是避免批评和惩罚[2]。外在调节具有控制性而且可以由相应的偶然性事件所预测。同时由于偶然性事件的阻碍，外在调节很难维持和转变。

内摄调节相对于外在调节来说并非被动承受外部事件，而是有意识地接受外在规则与条件，这是由于个体对自我价值（例如自信）或者威胁（例如羞愧）有所察觉，为持续积极体验、实现自我价值或者避免消极情绪对自身的不良影响，个体开始重视外部事件、接纳其规则和要求并作为自我的一部分。内摄调节的一种典型形式就是自我参与，也就是个体在活动中展现自身能力来获得存在感和价值感[3][4]。而在体育运动中来自家长、教练、同伴等社会载体的压力会令运动员形成负罪感或焦虑感等内在压力。或者这些运动员会因为形体缺陷例如肥胖等或其

① ALEXANDRIS，K & C TSORBATZOUDIS & G GROUIOS. Perceived constraints on recreational sport participation：investigating their relationship with intrinsic motivation，extrinsic motivation and amotivation [J]. Journal of Leisure Research，2002，34（3）：233−252.

② PELLETIER，L G & K M TUSON & M S FORTIER，et al. Toward a new measure of intrinsic motivation，extrinsic motivation，and amotivation in sports – the sport motivation scale（SMS）[J]. Journal of Sport & Exercise Psychology，1995，17（1）：35−53.

③ NICHOLLS，J G. Achievement Motivation：Conceptions of Ability，Subjective Experience，Task Choice，and Performance [J]. Psychological Review，1984，91（3）：328−346.

④ RYAN，R M. Control and information in the intrapersonal sphere – an extension of cognitive evaluation theory [J]. Journal of Personality and Social Psychology，1982，43（3）：450−461.

他美学原因而感到自卑、尴尬进而产生羞耻感。虽然这种具有相对程度自主性的内化产物已经有了与个体融合的迹象，但就事实而言，依旧算不上是真正的自我决定。

认同调节相对于前两种类型而言，自主性更为强烈。个体此时会对受外在环境影响所从事的行为进行评价。个体主观上认为这种行为对自身有所帮助或具有价值，并将其内化为自己的一部分。这种非压力或者义务驱动的被规范行为是以自我决定的方式进行的。尽管如此，依然不可否认此种行为的工具性无法使个体获得自发的愉悦与满足。

整合调节则是完全有效的内化产物。此时，外在价值观、规则与个体自身的价值观等理念不谋而合，个体在认同行为重要性的同时，将外在要求与自我进行整合，实现认同性调节与自我的充分同化。被整合双方拥有的高度相似性使得个体内化后的观念呈现和谐状态。尽管如此，内化后的动机依然是围绕外在条件存在的，而并非由内在兴趣推动，仍具有一定的工具性和机械性，因此不同于真正的内在动机。

在研究中，上述四种动机被分为两类：前两种动机被称为控制性动机，后两种则合称为自主性动机。可以看出，它们的调节类型内化程度依次加深，人们获得的自主感也逐步增强。有机体整合理论关于外在动机的始发端——外部事件的研究多聚焦于社会环境因子，除此之外，内化的决定因子——关联性与自主性支持也深受该理论重视。

需要指出，虽然上述四种外在动机的调控类型依自主性大小排列形成连续体，然而，本质上外在动机的内化过程并不是一个发展的连续体，个体不会按顺序依次经历连续体上的每个节点，而只是处在连续体任意一个调节点上进行自我调节。相关研究提及检验区分四种外在动机类型的方法，并将此应用到不同的领域，包括教育、健康、儿童教养等[①]。除去外在动机类型鉴别的应用，该理论的其他应用还涉及宗教行为、体育训练、政治行为等不同方面。所有研究结果均支持自我决定比控制性情境能更好地激发行为，使个体获得健康、幸福感的观点。

（3）无动机。

无动机指个体缺乏目的性，是完全状态下的缺乏自我决定。无动机状态下的运动员对运动本身几乎没有任何自我决定的动机来促进行为的发生。无动机来

---

① WILLIAMS，G C & V M GROW & Z R FREEDMAN，et al. Motivational Predictors of weight loss and weight-loss maintenance [J]. Journal of Personality and Social Psychology，1996，70：115-126.

源于对某种活动缺乏重视①、对某个任务无法胜任②或不期望行为产生预期的结果③。Vallerand④和Pelletier等将无动机等同于后天状态下的无助感，或者是无控制感和无能感。这样的运动员既没有内部动机也无外部动机驱动，他们通常会觉得运动本身没有任何意义，进而表现为训练懈怠或退出倾向。

（4）因果导向理论。

因果导向理论诠释了个体在先天倾向上的差异，并阐发了这些差异对个体选择、适应外部环境的影响机理。该理论认为个体具有对有利于自我决定的环境进行导向的发展倾向。因果导向是指一种具有人格特质的倾向，即有机体会对自身发生的行为进行归因。因果导向理论认为，个体存在三种相对独立的因果导向，即自主导向、掌控导向、非个人导向。对于整体上的自我决定理论来说，因果导向理论所涉及的领域尤为特殊，且分布较广泛。

自主导向是指个体通过自身内部存在的某个因果感知点获得具有挑战性和信息反馈功能的外在环境的感知，在自身兴趣与价值认可的基础上，将自我与环境整合，同时调节自身行为以更好地驱动内在动机。通常来说，一个自主导向强的人拥有创新意识，积极探索有趣或挑战性强的活动，有责任心。因此，如果身处较符合自身的环境中，个体大多会习惯于将行动看作发自内心、出于自己意愿的行为，也就更易深度内化为自我决定，也就是所谓的自主性动机。

掌控导向是指受到包括控制性和信息性的外部事件影响，个体将自身与外在环境联系，并将其放在重要的影响地位上，从而以一种偏于控制性动机的方式行动。一个掌控导向强的人更容易受到外界的干扰（例如报酬、自我卷入、他人命令的限制等），而且很有可能对这些控制条件形成高度依赖，人为将外在因子与自我的理念取得一致，也就是说他们更倾向于在行动前将奖励、荣誉等非内在驱动力放于首位考虑，或者主观将目标、规则的始发端看成由自身压力产生，当然这些自身压力也是源于外部刺激，因此，他们更易形成控制性动机。

非个人导向是指个体对行动结果持观望态度，认为成绩在很大程度上是由运

① RYAN，R M. Psychological needs and the facilitation of integrative processes [J]. Journal of Personality，1995，63（3）：397−427.

② BANDURA，A. The explanatory and predictive scope of self−efficacy theory [J]. Journal of Social and Clinical Psychology，1986，4（3）：359−373.

③ SELIGMAN，M E P. Helplessness：On depression，development，and death [M]. New York：W H Freeman & Co Ltd，1975.

④ VALLERAND，R J. Toward a hierarchical model of intrinsic and extrinsic motivation [J]. Advances in Experimental Social Psychology，1997，29（8）：271−360.

气决定的，所以自己与事情的结果几乎没有关联，因为事情是否都能够达到令人满意的结果，自己无法掌控。处于此种导向状态的人缺乏控制感知，行事漫无目的，一成不变是他们所愿意看到的。

（5）目标内容理论。

目标内容理论的产生来源于相关学者对内外在目标差异的考虑以及这种区别对动机和健康造成的影响。内在目标与外在目标对自主感需求、胜任力需求、归属感需求分别提供满足的条件，并由此分别与幸福感产生联系。外在目标与内在目标相互对应，例如个体外表、事业、声望较之于个体与他人的亲密关系、团体发展、自身成长，而外在目标容易导致不良的身体状况和疾病的发生。

Kasser 和 Ryan 认为，外在目标和内在目标共同构成个体的长期目标。例如，成为名人、获得巨大的物质收益、出众而吸引人的外表等外在目标多聚焦于价值的外部表现，建立良好且稳定的关系、实现自我价值与健康成长等的内在目标则对满足三种基本心理需求产生直接作用。过于注重外在目标的个体容易在追求目标实现的过程中处于被动的可控地位，而更关注内在目标的个体在追求目标实现的过程中处于主动的控制地位，即拥有更大程度的自主性。目标性质与心理健康水平高度相关，前者可对后者进行预测。

2.3.3　动机内化与基本心理需求

根据有机体整合理论，人类具有天然的动机内化本能倾向，即通过价值和调节对外部动机进行内化与整合。而这种内化过程并非自主产生的，需要外部刺激的催化作用。通常内化过程受到三种环境影响因子，即基本心理需求中归属感、胜任力、自主感体验的影响。行为实施的过程是个体综合外部规则、价值形成自我性局部的过程，而这种自我性局部的自我程度在很大程度上有赖于为三种基本需求提供支持的力度。自我决定理论认为，个体内化与自我相关群体价值的本能倾向在获得归属感与胜任力时程度会增强，二者对内化进程的推动足以产生摄入或鉴别价值。当然，如果希望自我调节趋于完整，自主的介入是必需的。虽然，归属感与胜任力能够强化内化，但单独的基本需求体验的营造不足以推动整合过程。这是由于，整合的出现必须以个体感知到的不受约束为前提，除此之外还包括当部分基本需求发生改变时，个体试图对价值和调节进行改善并予以认可。过度的外部压力不仅阻碍行为的发生，而且不利于有意义心理结构的形成和对失衡的修复。Deci、Eghrari、Patrick 和 Leone 的实证研究表明，对于个体不感兴趣的活动，如果让个体掌握活动的基本原理并对活动本身予以认可，那么提供选择余地的活动会使个体因对活动更好地理解以及对自主程度的接受而提高对活动的喜欢程度，即较大需求满足的支持力度产生更为深度的内化。需要指出，相关研究发现，三种基本需求如果没有同时提供支持，个体仍会出现部分内化，但是内化程度只能达到摄入调节，且个体行为与价值内化由正相关变为负相关。这是由于基本需求支持条件的缺失与完整相比，内化改善的提供较少，无法为整合内化提供保障。

首先，如果行为的始发端不在个体自身，而是由外在动机驱使，那么个体通常来说是缺乏自主执行倾向的，也就是说，最初促使有机体行动的很可能是他人对个体的关注、为个体树立的榜样形象或者是给予个体的鼓励。因此，外在环境为个体提供的归属感体验对推动动机内化是非常重要的，这是因为归属感能够使处于群体环境的个体与周围的人建立一种可感知安全的联系。相关研究发现，如果孩子得到双亲和教师更多的关心，将有助于孩子对学校行为规范的内化。由此可见，相比胜任力和自主性，激发、维持内在动机稍逊一筹的归属感对于内化过程有着十分重要的影响。

其次，胜任力是有机体的一种能力知觉。引起能力知觉的环境氛围更容易使个体在活动中产生效能感，如此一来，个体更趋向于接纳外在社会群体的价值取向并提高对行为的重视程度，也就是促进外在动机的内化。Vallerand 指出支持能力可以促进外在动机内化。就像直接动手执行操作却未完全理解甚至根本没有掌握基本原理与技能的孩子，哪怕他们的行为动机存在一部分内化过程，区域主导的其余外在动机仍停留在控制性动机（外在调节型外在动机与内摄调节型外在动机）上。

最后，自主感体验感知的环境支持能够使个体发生自主性调节。个体如若遭受外部环境刺激（例如奖惩机制），哪怕体验到充足的胜任感，个体也只会产生外在调节；当周边群体认可的某种行为使个体获得归属感，此时的内化过程处于内摄调节阶段；胜任感与归属感维持内在动机的乏力，只有通过营造自主感体验才能得到弥补，因为个体只有在掌控自主权，能够完全按照自身意愿行事，不受丝毫外界束缚时，个体针对外部事件的规则才能进行有效的整合，也就是说，同时体验到归属感、胜任感与自主感的个体才能真正触发内在动机，由此可见，自主性体验是促进外部动机内化的关键因子[①]。

---

① RYAN，R M & E L DECI. Intrinsic and extrinsic motivations: Classic definitions and new directions [J]. Contemporary Educational Psychology，2000，25（1）：54—67.

　　Reeves[①]的研究认为自我决定理论的研究视角应聚焦于哪些因子或变量有助于满足或削弱 3 个基本心理需求。该观点关注教练员、父母、教师、同伴等社会载体或介质对基本心理需求的影响（表 2-4）。同时他指出目前关于基本心理需求的研究主要聚焦于基本心理需求满足所产生的动机结果的因果研究，而忽视了产生这些心理需求的社会环境等情境因子。而这种基于问卷调查的定量研究只探究了基本心理需求与动机和行为倾向的因果关系，缺少相应的过程和机制研究。教练员、父母、同伴等社会载体采取什么样的行为来支持运动员心理需求的内在过程尚不清楚，未来的研究应多采用定性研究方法来探究其中内在机理。

表 2-4　自我决定理论影响变量表

基本心理需求	前置变量	具体变量与研究内容
自主感	选择权	选择权被动给予还是主动给予
	自主支持行为 VS 控制行为	培育运动员的内部动机而非寻求运动员的一贯服从
		在训练指导中应使用信息丰富的语言而非控制性语言
		向运动员提供训练目标、内容、标准等，而非让运动员无条件服从
		接受并认同运动员在训练中出现的负面情绪，而非忽视或据此惩罚
胜任力	最优难度	应给运动员设定最优的任务难度
	反馈	正面反馈支持胜任力满足，负面反馈削弱胜任力感知
	任务结构	需要向运动员明晰任务目标和结构
	容忍失败	营造宽容的、容忍失败的社会环境
归属感	社会关系或联系的感知	将运动员视作"社会人"而非"生物人"，强调社会关系的纽带作用

---

① REEVES，A B. Teaching the Creed and Articles of Faith in England：Lateran IV to "Ignorantia sacerdotum" [M]. Toronto，Canada：ProQuest Dissertations Publishing，2009.

2.3.4 自我决定理论在体育运动中的应用研究

自我决定理论在各个领域的应用研究较为广泛,运动领域的一些学者也开始以自我决定理论为理论框架进行相关问题的研究,具体包括学生课余时间的锻炼运动、成年人对体育运动锻炼的坚持、专业运动员日常的训练活动等。Hagger 等[①]认为,自我决定理论 20 多年的应用发展,使其在运动心理学方面横纵方向的实验设计研究拥有了较为完善的理论机制,不论是动机、行为还是自我效能。其他研究也都发现,自我决定理论能够对个体的运动行为进行较为准确的预测,作为理论依据它使研究者可以更为深入地把握行为特性。Reeves 等和 Weiss[②]指出当运动员的心理需求被满足后,他们都展现出更强的内部动机、表现出正面积极的情感和行为反应。同时 Vallerand 认为应该从总体或个体、领域情境或生活领域、情境或状态三个层面分别展开研究。总体或个体层面指的是存在于环境中的普遍社会因子;领域情境或生活领域层面指的是特定背景下的社会因子和人际关系,包括教育背景、工作背景或体育运动领域等;情境或状态层面则指的是特定时间下与特定活动相联系的个体社会知觉。尽管这三个层次是相互交织影响的,但是不同层面对自我决定和心理需求满足具有不同的作用。Vallerand 等[③]指出在普适性层面上动机与个体的个性品质及其在社会环境交互中体现行为举止。尽管这种动机导向来自人的天生禀赋而且相对稳定[4],但是这种动机导向还可能受到成就背景的影响,并且成为成就背景下动机产生的参照。也就是说,个体在与环境交互过程中对外界激励的感知程度会受到自身动机导向的影响。领域情境或生活领域层面的动机研究则因受到不同环境特征的影响而变化,例如学校体育教育和专业队体育教育在动机形成上就存在明显差异。而情境或个体层面的动机研究则涉及了微观层面特定场合、特定时期下的动机形成与变化。这种情境层面对动机的影响具有暂时性、瞬时性,需要通过长期纵向时间轴的跟踪研究

① HAGGER,M S & N L D CHATZISARANTIS & V BARKOUKIS,et al. Perceived autonomy support in physical education and leisure-time physical activity:A cross-cultural evaluation of the trans-contextual model [J]. Journal of Educational Psychology,2005,97(3):376-390.

② WEISS,M R & A J AMOROSE. Motivational orientations and sport behaviour [A]. In T S Horn(eds.). Advances in Sport Psychology [C]. Champaign,Illinois:Human Kinetics,2008:115-156.

③ VALLERAND,R J & F L ROUSSEAU. Does motivation mediate influence of social factors on educational consequences [J]. Psychological Reports,2000,87(1):812-814.

来考察个体动机的变化，以及这种变化与情境变化之间的关系。例如：整个赛季中不同时期运动员动机的变化，或者训练中和比赛前运动员动机的差异等。

Reeves 则认为应该将基本心理需求解构，从自主感、胜任力和归属感三个方面分别展开研究。相反，Weiss 和 Amorose[1]认为应该从动机形成的社会载体视角分别研究教练、同伴和家长对运动员动机形成的影响和机理。以下分别以 Vallerand 和 Reeves 的研究视角为切入点，系统回顾、梳理自我决定理论在体育运动领域的相关研究。

1. 总体或个体视角的相关研究

尽管自我决定理论的基本内容和其子理论获得广泛的关注与认同，然而动机理论毕竟是探讨个体对环境刺激的认知与反应，因此个体与个体之间、个体与群体之间，甚至在概念和变量的名称与内涵的界定方面，个体都存在着差异。因此，自我决定理论是否具有广泛的适用性，在跨文化、跨情境下是否能得到一致性的结论有待商榷，如 Vallerand 所阐述的"很少有研究关注具有普遍性的动机和这些动机产生的结果，更没有研究探讨是否存在具有普遍性社会因子对具有普遍性的动机的影响与作用"。这种研究上的不足与缺憾可以归结为以下原因。首先，情境环境下一些具有普遍性的动机变量被错误地归纳为普适性变量，造成跨情境和跨文化下研究时，这些变量及其影响呈现出较大的差异。其次，自我决定理论的普适性研究既包含人际关系的变量，也包含个体个性特征的变量，同时还包含了具有普遍性的社会变量。社会变量首先受到文化特征、地域和意识形态等方面的影响很难清晰地被界定和区分，而人际变量则在不同的研究中采用多种概念界定，其内涵、内容等可能与自我决定理论所阐述的概念存在差异而不兼容。例如，Atkinson[2]、McClelland[3]所提出的成就需求和失败恐惧概念属于个体个性特征变量，但是无法归纳为自我决定理论下的归属感和自主感。

2. 领域情境或生活领域视角的相关研究

Vallerand 认为领域情境或生活领域视角的研究应该包括以下因子：教练员、感知激励氛围、运动或报酬结构。

在领域情境或生活领域视角下，内部动机通常与正面积极的情感成正相关，

① WEISS，M R & A J AMOROSE. Motivational orientations and sport behaviour [J]. Advances in Sport Psychology，2008，2：115−156.

② ATKINSON，J W. Motivational determinants of risk−taking behavior [J]. Psychological Review，1957，64（6）：359−372.

③ MCCLELLAND，D C & J W ATKINSON & R A CLARK，et al. The achievement motive [M]. Des Moines，Iowa：Appleton−Century−Crofts，1953.

包括：满意度和幸福感的增强①②、心理倦怠的减弱③④⑤。同时内部动机也与认知结果相联系，表现为：注意力集中⑥、想象力表达⑦。最后内部动机还影响正面的行为倾向，表现为：体育活动参与意愿的提升，体育课中的体育活动参与与投入程度提高。

领域情境或生活领域视角下的另一个研究内容就是下行控制效应，也就是运动员的背景或个体特征会影响情境因子。例如：Gagné 等⑧研究发现，在个体特征背景下自我评价为内部动机驱动的体操运动员在训练情境下会表现出更出显著自我激励。Blanchard 等⑨的研究也表明个体特征背景动机与环境动机存在着显著的相关关系。

领域情境或生活领域视角下的第三个研究内容就是运动员的个体特征背景对基本心理需求满足的调节作用。例如：Amorose 等⑩探讨了运动员的个体特征

① BRIERE，N M & L G PELLETIER & R J VALLERAND，et al. Leisure and mental－health－relations between motivation for certain forms of leisure and psychological well－being [J]. Canadian Journal of Behavioural Science－Revue Canadienne des Sciences du Comportement，1995，27（2）：140－156.

② PELLETIER，L G & R J VALLERAND & I GREENDEMERS，et al. Leisure and mental－health－relations between motivation for certain forms of leisure and psychological well－being [J]. Canadian Journal of Behavioural Science－Revue Canadienne des Sciences du Comportement，1995，27（2）：140－156.

③ CRESSWELL，S L & R C EKLUND. Motivation and burnout in professional rugby players [J]. Research Quarterly for Exercise and Sport，2005，76（3）：370－376.

④ HODGE，K & C LONSDALE & J Y Y NG. Burnout in elite rugby: relationships with basic psychological needs fulfilment [J]. Journal of Sports Sciences，2008，26（8）：835－844.

⑤ LEMYRE，P N & D C TREASURE & G C ROBERTS. Influence of variability in motivation and affect on elite athlete burnout susceptibility [J]. Journal of Sport & Exercise Psychology，2006，28（1）：32－48.

⑥ BRIERE，N M & L G PELLETIER & R J VALLERAND. et al. Leisure and mental－health－relations between motivation for certain forms of leisure and psychological well－being [J]. Canadian Journal of Behavioural Science－Revue Canadienne des Sciences du Comportement，1995，27（2）：140－156.

⑦ WILSON，P M & W M RODGERS & C R HALL，et al. Do autonomous exercise regulations underpin different types of exercise imagery [J]. Journal of Applied Sport Psychology，2003，15（4）：294－306.

⑧ GAGNÉ，M & R M RYAN & K BARGMANN. Autonomy support and need satisfaction in the motivation and well－being of gymnasts [J]. Journal of Applied Sport Psychology，2003，15：372－390.

⑨ BLANCHARD，C M & L MASK & R J VALLERAND，et al. Reciprocal relationships between contextual and situational motivation in a sport setting: Special Issue: Advances in self－determination theory research in sport and exercise [J]. Psychology of Sport and Exercise，2007，8（5）：854－873.

⑩ AMOROSE，A J & D ANDERSON－BUTCHER. Autonomy－supportive coaching and self－determined motivation in high school and college athletes: a test of self－determination theory: Special Issue: Advances in self－determination theory research in sport and exercise [J]. Psychology of Sport and Exercise，2007，8（5）：654－670.

背景在感知教练自主支持对动机取向影响方面的调节作用。Adie 等[1]讨论了运动员的个体特征背景在感知教练自主支持对学生主观活力影响的调节作用。

3. 情境或状态视角的相关研究

Vallerand 归纳了 4 种情境因子作用于自我决定理论下的动机形成，包括：报酬与奖励、竞争、反馈和选择权。报酬与奖励作为情境激励因子本身是与自我决定理论相背离的，自我决定理论指出人在情感、需求等非物质方面的动机才是其行为倾向的决定性因子。如 Deci 指出基于参与程度、努力程度和表现的任何形式的物质奖励都会削弱内部动机的效力。而在竞争因子方面，尽管早期的研究表明竞争对内部动机效力发挥具有负作用[2]，但是后续的研究表明那些在竞争环境中表现优异的运动员比那些表现差强人意的运动员具有更高的内部动机[3][4]。Tauer 等[5]也指出团队内部的竞争有利于内部动机的作用发挥。在反馈方面，多数的研究都表明正面反馈有利于内部动机的形成，而负面反馈具有反向作用[6]。然而 Henderlong 等[7]则指出反馈是否对内部动机有作用是存在争议的，应该结合其他因子和变量综合考虑反馈的作用。在选择权方面，Dwyer[8]、Goudas 等[9]认为给予运动员一定的选择权有利于内部动机的形成，但是这种选择权的给予必须是

① ADIE，J W & J L DUDA & N NTOUMANIS. Autonomy support，basic need satisfaction and the optimal functioning of adult male and female sport participants：A test of basic needs theory [J]. Motivation and Emotion，2008，32（3）：189－199.

② DECI，E L & G BETLEY & J KAHLE，et al. When trying to win – competition and intrinsic motivation [J]. Personality and Social Psychology Bulletin，1981，7（1）：79－83.

③ VALLERAND，R J & L I GAUVIN & W R HALLIWELL. Effects of zero－sum competition on children's intrinsic motivation and perceived competence [J]. Journal of Social Psychology，1986，126（4）：465－472.

④ WEINBERG，R S & J RAGAN. Effects of competition，success/failure，and sex on intrinsic motivation [J]. Research Quarterly，1979，50（3）：503－510.

⑤ TAUER，J M & J M HARACKIEWICZ. The effects of cooperation and competition on intrinsic motivation and performance [J]. Journal of Personality and Social Psychology，2004，86（6）：849－861.

⑥ VALLERAND，R J & G REID. On the relative effects of positive and negative verbal feedback on males' and females' intrinsic motivation [J]. Canadian Journal of Behavioural Science，1988，20（3）：239－250.

⑦ HENDERLONG，J & M R LEPPER. The effects of praise on children's intrinsic motivation：A review and synthesis [J]. Psychological Bulletin，2002，128（5）：774－795.

⑧ DWYER，J J M. Effect of perceived choice of music on exercise intrinsic motivation [J]. Health Values：The Journal of Health Behavior，Education & Promotion，1995，19（2）：18－26.

⑨ GOUDAS，M & S BIDDLE & K FOX. It aint what you do，its the way that you do it – teaching style affects childrens motivation in track and field lessons [J]. Sport Psychologist，1995，9（3）：254－264.

一种主动行为，而非被动做法[1][2]。

总体而言，尽管 Vallerand 的研究提出的 3 个研究层次仍然难以区分，但是它为自我决定理论的研究提供了一个基本的解释框架和研究思路。未来的研究先要继续明晰这 3 个层次之间的差异，然后重点考察这 3 个层次中变量之间的交互作用。

2.4　成就目标理论及相关研究

动机研究的初期，人类更多地是被视作受外界掌控、不存在主观能动的机械体，即学者探讨更多地是因个体行为的生理归因，并试图通过诸如驱力理论、本能理论等动机理论阐述个体的一切行为动因。20 世纪六七十年代，这种宏观、笼统的研究范式由于其所存在的缺陷与解释力不足使得研究学者开始关注动机理论的理论分支和子理论，而其中成就动机便是各个研究分支的代表领域之一。与此同时，认知科学研究的发展也促进了对个体行为认知的路径依赖的关注，诸如成就目标理论、归因理论等。20 世纪 90 年代，成就目标理论成为学术界最为关注的理论研究之一，它涉及心理、教育、社会等不同的研究领域，成为动机应用方面学校乃至运动情境研究不可缺少的理论基础。

2.4.1　成就目标理论的内涵

成就目标是目标成就导向的简略说法，学术界也将其简称为目标导向，它是个体对成就情境的认知表征。Elliott 等[3]将成就目标视为一种计划。它针对认知过程，囊括了人的情感、认知以及行为结果。Ames 给出了成就目标在学校情境中的定义。在他看来，成就目标是一种知觉，这种知觉指向与学习相关的各种活动以及个体在学业成就与成功方面的目的和意义。厄当和迈尔也一致认同成就目

---

① PATALL，E A & H COOPER & R J CIVEY. The effects of choice on intrinsic motivation and related outcomes：A meta–analysis of research findings [J]. Psychological Bulletin，2008，134（2）：270–300.

② REEVE，J & G NIX & D HAMM. Testing models of the experience of self–determination in intrinsic motivation and the conundrum of choice [J]. Journal of Educational Psychology，2003，95（2）：375–392.

③ ELLIOTT，E S & C S DWECK. Goals：an approach to motivation and achievement [J]. Journal of Personality and Social Psychology，1988，54（1）：5–12.

标是个体在学校情境下的一种知觉,这种知觉是推动个体参与学习活动的内在驱动力。Pintrich 进一步拓展了目标的内涵,提出了三个不同层次的目标,包括靶目标、综合目标、成就目标。靶目标是一种具体目标,它是根据特定任务对个体提出的或由个体自身确定的,包含评估个体表现的原则与量化标准。靶目标的设定是与特定情境与特定任务相联系的,例如学校情境下的雅思考试成绩达到 8 分,运动情境下的一百米短跑用时 10 秒等。相较于靶目标,综合目标是一种较为抽象的目标。现实生活中尽管不同个体的靶目标有着天壤之别,但是从抽象意义上来看这些目标却有可能类属于同一个综合目标之下。例如,学校情境下的个体为了出国留学获得更好的深造而刻苦学习英语,而运动情境下的个体为了短跑比赛取得更好的成绩而勤奋练习短跑。尽管在靶目标层面上以上两种目标存在差异,然而抽象收敛后这两种目标都归结于出人头地、取得成就的终极目标。而成就目标则处于靶目标和综合目标之间的层次。作为一种认知表征,它更针对个体追求行为的目的或者理由,是个体的信念系统,涉及与系统相关的目的、标准、能力、胜任力、努力、成功与失败,反映了个体的普遍取向。

由此可见,成就目标是成就活动对于个体而言存在的意义或者目的在个体知觉上的呈现,它对目标的内涵界定与目标设置理论对目标的内涵界定有所不同。"英语考试成绩优秀"和"短跑比赛成绩优异"在目标设置理论看来是有差别的,而成就目标理论对此的解释则认为,它们未必不可属于目标的某个相同类别。也就是说这两个目标的实现都可以达成个体证明自身胜任力的目的,但这种目标又不像出人头地那么抽象。

对于成功或者胜任力的评价,就成就情境而言包含三个标准:任务标准、自我标准以及他人标准。任务固有的、规范性要求即为任务标准;而个体与自身纵向对比进步与否或进步程度如何即为自我标准;个体与群体其他成员间横向对比谁优谁劣甚至优劣程度即为他人标准。个体如果选择任务或者自我标准对自身进行评价则更多地是出于提高自身能力与技能掌握程度的目的,相反如果采用他人标准则更多地是为了证明自身对成就活动的胜任能力。可以说,成就目标既让我们了解了个体行为的目的,又构建了相应的评价准则。

2.4.2 成就目标理论的理论渊源

在动机心理学的发展历程中,两种动机观占据着主导的地位。一种动机观认为动力来源于需求或者说是内驱力;而另一种动机观则将目标等同于动机,在他们看来，每个个体都存在付出努力用以争取的事物，而目标正是个体对这些事物的认知表征，它赋予了个体追求事物的行为意义，它的变化同时影响着人们付诸行动的质量和强度。20世纪70年代是两种动机观发展的分水岭。在此之前，人们更为关注动机观中的前者，对动机的研究主要聚焦于需求冲突与认知平衡、激活与唤醒等不同方面。而进入20世纪70年代后，更多的学者将目光从需求或者内驱力转向目标，代表理论如Lewin的场理论和Tolman的期望—价值理论。

1. 场理论

作为"场理论"的创始人，Lewin认为，个体为达到特定目标的动机力量取决于三方面的因子：特定需求的重要程度，或者也可以用个体对需求的紧张程度（t）表示；目标对象的特征属性（也被称作价，用G来表示）；个体到达目标的心理距离（E）。而动机力量的函数表达为：Force=f（t，G）/E。Lewin认为，当个体获得对于某种渴望、需要的知觉时，就会呈现出紧张状态，而此时带有紧张感的个体是指向某一特定目标的。紧张感消失与否取决于目标是否实现，只有真正实现目标，个体的紧张状态才会消失。事实上，Lewin认为不单单需要本身与人体机能相关，实现目标、愿望的意图同样能够让个体呈现类似的紧张状态。在这样的状态下，目标显示正价，也就是获得了吸引力，个体因为它们的存在而感到满足。除此之外，随着个体实现目标的心理距离缩短，对应的动机力量也会变得更强。正如读书只剩下最后一节时，读者的读书状态相比之前会更加认真、投入，而见到终点时筋疲力尽的运动员会突然急速冲刺。关于这一点，Lewin的学生Zeigarnik证实了Lewin的理论，实证研究表明，相较于已完成的任务，个体更有可能记住未完成的任务。

2. 期望—价值理论

通过对动物学习过程的研究，Tolman认为学习过程教会了动物期待，即刺激反应后持续的具体状况，而并非我们所认为的习惯。由此，期待逐渐取代了动机理论中描述学习过程的习惯，这与学习理论学者的某些观点相契合。由于"有机体总是积极主动的"被越来越多的学习理论学者所认可，针对动机的研究便开始从"什么触发与终结个体行为"向"行为抉择方向"的领域倾斜，这也同时意味着诱因和期待会更多地进入学者的研究视野。在Tolman看来，期待是成绩的决定性因子之一。如果将成绩抽象成动机，即动机取决于诱因和期待，那么由此发展而来的便是期望—价值理论。期望—价值理论假设个体对行为实现目标可能性的知觉决定具体行为，并且依附于个体对目标判断产生的主观价值存在。同时期望—价值理论还指出，个体在任何时候都有可能面对多个可选目标，每个目标被个体赋予了主观的实现可能与实现价值，即动机源于期望与价值的联动。上述两种理论都将目标视为动机力量必不可少的触发因子，而且个体的目标知觉能够对个体行为及其结果产生直接影响。两个理论的差异在于场理论中的目标是环境因子，而期望—价值理论更为关注目标的主观性，即个体对实现目标的可能程度与实现价值持有的主观判断。然而，作为早期的代表性目标理论，场理论和期望—价值理论仅仅对目标的功能进行了一定的描述，并未围绕目标进行特定的研究考察，这就为随后的目标理论提供了发展空间。

3. 成就动机理论

成就动机是近代动机心理学最为关注的研究领域之一，对成就动机的内涵界定源于美国著名的心理学家 Murphy 的研究，而针对成就动机的系统性研究则始于 20 世纪 50 年代。以 Lewin 为代表的一批美国心理学家基于 Tolman 的期望—价值理论提出期待成功和避免失败两个决定行为且相互独立的动机维度。在此之后，Mcclelland 在 Lewin 等的研究基础上提出了早期的成就动机理论。在他看来，成就动机至少包含尝试成功和避免失败两个类型。他的学生 Atkinson 对成就动机开展了进一步的研究，只不过有所不同的是，Mcclelland 将宏观作为成就动机研究的切入点，而 Atkinson 对成就动机领域研究的延续是立足微观对其本质与发展历程的探究。Atkinson 对两种成就动机的描述更为清晰，分别为希望或者追求成功与惧怕失败。持有前一种成就动机的个体倾向于表现出趋向目标的主动积极行为，而持后一种成就动机的个体则尽可能地为避免预料到的失败而设法回避或逃离特定情境和目标。每个个体的任何成就行为都是在追求成功与躲避失败两种此消彼长的动机影响下形成的。这种交互作用在成就导向情境下会被触发，两种成就动机的代数之和即为总的成就动机。由此可见，在成就动机理论的早期研究中，学者们对成就情境中带有明显差别的两种成就动机倾向颇为关注，并基于"接近（趋势）—回避"的行为倾向构建了成就动机的内涵。

4. 社会认知理论

20 世纪 70 年代，社会认知作为新兴学科受到社会心理学研究的广泛关注，并于 20 世纪 90 年代以后成为社会心理学重要的研究分支。班杜拉（Bandura）是西方新行为主义的杰出代表，通过对学习理论的深入探索，班杜拉认为人的认知因子发挥着重要的作用，他的这一发现使其后来提出的社会认知理论于 20 世纪 90 代末得到学术界的普遍认可与推崇。

社会认知理论秉承了班杜拉在学习理论研究中提出的人的认知因子的关键地位的观点，并且更深入地研究了人的认知因子与个体行为间的关系。社会认知理论试图从全新视角阐述个体行为形成与维系的路径依赖,强调个体、个体行为与个体所处环境三者相互间的持续作用和依存关系,并将三者的这种持续作用称为"相互决定论"。

就个体因子而言,班杜拉着重申述其中的个体认知因子,而个体认知因子中备受强调的是自我效能。对于自我效能的内涵,班杜拉指出它是个体对自身面临内外环境交互影响时应对问题或完成组织任务的有效性或者能力的主观判断与评估,由个体经验、外部环境、自我调节机制不同方面的相互作用产生。这种个体的主观预估会对后续行为产生多面影响。在班杜拉看来,个体行为的实施、规范与持续都要以自我效能为依据,自我效能越高,相关的个体行为越有可能发生。

除了自我效能,结果期望也是个体因子的一部分。不同于自我效能是对自身实施特定行为的评估,结果期望则更强调个体对行为结果的信念,也就是说个体会通过想象行为结果而呈现出不同信念。结果期望的习得途径与自我效能类似,包括对成功实施行为的回忆、对特定活动施以关注等。总之,社会认知理论认为影响行为的主驱动力是自我效能和结果期望,与此同时自我效能还受到结果期望的影响。

2.4.3 成就目标与目标设置

成就目标理论是目标设置理论的扩展与完善。基于前人研究成果并结合自身的研究发现,洛克在其题为《走向工作激励和刺激的理论》的论文中正式提出"目标设置理论"。目标设置就是个体在工作过程中确定某个具有一定困难程度的目标。为了实现绩效目标或者达到绩效目标的设定标准,个体需要提高自身的努力水平,并以此触发动机,实现工作绩效的增长。在洛克看来,个体通过目标引导来实施行为,进而获得活动的结果,不同的目标设置会带来差异化的活动行为结果,而这种目标的设置本身就会同时受到来自个体与外界社会因子的不同影响,因此,如何设置目标、设置目标能够产生怎样的具体效应以及目标设置对绩效产生或提高的实现机理等不同方面的研究成为目标设置理论讨论的核心问题。而目标设置的研究大体可以分为两个趋向:一方面是就目标特性进行探讨,诸如目标设置的具化或者明确程度、目标实现的难易程度与个体对设置目标的接受程度等,而这三点内容同时也是目标设置公认的主要维度构成,它们会对个体绩效产生直接或间接的影响;另一方面研究趋向聚焦于特定成就情境相对优势的目标类型择取及个体绩效结果的分析,这是基于社会认知模式的目标研究,这种趋向的研究关注维系、强化内部认知，申述动机受到成就目标导向的影响。

根据目标设置理论，理论界对个体绩效的形成机理存在两种解释，以洛克为代表的机械论和以波顿为代表的认知论。机械论认为目标影响绩效，即以动机为切入点阐述目标作用。第一点，目标的驱动性。因为动机能够触发个体行为，使静态机体转向动态。第二点，目标的引导功能。目标能够为个体活动提供明确的方向，使个体形成资源分配与目标契合的认知，利于个体目标绩效的提高。第三点，目标在为个体行为提供方向的同时通过自身难易程度对个体目标的实现提出努力水平与持续程度等不同的标准，由此调节个体行为的强度与持续程度，并间接导致不同水平绩效的形成。第四点，目标设置能够深入激活个体元认知。个体的元认知拥有计划功能，它能够根据特定目标的认知活动先于某项认知活动进行活动计划，搜寻各种问题的解决办法，进行策略抉择甚至是预估活动结果。当个体在落实认知活动的实际进程中，元认知则以认知目标为依据及时发现认知活动的不足，同时对相应的结果进行评价，合理、准确比较个体在认知目标要求标准间的水平，这一点又被称为元认知的监视功能。除此之外，元认知还能够基于有效性标准对个体的策略选择与认知行为进行评价并根据对认知结果、效果的检查及时采取应对措施并对原始认知策略进行修正。个体的元认知之所以能够被进一步激活，是因为认知目标的各种因子与元认知的控制密切相关，目标的参照性使得元认知基于目标的计划、监视、评价以及进而对个体实施补救与修正行为的触发作用都得以更为清晰的表达。除了洛克的机械论，认知论对目标设置效用解释的逻辑起点是不同的两种目标导向，波顿认为如果个体选择的认知模式不同，那么个体的期望水平就会存在差异，这也促使个体表现出截然不同的焦虑水平并呈现出差异化的情绪反应，由此最终使得个体的绩效处于不同的水平。

2.4.4　成就目标与能力

作为成就目标理论最直接的理论渊源，能力理论于1984年由Nicholls率先提出。在Nicholls看来，个体参与不同成就活动的根本是对胜任感的追求，不论是通过活动参与获得能力的提高还是凭借成就活动展示自身的真实能力，都能使个体的胜任感获得满足。当然，不同人群对能力的理解有所差异，这使得他们对胜任力的评判标准同样不尽一致。人们对能力的看法大体包括两种。一部分人认为，个体之间几乎不存在能力的差异，人们在处理相同事物时之所以存在不同的结果，关键在于个体努力的程度不同。个体努力的程度越高，收获的东西就会越多，能力自然也就会越强。这种对能力的理解又被称为无差异能力。持无差异能力观的人倾向于通过自我比较来评判自身能力。当个体在付出一定努力后能够很好地支配任务或者能力得到提升，就会产生胜任感，即胜任感强度与个体的努力程度存在正相关关系。另外一部分人认为，个体之间的能力存在明显的差异，在处理相同的事务时，有些人表现得异常聪明，而有些人却显得较为笨拙。这种对能力的理解又被称为差异能力概念。持差异能力观的人视能力为资格，他们通常在社会比较的基础上对能力进行评判，这种社会比较不仅包含个体任务成绩间的较量，还有付出努力的水平。在成就活动中，假使某个个体参与结果突出，是其他人所不及的，但是他/她却是付出努力最少的，那么表明他/她是一个能力很强的人。如果个体参与成就活动得到的成绩相同，那么谁付出的努力程度低，说明谁的能力更强。而对于 Nicholls 来说，人们对能力的理解会受到现实情境的影响。倘若外界环境强调竞争，又或者是个体感受到任务情景中隐含能力评价的可能，说明对任务的掌握是一种能力的表征，那么处于此种任务情境的个体更容易以一种差异能力观进行社会比较；相反，倘若个体感受到任务情境中自身对任务的掌握、获得的收获比能力差异更为重要，那么个体持有的自然是无差异能力观。

事实上，个体对能力的理解不单对胜任力的评判标准产生影响，在 Nicholls 看来，目标取向、任务选择以及努力程度都会受到成就情境下个体对能力理解的干扰。首先，就目标取向而言，个体在无差异能力观的影响下，更关注自身对任务的掌握，他们的目的是通过任务实践学习新的东西并真正能够掌握任务，能力与努力是实现目标的途径与手段，这种个体的目标取向表现为任务卷入。相反，个体在差异能力观的影响下，更关注能力评价与社会比较，他们的目的是彰显自身的高能力水平或者尽可能避免他人对自己做出低能力水平的评价，无差异能力观个体追求的掌握任务与学习成为差异能力观个体实现目标的手段，这种个体的目标取向表现为自我卷入。其次，就任务选择而言，不同的成就任务存在不同的难度等级。第一，对于简单的任务，个体获得成功的概率较大，付出较低的努力程度就能够完成；第二，困难的任务，个体获得成功的概率渺茫，靠运气或许比付出很多的努力程度更有可能完成；第三，具有一定难度的任务，这种任务个体获得成功的概率也并不是很大，但却不像困难的任务那样近乎不可能完成，个体只要努力还是能够完成的，只是对于个体来说任务的挑战性较大，而这种任务却是最能准确反映个体真实水平与实力的。在 Nicholls 看来，持无差异能力观的个体更有可能选择具有一定难度的任务。尽管这种任务具有较大的挑战性，但是个体能够在执行任务的过程中收获知识、提高技能，而且只要付出，哪怕较高水平的努力任务总是会被完成。相反，持差异能力观的个体则更有可能根据不同的能力知觉对任务的选择产生差异化取向。相同的成就情境，高能力知觉者对成功充满期待，他们渴望证明自身的实力，而具有一定难度的任务也就成为他们最佳的选择；低能力知觉者为了逃离被评价为低能力水平的人则更有可能选择其他两种具有极端难度的任务。这是由于人们普遍能够顺利地完成简单任务，而由于完成困难任务的希望渺茫，很少有人能够胜任，即使不能顺利完成任务，也不会被人认为自己能力不够，尊严也不会受损，可以看出，这两种难度等级的任务都无法准确反映一个人的真实水平。最后，就努力程度而言，在 Nicholls 看来，能力知觉的高低与持无差异能力观的个体对难度系数不同的任务的择取以及付出努力的多少无关，他们付出努力的程度是由任务的难度决定的。面对难度系数处在极端的任务（简单的任务和困难的任务），个体的努力程度较低，这是因为完成简单的任务对个体努力的程度要求不高，即多余的付出意味着做"无用功"，对于困难的任务也是同样的道理，而对于具有一定难度的任务，个体的努力程度则较高。相反，能力知觉的高低会对持差异能力观的个体完成任务的努力水平产生影响。如果个体的自我能力知觉高，那么个体会以高努力水平完成具有一定难度的任务，以低努力水平应对简单以及困难的任务。倘若个体的自我能力知觉低，那么个体的努力程度与所选任务的难度系数则会出现与刚才相反的状态。这是由于个体对具有一定难度的任务的掌握情况最能准确反映其自身的真实能力水平，由于完成任务的可能性处于较为居中的位置，一旦无法完成任务，就意味着暴露了自身能力的缺陷。所以，自我能力知觉低的人如果面临具有一定难度的任务就会有意识地自我设障，比如，刻意以低努力水平执行任务，假使任务失败则可以努力不够为由，避免承担被评低能力的风险。

在阐述自身提出的成就目标概念时，Nicholls 归纳总结了与能力概念相关的传统意义上的成就动机与成就归因的内容（包括其他与能力概念相关的其他方面）。他指出，传统的能力概念主要强调能力概念的无差异性，而忽略了个体对能力的不同理解。通过区分两种不同的能力概念以及对个体目标状态的不同预测，成就目标使我们对成就动机有了更为全面的了解。与此同时，Nicholls 还评论了成就动机对取向的关注，成就目标如何反映特定情境状态（卷入）或者取向偏好（导向）。目标取向偏好能够帮助预测个体在特定情境下的目标状态，而目标状态可以被理解为基于认知的个体意向。能力实体观与发展观的主要区别在于对能力概念内在性的理解；就其本身而论，将对能力概念稳定或可变特性的判断作为目标自身的一部分比作为接受目标的前置变量更为确切。在 Nicholls 看来，从创建成就目标的角度，能力概念是理解成就动机的关键所在。

Nicholls 对成就目标的理论性说明有两点需要予以重视。第一点，他明确指出自身对成就目标的理论化不仅以科学理论为基础，同时强调所有个体平等动机机遇的哲学价值观念。但从这一角度出发，不受实证数据的影响，任务参与要优于自我参与，因为只有任务卷入目标可以实现动机的平等。第二点，众所周知的是 Nicholls 在其研究成果中以不同方式对目标及相关概念进行阐述，导致其理论阐述并不总是十分明确。因此，学者对 Nicholls 目标概念特征的表述常存在差异，这主要由学者研究的侧重点及立场决定。

个体对能力本质与特性的理解不尽相同，这使他们头脑中存在一种关于能力的潜在理论。一部分人认为能力是不稳定的，可以被控制，即通过努力，能力可以被提高；另一部分人则相信能力具有相反的特质，即努力学习、收获知识并非意味着智力程度发生变化。前者持有能力增长观，后者持有能力实体观。以德韦克为代表的多名学者认为潜在于每个个体头脑中的能力理论会对个体成就目标的选择产生影响。拥有能力增长观的人希望把握提高能力的机会，他们以自身发展与任务掌握为目标，趋于学习目标导向；拥有能力实体观的人视成就情境为对自身能力的检测，他们关注如何通过高成就来证明自身的胜任力，防止他人对自己产生低能力的评价，属于目标成就导向。

由此可以看出，能力理论详细阐述了能力观念、目标取向、任务取向与努力程度间的内在逻辑，为成就目标理论的发展打下了牢固的基础。

2.4.5　成就目标与行为动机

在德韦克等人看来，成就情境下，个体的认知、情感以及行为均会受到成就目标导向的影响，两种成就目标拥有不同的模式。学习目标导向的个体勇于挑战，将任务完成与否归因于努力程度，即使失败了，情绪依然处于积极状态，且会付出更多努力，呈现积极的动机模式；目标成就导向的个体将任务完成与否归因于能力，无法完成任务就会用低能力水平评价自己，情绪低落，呈现不适应的动机模式。进一步来讲，认知、情感以及行为因个体处于不同的动机模式而存在一定的差异。

首先，在认知方面，主要包括对能力与努力的关系认知以及对失败的理解与归因。①就能力与努力的关系认知来说，以学习为目标与以成绩为目标的个体分别认为努力与能力存在正向和负向相关。因为前者将学习与掌握视为获取能力的手段，而后者相信无论努力换来的是失败还是成功都无法证明自己有能力，因为有能力的人不会用努力换取与他人相同的成就。②就对失败的理解与归因来说，以学习为目标与以成绩为目标的个体分别将成败归因于努力与能力。前者关注能力提升，即使自己失败也仅仅意味着努力欠缺或策略不当，不代表低能；然而，由于后者关注的是能力测评的结果，因此在他们看来，任务是为了证明能力，而失败意味着能力不足。

其次，在情感方面，面临失败或困难的个体表现出的情绪或反应，在某种程度上与成就目标的类型有关。如果个体是学习目标导向型，那么失败是学习过程的一部分，并非意味着的低能，而是意味着任务策略需要改善，以及前方有更多的挑战与学习机会，出于通过学习获得能力提升的渴望，从任务中学习本身就会给个体带来愉悦与自豪感，因此，即使面对失败或者困难，他们依然能够积极面对。相反，倘若个体属于目标成就导向型，由于他们更看重任务执行结果对能力水平的反映，因此失败只会令他们想到能力不足，从而更有可能心生焦虑、厌倦。因此，遇到困难，常常通过拖延时间、降低努力水平等自我设防来维持自尊。不合理的成就评价与不改进的学习策略对学业水平的不良影响可想而知。

最后，在行为方面，活动的主观能动性与对任务的选择同样受到成就目标类别差异的影响。具有挑战性的任务对以学习为目标的个体具有较强的吸引力，而对于以成绩为目标的个体而言，往往要视对特定任务的自我能力知觉而有所调整。他们相信，理想的任务会使他人对自身的消极评价最低，等待自己更多的是积极评价，同时自身的自豪感还能获得最大的满足。因此，自我能力知觉低的成绩目标取向个体更可能选容易的任务，而自我能力知觉高的个体则对富有挑战性与竞争性的任务青睐有加。

2.5 教练员领导行为、激励氛围与运动员动机内化关系构建

在体育运动中多数成功的运动团队都表现出较为出色的竞技能力、效率和投入程度①，而那些表现差强人意的团队往往除了竞技技能和非智力因子外，还通

---

① GIACOBBI，P R & J WHITNEY & E ROPER，et al. College coaches' views about the development of successful athletes：A descriptive exploratory investigation [J]. Journal of Sport Behavior，2002，25（2）：164–180.

常表现出教练员领导能力的缺失与乏力，具体表现为教练员领导行为无法有效地激励和调动队员积极性，不能改善并提升其内部动机，进而无法实现外部激励的动机内化[1]。因此，如何识别并有效地管理教练员领导行为、营造有利于激发运动员实现动机内化的激励氛围成为教练员工作的焦点。

根据成就目标理论中的情境因子理论，教练员领导行为在训练和比赛中可以表达为激励氛围，即掌握型激励氛围（或任务氛围）和表现型激励氛围（或自我氛围）。这种激励氛围可以有效地预测运动员内部动机的形成与改善[2]。掌握型激励氛围的感知可以有效地预测内在动机，而表现型激励氛围的感知则通常与外部动机和无动机相关。

尽管一些研究已经开始关注激励氛围对自我决定视角下运动员基本心理需求和内部动机的影响作用[3]，然而这些研究仍然存在以下不足与缺憾。首先，这些研究都是西方文化视角下基于欧美运动员的实证研究，其研究过程和结果是否具有可复制性和普适性存在争议。如 Coakley[4]指出的竞技体育激励氛围的研究目前缺少跨文化的研究。不同文化背景和社会环境会影响人对目标成就的解读，进而影响基本心理需求满足的倾向。到目前为止，多数研究都以北美和欧洲运动员为研究对象，而针对以集体荣誉和不计较个人得失为主流的东方文化下的激励策略研究仍然不足，因此有必要展开多元文化的激励氛围比较研究，探究其结构维度构成与权重的差异[5]。其次，这些研究背景都局限于体育课堂，具象于大中学生，缺少对以职业运动员或专业运动员为样本的考察。如张路遥等[6]对青少年足球运动员的研究，指出不同竞技水平下的运动员对激励氛围的感知程度存在差异。并且在动机方面，专业运动员表现出更多的自我激励，这种自我强化的倾向是否可以通过外部干预得到加强或削弱仍然缺乏针对性的研究。最后，运动员的

① DUNCAN，G R. The effects of Climate，Autonomy，Relatedness and Competency on Self Determination in College Athletes [D]. Detroit，Michigan. Walden University，2006.

② DUDA，J L & L CHI & M L NEWTON，et al. Task and ego orientation and intrinsic motivation in sport [J]. International Journal of Sport Psychology，1995，26（1）：40−63.

③ SARRAZIN，P & R VALLERAND & E GUILLET，et al. Motivation and dropout in female handballers: a 21−month prospective study [J]. European Journal of Social Psychology，2002，32（3）：395−418.

④ COAKLEY，J J. Sport in Society：Issues and Controversies[M]. St. Louis，MO：C.V. Mosby，1994.

⑤ DUDA，J L & M T ALLISON. Cross−cultural analysis in exercise and sport psychology：A void in the field [J]. Journal of Sport & Exercise Psychology，1990，12（2）：114−131.

⑥ 张路遥，翟一飞，蔡先锋. 不同竞技水平青少年足球运动员的动机气氛感和攻击行为[J]. 体育科技，2014，35（3）：78−79.

动机既可以从基于自我决定视角的目标导向角度做出解释，也受基于情境因子的激励氛围的影响。根据 Nicholls 的成就目标理论，目标导向与激励氛围对动机的形成存在交互作用，而目前多数的研究都是针对两者的独立研究，缺乏整合视角。

2.5.1　理论基础整合

成就目标理论和自我决定理论是动机理论中占主流的解释理论，其在运动心理学上的应用有助于我们对动机行为、认知行为和情绪情感进行深入的理解和解读。但是来自目标导向理论、归因理论和能力理论的成就目标理论通常将动机的形成归为内因，认为个体通过自我参照或对比参照来设定目标，进而表现出相应的认知行为。而在成就目标理论中，情境因子对成就目标的形成也具有干预作用，Ames[1]首先提出了激励氛围，后续学者 Duda[2]结合目标导向中的任务导向和自我导向发展出了掌握型激励氛围和表现型激励氛围作为影响目标导向的外界因子。与此同时，自我决定理论中的有机整合理论认为个体具有外在动机和内在动机，不同的动机形成与个体的目标导向和外界环境干扰有关。自我决定理论中的基本心理需求理论也指出个体动机形成的前提是满足个体的自主感、胜任力和归属感的需求。各种理论对动机影响不同的解释容易造成理论的混乱和实证的不可行，有必要对此进行综合辨析。因此，厘清这两种动机理论的异同与关系，构建解释框架和概念模型，可以为后续实证研究提供理论基础。

成就目标理论和自我决定理论都来源于动机理论中的社会认知理论，两者都强调个体通过对活动或运动意义的不同解读来影响其参与活动或运动的质量。而每个理论既有其侧重点和理论体系，又互为补充[3][4]。

---

① AMES，R & C AMES. Adolescent motivation and achievement [A]. In Ames R，Ames C The adolescent as decision-maker：Applications to development and education [C]. Academic Press，1989.

② DUDA，J L. Goals：A social-cognitive approach to the study of achievement motivation in sport [A]. In Singer R N，Murphey M，Tennant L K（eds.）. Handbook of Research on Sport Psychology [C]. New York：Macmillan，1993：421-436.

③ BUTLER，S B. Physical education and nonphysical education majors：A comparison of exercise behaviors [M]. Texas A&M University，Proquest dissertations publishing，1989.

④ RYAN，R M & E L DECI & J P CONNELL. Self-determination in a work organization [J]. Journal of Applied Psychology，1989，74（4）：580-590.

首先，两个理论都强调社会因子作为成就相关行为产生的前置因子，例如合作、竞争、社会评价、规范性反馈等。成就目标理论探究的是由家长、教师或教练等主体所创造的激励氛围与运动员自身特质目标交互作用对运动员认知、情感和行为的影响。相反，自我决定理论则关注社会环境下人为因子和非人为因子如何通过胜任力、自主感和归属感三种基本心理需求的中介作用来影响个体动机①。

其次，两个理论都强调胜任力感知在成就行为上的规范作用。成就目标理论对能力做出了差异化的理解，而自我决定理论则视能力为人类共同的需求，对能力的满足自然会提升自我决定动机。成就目标理论过度关注胜任力感知在动机形成中的作用，而忽视其他心理需求的影响，因此成就目标理论对动机理论的解释不足。

最后，成就目标理论侧重于探索个体对自己从事成就活动的目的或意义的知觉，它不仅反映了个体从事成就活动的目的和理由，同时也建构了相应的评价成功的标准和原则。而自我决定理论是在充分认识个体需求和环境信息的基础上，对个体自由的选择行为的研究。自我决定的潜能可以引导人们从事感兴趣的、有益于能力发展的行为，这种对自我决定的追求就构成了人类行为的内部动机。

鉴于成就目标理论和自我决定理论在概念、内涵和理论方面的不兼容问题，本书整合成就目标理论和自我决定理论的核心思想，构建了从教练员领导到激励氛围再到运动员动机内化的整合研究范式。本书从成就目标理论和自我决定理论出发，构建了竞技体育动机形成混合模型，并且在动机层次模型研究的基础上探讨了情境因子与目标导向交互作用的影响，以及如何对运动员动机内化产生影响，既是对既往研究范式的发展，也期望对中国的现实状况有一定的解释。

2.5.2　理论整合分析逻辑与架构

本书的主题词是教练员领导行为、激励氛围与运动员动机内化，其中动机内化是指运动员在自身目标导向的调节下，通过对外部环境的感知、转移和整合，

---

① VALLERAND，R J. Toward a hierarchical model of intrinsic and extrinsic motivation [A]. In Zanna M （eds）. Advances in Experimental Social Psychology [C]. New York：Academic Press，1997：271－360.

满足基本心理需求，提升自我决定动机的过程。基本心理需求满足是运动员感知环境因子和实现自我决定动机过程中的关键因子。因此，本书所要回答和解决的核心问题是：第一，教练员采用何种执教行为才有利于正向激励氛围的创造和领导意图的有效转化；第二，运动员对教练员的领导行为和外生激励的解读和转译如何影响其动机内化；第三，运动员的基本心理需求和目标导向如何影响其自我决定动机。这三个问题因为涉及不同主体、不同变量和不同层级，内含复杂的关系，绝对不是一个简单的线性关系可以解释的。因此，本书不采用单一理论和简单的因子相关性分析方法，而采用整合式理论分析架构和分位因子分析方法。之所以采用整合分析，而不是单因子分析，是因为教练员领导行为、激励氛围、运动员感知与动机内化是一个多因子影响研究，单一理论难以说明从执教行为、激励氛围到运动员动机内化的转换过程。因此，有必要采用多维研究才能还原事物发展的真相；有必要采用理论整合分析下的影响因子分位研究，从而明晰解释变量之间的相关性和因果性。

教练员领导行为、激励氛围与运动员动机内化是一个复杂的转化过程。研究内容涉及两个主体，激励氛围的创建者——教练员，激励氛围的感知与转译者——运动员；一个客体，即对教练员和运动员都有影响的外部环境——激励氛围。由于研究对象具有双元性，影响动机转换的因子太多，以及动机转换的过程复杂，现有研究多从教练员对运动员行为的影响角度展开研究，很少有从教练员到激励氛围再到运动员动机内化多因子影响下的过程研究。本书采用整合理论分析下的分位研究模式，期望能通过对动机转换影响因子的分析和动机转换过程的考察做出一个全面的解释（图 2-6）。

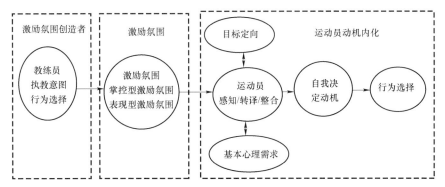

图 2-6 教练员领导行为、激励氛围与运动员动机内化转换逻辑概念图

根据教练员领导行为、激励氛围和运动员动机内化关系，本书整合教练员领导理论、成就目标理论和自我决定理论，综合分析从教练员领导行为到运动员动机内化的过程，探讨竞技体育排球运动项目中的教练员领导行为与激励氛围的影响关系，分析激励氛围对运动员动机内化中的基本心理需求和自我决定动机的影响路径，为激发运动员运动参与动机、提升教练员领导效能提供理论依据和现实指导。

首先，本书从教练员领导行为开始，分析教练员领导行为对运动员基本心理需求的影响，检验激励氛围在该过程中的作用。本书重点探究掌握型激励氛围在教练员领导行为和基本心理需求之间的中介作用，考察教练员领导行为子维度、掌握激励氛围各子维度与基本心理需求子维度之间的影响关系；揭示中国情境下教练行为激励内化的影响机理与作用，以期解决教练员领导行为有效性的路径选择与优化问题。

其次，本书探讨教练员营造的激励氛围对运动员自我决定动机的影响，分析运动员对教练员激励氛围的不同感知和解读对其自我决定动机的影响，研究运动员的基本心理需求对教练员激励氛围和运动员自我决定动机之间的中介影响。研究结果对认识教练员正向激励氛围的构造和理解运动员动机内化提供了理论和现实指导。

再次，本书进一步研究体育运动中运动员目标导向对激励氛围感知的影响，考察目标导向是否影响运动员激励氛围的感知偏差，以及目标导向在掌握动机氛围对自我决定动机影响中，是否对基本心理需求中的归属感中介过程产生调节效应。研究结果对于了解不同目标导向群组对激励氛围的感知差异和归属感中介的调节提供了理论解释。

最后，本书通过探求教练员领导行为、激励氛围对运动员动机内化的影响，试图回答教练员如何通过构建正向激励氛围来促使运动员产生基本心理需求满足，继而形成自我决定动机。自我成就理论认为，基本心理需求满足是动机内化的基本条件和核心推力，基本心理需求满足进而影响自我决定动机。因为动机包括内在动机和外在动机，自我决定动机是内化后的整合动机。研究基础理论及其思路框架如图2-7所示。

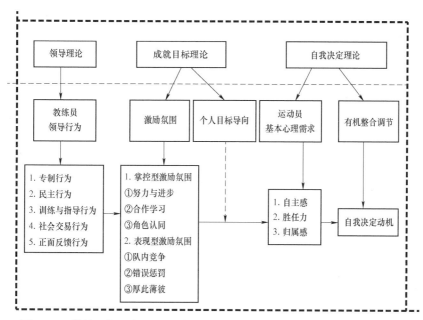

图2-7　教练员领导行为、激励氛围与运动员动机内化理论整合分析框架

2.5.3　教练员领导行为、激励氛围与运动员基本心理需求

在教练员领导行为过程中领导力是现代体育竞技中最为重要的环节，有人甚至认为现代体育团体项目的竞技与其说是运动员能力的比拼，不如说是教练员领导力的体现。根据成就目标理论，当运动员关注任务目标时，运动员更倾向于对自我胜任能力的肯定，进而改善其训练态度和努力程度；而表现型运动员则表现出超越对手或团队中其他运动员的倾向。除了在目标导向上存在个体差异外，社会认知理论指出个人竞技发展阶段和其所处的环境也会影响个体的目标导向。而后者则表现为运动员所处的环境，也就是情境目标结构对运动员的目标筛选、感知、态度和行为的影响。这种情境目标结构在运动心理学上则表现为教练员所营造的激励氛围，它是链接教练员领导力和运动员对教练员领导行为感知的过滤器与催化剂，在教练员领导行为和运动员内部动机间起着桥梁与中介作用①。

———————————

① HORN，T S. Coaching effectiveness in sport domain [A]. Advances in Sport Psychology [C]. Chamapain，Illinois：Human Kinetics，2008：240-267.

1. 教练员领导行为与教练激励氛围的关系

目前对于教练员领导行为的研究多参考 Chelladurai[1]构建的多维度体育运动领导模型。该模型指出，情境、教练员领导行为和运动员特征形成教练员的"情境""实际""偏爱"三种领导方式，三者呈现一致性时能提升运动员的满意度和团队绩效。教练员领导行为情境特质理论把领导视为领导者在某一特定情境的行为和情境本身之间交互作用的结果。该理论认为，情境因子会影响教练员领导行为选择，教练员会根据不同的情境选择适当的领导方式，采用不同的权变管理模型，如根据关心组织与个人的角度不同，可以采用指导、支持、参与和成就导向不同的教练员领导行为等。

国内相关研究大多是该模型的模仿与复制，研究聚焦于运动员对教练员领导行为的感知差异或满意度影响要素。根据感知领导模式的"教练员领导行为—运动员感知—运动员反应"的逻辑，运动员对教练员领导行为的感知差距影响其行为选择，进而影响领导的行为效力。教练员与运动员的人际互动、理解沟通、认同认可，不仅可以消除彼此的误解，而且可以影响运动员的心理感受，进而影响运动员的行为选择。大量的研究也表明褒奖、反馈、设定最后期限、竞争、监控和威权等行为影响激励效果[2][3]。教练员参与团队培养和训练的各个环节，所营造的激励氛围则成为调节和修正运动员对教练员领导行为感知的有效环节[4]。

Ames 研究指出，团队中的激励氛围影响个体的运动行为、目标及价值观。团队激励氛围可分为掌握型激励氛围和表现型激励氛围，掌握型激励氛围强调个体的进步和对任务的掌握，而表现型激励氛围则侧重于超越他人，赢得比赛。为了满足成就目标理论的任务取向与自我取向的个人目标导向要求，教练员可以创造掌握型激励氛围和表现型激励氛围。前者与运动员幸福愉悦感、组织承诺等正面行为倾向和心理感受相关，有利于内部动机形成；后者则容易使运动员产生焦

---

① CHELLADURAI，P. Leadership in sports：A review[J]. International Journal of Sport Psychology，1990，21：328–354.

② DECI，E L & R KOESTNER & R M RYAN. Extrinsic rewards and intrinsic motivation in education：Reconsidered once again [J]. Review of Educational Research，2001：71（1）：1–27.

③ MAGEAU，G A & R J VALLERAND. The coach–athlete relationship：a motivational model [J]. Journal of Sports Sciences，2003，21（11）：883–904.

④ AMOROSE，A J. Reflected appraisals and perceived importance of significant others' appraisals as predictors of college athletes' self–perceptions of competence [J]. Research Quarterly for Exercise & Sport，2003，74（1）：60–70.

虑感、心理倦怠等负面行为反应①。然而受社会情境变化、教练员领导方式和运动员特征等因子的影响,运动员对于教练员领导行为的理解和解读容易形成认知偏差②,进而影响运动员内部动机的形成。成就目标理论认为这种感知差异是因为个体的目标导向影响教练员领导行为认知的结果。然而成就目标理论中的认知与情境理论对此做出了另一种解释。社会认知理论和情境因子理论认为,运动员对教练员领导行为的感知是通过激励氛围来影响运动员的内部动机和后续行为倾向的③④。激励氛围在教练员领导行为与运动员心理感知、情感和行为选择中处于中介地位,并且这种中介影响在团体项目中更为显著,更值得研究⑤。Duda等⑥在教练员领导行为、激励氛围与运动员感知行为概念模型中指出,教练员领导行为本身就体现了激励过程,无论是民主行为、专制行为,还是社会支持,都反映出教练员试图通过关怀或奖惩来改善两者之间的关系,借以激励运动员投入训练比赛。Balaguer 等的研究指出,掌握型激励氛围与运动技能、战术和心理情绪改善的感知有提升作用。Smith⑦的研究也证实了教练员民主行为、正向反馈等行为与任务导向型激励氛围有关。教练员可以通过训练过程设计、正面反馈与认同、训练比赛绩效评价,以及比赛情境把控来促进掌握型激励氛围的形成,进而影响运动员的行为选择⑧。

---

① SARRAZIN,P & R VALLERAND & E GUILLET,et al. Motivation and dropout in female handballers: a 21−month prospective study [J]. European Journal of Social Psychology,2001,32(3):395−418.

② MAGYAR,T M & D L FELTZ & I P SIMPSON. Individual and crew level determinants of collective efficacy in rowing [J]. Journal of Sport & Exercise Psychology,2004,26(1):136−153.

③ ROBERTS,G C. Understanding the dynamics of motivation in physical activity:the influence of achievement goals on motivational processes[A]. In: Roberts G,editor. Advances in motivation in sport and exercise[C]. Champaign,IL: Human Kinetics,2001:1−50.

④ VALLERAND,R J. Toward a hierarchical model of intrinsic and extrinsic motivation [A]. In Zanna M (eds.). Advances in Experimental Social Psychology [C]. New York:Academic Press,1997:271−360.

⑤ VOSLOO,J & A OSTROW & J C WATSON. The relationships between motivational climate,goal orientations,anxiety,and self−confidence among swimmers [J].Journal of Sport Behavior,2009,32(3):376−393.

⑥ DUDA,J L & I BALAGUER. Toward an integration of models of leadership with a contemporary theory of motivation[M]. In R. Lidor & M. Bar−Eli(Eds.) Sport psychology: Linking theory and practice. Morgantown,WV: Fitness Information Technology,1999:213−230.

⑦ SMITH,S L & M D FRY & C A ETHINGTON,et al. The effect of female athletes' perceptions of their coaches' behaviors on their perceptions of the motivational climate [J]. Journal of Applied Sport Psychology,2005,17(2):170−177.

⑧ SMITH,R E & F L SMOLL. The coach as a focus of research and intervention in youth sports. In: Smoll FL,Smith RE. Children an youth in sport: a biopsychosocial perspective[M]. Dubuque,IA: Brown & Benchmark,1996:125−141.

2. 教练支持行为与教练激励氛围的关系

教练支持行为包括归属感支持、自主支持和胜任力支持三个变量。自我决定理论认为，人类与生俱来就有追求心理成长和发展的倾向，个体基本心理需求的满足与主观幸福之间存在函数关系。该理论强调个体心理需求与环境的互动关系，认为社会中个体的奋斗过程所追求的自我存在、自我归属、自我胜任感和自我能力实际上是一种主观感知和心理需求。所谓胜任感需求是指个体感到自己能有效地与环境互动的需求；自主感需求是指个体认为参与活动是出于自己的选择和意愿的一种需求；归属感是指个体对自己融入群体的一种主观评价。Deci 和Ryan 指出这些需求的满足是幸福感和身心健康发展的主要因子，也是内在动机及外在动机内化的关键，并且引导行为的方向和持续性。Smoll 和 Smith 亦指出，当选手知觉其能力或表现无法与教练所塑造的情境要求达到平衡时，则会认为这是一种威胁的环境，进而产生焦虑及压力。所以一个团体要形成聚合力和归属感，需要教练员或队友彼此给予一些合作共赢的策略或认同支持，否则很容易造成彼此不适应，进而造成青少年运动选手在团队中出现适应不良的情形。

教练员的领导行为可分为：指导型教练员领导行为、支持型教练员领导行为、参与型教练员领导行为和奖惩型教练员领导行为。指导型教练员领导行为通过结构化工作安排推动工作的开展。支持型教练员领导行为侧重于关心、接纳、尊重和促进下属成长；参与型教练员领导行为鼓励下属参与决策和过程；而奖惩型教练员领导行为以结果确定奖励和惩罚。Ames 等指出激励氛围的不同结构属性应该匹配不同的激励过程，以适应学生的自身需求，从而获得激励正效应。他们强调了解激励投入的关键步骤就是明晰氛围的产生与作用，在学习情境下氛围影响努力程度、毅力、认知、情感和行为。在运动项目属性不同的情境下，Chelladurai 发现，集体运动项目和开放性运动项目（如篮球）中的运动员比个人运动项目和闭合性运动项目（如游泳）中的运动员更喜欢教练员的训练指导行为，而个人运动项目和闭合性运动项目中的运动员更喜欢教练员的民主行为。Cutrona 等[1]将社会支持分为五个类型。①情绪支持：支持者对被支持者提供爱、关怀、同情等，使其情绪上获得安慰与鼓励；②网络支持：被支持者有隶属于团体网络的感觉，能和网络成员共同参与其中的活动；③自尊支持：当被支持者面临压力事件时，支持者能对其给予正向的回馈及认同；④实质协助：被支持者需要时，支持者提

---

① CUTRONA，C E & D W RUSSELL. Type of social support and specific stress：Toward a theory of optimal matching [A]. In Cutrona C E，Russell D W. Social support：An interactional view [C]. Oxford，England，1990.

供直接的协助，包括给予金钱、劳力、时间、改善环境等；⑤信息支持：支持者给被支持者提供意见，与其沟通或给予建议，包括忠告、建议、直接信息等。

在排球团体运动中，理论上提高运动员归属感、自助感和胜任力支持行为被认为是一种有效提高运动动机的方式。通过本书所设计的问卷内容可以看出，多数运动员认为教练员如下做法可以提高队员的归属感：尊重、帮助、鼓励、欣慰、情感信任、体谅、需求界定、耐心解答、理解和支持。胜任力支持主要包括教练员对运动员的能力支持、信任和分享。而在运动员出现技术或者发展困境时，教练员能通过鼓励、技术指导和自我实现帮助队员建立信心，也被认为是一种有效的胜任力支持。自主支持主要通过自我选择、理念分享、倾听、自由提问、情绪控制和尝试予以实现。

3. 教练员激励氛围与运动员基本心理需求

教练员激励氛围是指由教练员或教练组为实现执教意图而创造的激发队员的志气、精神和潜力的理念、规则、结构目标和氛围。教练员激励氛围通过运动员的感知与内化影响运动员动机的内化和自我选择。Carr 等[1]分别以同事、父母、教师与运动英雄为对象，研究儿童在体育和运动成就中受到的影响，研究发现，成人与同侪两者所创造的成就影响儿童的目标取向、内在动机和身体能力知觉。Duda[2]通过实证研究发现，教练员和运动员在运动队中所构建出来的激励氛围会影响运动员对自身能力的感知以及对成功含义的理解，进而对运动员的认知、情感和成就行为产生影响效应。

自我成就理论认为，个体的能力感知差距、目标取向以及运动队的激励氛围对运动员的运动动机具有重要影响作用。研究发现，运动员在运动竞赛中的行为表现是个体的能力知觉和情境因子相互作用的结果，个体的能力知觉在其中起着重要作用。White 对青年运动员的研究发现存在三种激励氛围子维度：焦虑氛围、不劳而获氛围和学习导向氛围，并且研究表明性别差异影响激励氛围的感知。根据成就目标理论，教师的激励氛围可分为任务掌握导向和自我表现导向。Ntoumani&Biddle 研究发现，任务掌握导向激励氛围有利于能力、自主和归属的需求，潜在地提高自我决定动机。相反，自我表现导向激励氛围中的这些需求

① CARR，S & D A WEIGAND. Parental，peer，teacher and sporting hero influence on the goal orientations of children in physical education [J]. European Physical Education Review，2001，7（3）：305－328.

② DUDA，J L & J G NICHOLLS. Dimensions of achievement motivation in schoolwork and sport [J]. Journal of Educational Psychology，1992，84（3）：290－299.

不明显，且该氛围会提高外部动机或缺乏内部动机。但是当所有的三个基本心理需求被阻止时，运动员就会缺乏动机。Goudas 针对 100 名希腊男子篮球队员研究了激励氛围对运动员内部动机形成的作用，结论表明掌握型激励氛围对内部动机形成具有显著影响，而表现型激励氛围与其无关，但是研究没有揭示感知胜任力与激励氛围的互动关系。而 Miller 等对挪威青年足球运动员的研究表明，当运动员感知教练员特别关注运动中的成败标准时，运动员在这种表现型激励氛围下更倾向于降低自身的体育道德精神。而当教练员强调以学习、进步和个人发展为标志的掌握型激励氛围时，运动员则表现出较高的体育道德精神。

综上所述，激励氛围是一种为引导运动员行为而设定的理念与情境，它不仅影响运动员价值的解释与判断，而且影响运动员适应性和非适应性行为。运动员对激励氛围的感知、解读和转译既影响其对归属感满足的解读，也影响其对胜任力、自主感的解读，而解读结果会直接影响运动员在动机内化过程中的关键因子和基本心理需求。

2.5.4 教练员激励氛围感知与自我决定动机：基本心理需求的中介效用

尽管大量的研究已经证实了激励氛围对基本心理需求及内部动机的预测作用，然而目前的研究仍然存在如下缺陷。①大多数研究只检验了激励氛围与内部动机的关系，但是这些研究都只关注了有机整合动机连续体中的内部动机，而针对外部动机其他形式的调节并没有做出满意的解释。②多数研究只考察了教练员激励氛围与运动员内部动机的二元关系，而基本心理需求作为内部动机形成的前提在激励氛围和内部动机中起着中介作用，对此问题缺乏深度研究，尤其缺乏针对中国专业运动员的研究。③一些研究开始同时关注以上三者的关系，并且部分验证了基本心理需求在两者之间的中介作用[①]，然而这些研究只将激励氛围简单地区分为掌握型激励氛围和表现型激励氛围，对细分子维度的互动影响研究不够。Newton 等的研究进一步将掌握型激励氛围划分为努力与进步、合作学习、角色认同 3 个子维度，将表现型激励氛围划分为厚此薄彼、错误惩罚、队内竞争

---

① REINBOTH，M & J L DUDA & N NTOUMANIS. Dimensions of coaching behavior，need satisfaction，and physical welfare of young athletes[J]. Motivation and Emotion，2004（28）：297–313.

3 个子维度。Newton 等建议在研究激励氛围时应更关注这些子维度与基本心理需求之间的关系，以及这种关系是如何促进内部动机形成与转化的。

针对以上研究中存在的不足，本书通过实证研究方法予以探讨和分析，具体思路包括以下几方面。①将动机的变量拓展为内部动机、外部调节、认同调节和内摄调节。由于无动机状态不能视作自我决定的动机，同时整合调节和认同调节在多数实证研究结果中难以加以区分[1]，因此本书认为运动员的整体动机=2×内部动机+1×认同调节−1×内摄调节−2×外部调节。②分别考察掌握型激励氛围和表现型激励氛围各 3 个子维度对基本心理需求的影响程度。③尽管多数研究表明掌握型激励氛围对基本心理需求满足具有正向预测作用，表现型激励氛围对基本心理需求满足则具有负向预测作用，但是根据 Ryan 等的观点，这三种基本心理需求随年龄结构和社会文化背景的变化而发生改变，如 Adie[2]对成年职业运动员的研究就得到了不同的结论，他认为竞技水平也影响运动员的心理需求。因此以大学生和中学生为样本的研究结论是否也适用于专业运动员的问题值得关注。

2.5.5　运动员目标导向与激励氛围感知关系研究

目标导向理论是认知心理学家运用社会认知理论的原理，研究个体在成就情境中的动机和行为的理论，是继自我效能理论、能力知觉理论之后，认知模型理论中的又一热点。基于早期在教育领域的实证研究，该理论也开始逐步应用到体育心理学领域[3][4]。尽管在体育领域中的相关研究拓展延伸了目标导向理

---

① LONSDALE，C & K HODGE & E A ROSE. The Behavioral Regulation in Sport Questionnaire（BRSQ）：Instrument Development and Initial Validity Evidence [J]. Journal of Sport & Exercise Psychology，2008，30（3）：323−355.

② ADIE，J W & J L DUDA & N NTOUMANIS，et al. Environmental factors，basic need satisfaction，and subjective well−being among adult team sport athletes [J]. Journal of Sport & Exercise Psychology，2006，28（2）：S23.

③ DUDA，J L & H K HALL & D C TREASURE，et al. Clarifying misconceptions and misrepresentations in achievement goal research in sport：A response to Harwood，Hardy，and Swain [J]. Journal of Sport & Exercise Psychology，2001，23（4）：317−329.

④ ROBERTS，G C & D C TREASURE & M KAVUSSANU. Orthogonality of achievement goals and its relationship to beliefs about success and satisfaction in sport[J]. The Sport Psychologist，1996，10（4）：398−408.

论①②③，但是这些研究均没有突破目标导向理论中关于目标导向的二元结构论，也就是运动员在目标导向方面可以分为任务导向和自我导向两种倾向。当运动员的目标取向为任务导向时，其成就感来源于自我参照的标准，也就是运动员会因为现在的技能水平与过去相比有所提高而产生成就感。相应地，在这种目标导向的诱导下，运动员会对任务的掌握过程、技能的提升、努力的付出和自我的提高更为关注。相反，在自我导向引导下的运动员在界定成功时则会以社会比较为标准，即通过与队友或对手的比较获得成就感。他们会产生功利化倾向，通过付出最小的代价和努力来超越队友或对手，并以此获得能力认可和身份认同。这种目标导向上的个体差异成为动机倾向和后续行为的重要影响因子，也成为后续动机研究和行为研究重要的前置变量和调节因子。

目前运动心理学目标导向的影响机制研究主要集中在个体目标导向差异和其参与体育活动的动机、态度、自信心、情绪、注意力和焦虑感等方面④。首先，目标导向与内部动机的形成存在密切关系。以任务目标为导向的运动员往往将成功归因为努力、合作和内部兴趣，而以自我目标为导向的运动员则相信成功来源于超越对手的技能和水平⑤。相应地，那些以任务目标为导向的运动员表现出较高的胜任力知觉、幸福愉悦感和较高的内在动机⑥。其次，目标导向与运动焦虑的形成存在着相关关系。那些具有高任务导向和低目标导向的运动员往往表现出较低的认知特质焦虑和事前状态焦虑⑦⑧。最后，目标导向与行为倾向高度相关。

① ELLIOT，A J & H A MCGREGOR. A 2 × 2 achievement goal framework [J]. Journal of Personality & Social Psychology，2001，80（3）：501−519.

② HARACKIEWICZ，J M & K E BARRON & P R PINTRICH，et al. Revision of achievement goal theory：Necessary and illuminating [J]. Journal of Educational Psychology，2002，94（3）：638−645.

③ KAPLAN，A & M L MAEHR. The Contributions and Prospects of Goal Orientation Theory [J]. Educational Psychology Review，2007，19（2）：141−184.

④ SMITH，R E & F L SMOLL & S P CUMMING. Motivational climate and changes in young athletes' achievement goal orientations [J]. Motivation & Emotion，2009，33（2）：173−183.

⑤ WALLING，M D & J L DUDA. Goals and Their Associations With Beliefs About Success in and Perceptions of the Purposes of Physical Education [J]. Journal of Teaching in Physical Education，1995，14（2）：140−156.

⑥ 魏瑶，洪冬美. 目标导向对大学生体育锻炼内在动机的影响.[J].天津体育学院学报，2009，24（5）442−445.

⑦ OMMUNDSEN，Y & B H PEDERSEN. The role of achievement goal orientations and perceived ability upon somatic and cognitive indices of sport competition trait anxiety A study of young athletes [J] .Scandinavian Journal of Medicine & Science in sports，1999，9（6）：333−343.

⑧ VEALEY，R S & J L CAMPBELL. Achievement Goals of Adolescent Figure Skaters：Impact on Self−Confidence，Anxiety，and Performance [J]. Journal of Adolescent Research，1988，3（2）：227−243.

具有任务目标导向的运动员在困难面前更多地表现出适应性行为，例如努力付出与坚持；而具有自我目标导向的运动员则往往产生非适应性的行为倾向，甚至在训练比赛中表现出欺骗、诈伤、伤害对手等不道德的行为[①]。

国外关于目标导向的研究已经形成较为成熟的体系，凝练出特定的研究主题和内容。相比较而言，国内关于目标导向的研究更多地关注不同群体、年龄段的比较研究或聚焦于特定的研究对象，如大学生；同时国内研究在情境方面局限于体育课堂或学校教育等教育领域，而非真正的专业运动员。这些运动员长期从事体育活动，在竞技水平、成长路径和目标动机等方面与学生存在显著的差异，目标导向研究的现有结论和理论是否适用于专业运动员是值得推敲的。尽管国内的研究存在一定的不足与缺憾，一些学者已经开始尝试目标导向研究内容的拓展，其中一个重要的研究方面就是激励氛围与成就目标关系研究。Nicholls 的成就目标理论指出个体是否处于任务参与还是自我参与状态是自我稳定的个性特质（目标导向）和界定成就任务的社会情境（激励氛围）共同影响下的结果。这种从目标倾向到任务参与的逻辑是成就目标下社会交往经历的产物，因此运动员所感知到的激励氛围会影响其后续的目标导向。

1. 目标导向引起激励氛围的感知偏差

Nicholls 的成就目标理论和 Ames 的激励氛围理论所构建的理论假设以及早期关于激励氛围对运动员目标导向影响的研究，都证明掌握型激励氛围通常与任务目标导向高度相关，而表现型激励氛围则与自我目标导向高度相关。然而这些早期的研究忽视了任务导向和自我导向两个目标是相互独立的，因此同一个体在激励氛围的作用下可能同时表现出具有不同水平的任务导向和自我导向的目标取向或改变。Fox 认为由于两种目标取向具有不同的动机含义，因此这种整合影响的作用与独立影响的作用存在差异。

Reborts[②]发现那些具有较高水平的任务目标导向的运动员，不管其自身的自我目标导向的水平高低，都更容易表现出努力获得成功的归因倾向。这些研究与以前两种目标导向的独立变量研究的结论相反。以前的独立变量研究均表明需要通过强化提升运动员的任务目标导向，同时压制自我目标导向，才能促使运动员

① ROBERTS，G C & D C TREASURE & D E CONROY. Understanding the dynamics of motivation in sport and physical activity[A]. In Tenenbaum G，Eklund R C（Eds.），Handbook of sport psychology [C]. Hoboken，NJ：Wiley，2007，（3）：3–30.

② ROBERTS，G C & D C TREASURE & M KAVUSSANU. Orthogonality of Achievement Goals and Its Relationship to Beliefs About Success and Satisfaction in Sport [J]. Sport Psychologist，1996，10（4）：398–408.

获得较为积极的动机、行为和情感倾向。同时 Reborts 还指出这种视任务导向和目标导向为独立变量的研究，忽视了两者之间的交互作用，并不符合现代运动竞技的实际。现代竞技体育既要求运动员在竞技过程中在技能、经验等方面获得个人的提升，同时要求他们为获胜拼尽全力，因此两种目标导向的作用具有交织耦合作用。也就是说，当运动员具有较强的任务目标导向时，他们对外界情境中掌握型激励氛围的刺激更为敏感。即使外界情境中掌握型激励氛围和表现型激励氛围同时存在，由于其自我目标导向的影响更强，会造成运动员有选择地放大掌握型激励氛围的感知，忽视表现型激励氛围的作用。反之，如果运动员本身自我导向的目标取向更强，则他们会对外界情境中表现型激励氛围的感知更为敏感，低任务目标导向的学生对掌握型激励氛围的感知更为明显。

Treasure 等指出个体的目标导向对激励氛围的感知具有预测力，这种目标导向会促使运动员对与自身目标导向一致的激励氛围做出解读，并且有选择性地将自身的目标导向与激励氛围相匹配，使得目标导向进一步强化。

Ntoumanis 等[1]对英国大学生运动员的研究发现，那些具有较强任务目标导向的运动员不管其自身的自我目标导向是否强烈，都对掌握型激励氛围的感知更为敏感、强烈；而那些具有较高水平自我目标导向的运动员，只有其本身的任务目标导向也较高时，才会表现出较高的掌握型激励氛围知觉水平。只有当两种目标导向水平都低时，运动员才会表现出消极负面的动机。

Brunel[2]对参与羽毛球课程的大学生的研究，则发现运动员的目标导向与激励氛围感知之间的相关关系并不显著。数据分析表明只有任务目标导向与掌握型激励氛围存在较弱的相关关系，而自我目标导向与表现型激励氛围之间的关系以及两种目标导向的交互作用均不明显。

Smith[3]研究发现那些自我目标导向水平较低和任务目标导向水平较高的运动员对教练员掌握型激励氛围感知更为强烈。在教练员同时采用掌握型激励氛围和表现型激励氛围干预时，他们受到自我目标导向的影响会变小或会忽视表现型

① NTOUMANIS，J & S BIDDLE. The relationship between achievement goal profile groups and perceptions of motivational climates in sport [J]. Scandinavian Journal of Medicine & Science in Sports，1998，8（2）：120−124.

② BRUNEL，F F. Gift Receipt and the Reformulation of Interpersonal Relationships [J]. Journal of Consumer Research，1999，25（4）：385−402.

③ SMITH，A L & I BALGUER & J L DUDA. Goal orientation profile differences on perceived motivational climate，perceived peer relationships，and motivation−related responses of youth athletes [J]. Journal of Sports Sciences，2006，24（12）：1315−1327.

激励氛围的感知，而更倾向于对与自身目标导向相一致的掌握型激励氛围做出解读。

2. 在长期干预下的激励氛围影响运动员的目标导向

Nicholls 指出如果个体较长时间处于某种激励环境下，其自身的目标导向会随着刺激水平、时间和程度发生变化。也就是说，外界的激励环境会影响并改变个体的目标导向。如 Dweck 等所指出的，尽管个体特质在其特定目标选择上具有决定性作用，但是个体所处的成就情境可以强化或弱化这种作用。

Swain 等[①]的研究发现，激励氛围在目标导向和运动员动机形成过程中起着调节作用。通过较强的掌握型激励氛围干预，那些最初具有较低任务目标导向的运动员会产生任务目标强化，进而改变其对成功和努力的界定。

Whitehead[②]通过两年的跟踪调研发现，第一年中较高的掌握型激励氛围感知可以导致自我目标导向降低，而第二年中掌握型激励氛围则与任务目标导向不存在显著的正相关。

Williams 对青年女子垒球队队员的目标导向做了整个赛季的纵向跟踪调研，研究发现在赛季末教练员持续的掌握型激励氛围和表现型激励氛围激励的作用会影响运动员任务目标导向的变化，而自我导向则不发生变化。

Papaioannou 对 200 名参与学校体育课程的中学生的研究发现，整个学期中学生对体育教师掌握型激励氛围的感知程度与任务目标导向正相关，而表现型激励氛围的感知程度与自我目标导向正相关。

Waldron 等[③]研究发现赛季初期的自我目标导向对赛季末的自我目标导向具有预测作用，也就是说对于青年女子运动员来说，表现型激励氛围对运动员自我导向的影响不显著。同时研究还表明赛季初的任务目标导向在掌握型激励氛围的调节作用下可以较好地预测赛季末的运动员任务目标导向。

Smith 在对 290 名社区篮球队队员的测试中发现激励氛围的干预对目标导向具有促进强化作用。他们的研究结果与 Papaioannou 的结论相似，都表明掌握型

---

① SWAIN，A B & C G HARWOOD. An interactionist examination of the antecedents of pre-competitive achievement goals within national junior tennis players [J]. Journal of Sports Sciences，1996，14（1）：32-33.

② WHITEHEAD，J & K V ANDREE & M J LEE. Longitudinal interactions between dispositional and situational goals，perceived ability，and intrinsic motivation [J]. British Library Inside Conferences，1997：750-752.

③ WALDRON，J J & V KRANE. Motivational Climate and Goal Orientation in Adolescent Female Softball players [J]. Journal of Sport Behavior，2005，28（4）：378-391.

激励氛围对任务目标导向、表现型激励氛围对自我目标导向具有较强的相关关系。与 Papaioannou 的结论不同的是，他们发现在激励氛围的干预过程中自我导向的强化并没有伴随任务导向的降低而发生显著变化。

同时 Anderman 等[1]、Xiang 等[2]、Anderman 等[3]和 Pintrich[4]对体育课程中的学生的研究也得到相似的结论。然而这种激励氛围的外在干预需要通过较长时间的干预才能发挥作用，目前的研究表明短期干预，例如 2~3 个月，对运动员的目标导向影响和改变并不显著。例如：Conroy[5]的研究发现受到 6 周干预测试的游泳运动员的目标导向并未受到激励氛围的影响。

纵观国内关于激励氛围与目标导向的研究，仍然局限于体育课堂教育的研究领域，例如：陈旭等[6]经过研究认为，体育教学情境中应营造不同的激励氛围来改变学生原有的目标导向；在学习导向教学情境下的学生学习效果明显优于在成绩导向教学情境下的学生学习效果。然而这些研究只简单地涉及了由目标导向理论延伸的激励氛围对运动员动机的影响，而缺乏两者的整合性研究。

2.5.6 运动员目标导向对归属感中介变量的调节作用

Vallerand[7]通过整合个体特质和社会心理因子后，构建了动机层次模型，其中一个重要的假设就是外部环境对个体动机及后续结果的影响可以形成一条因

① ANDERMAN，E M & C MIDGLEY. Changes in achievement goal orientation，perceived academic competence，and grades acroos the transition to middle-level schools [J]. Contemporary Educational Psychology，1997，22（3）：269-298.

② XIANG，P & A LEE. The development of self-perceptions of ability and achievement goals and their relations in physical education [J]. Research Quarterly for Exercise and Sport，1998，69（3）：231-241.

③ ANDERMAN，L H & E M ANDERMAN. Social predictors of changes in children's achievement goal orientations [J]. Contemporary Educational Psychology，1999，24（1）：21-37.

④ PINTRICH，P R. Multiple goals，multiple pathways：The role of goal orientation in learning and achievement [J]. Journal of Educational Psychology，2000，92（3）：544-555.

⑤ CONROY，D E & M P KAYE & J D COATSWORTH. Coaching climates and the destructive effects of mastery-avoidance achievement goals on situational motivation [J]. Journal of Sport & Exercise Psychology，2006，28，（1）：69-92.

⑥ 陈旭，姚家新. 成就目标导向对大学生技能学习及情绪影响的实验研究 [J].武汉体育学院学报，2002，36（6）：55-58.

⑦ VALLERAND，R J. Toward a hierarchical model of intrinsic and extrinsic motivation [A]. In Zanna M（eds.）. Advances in Experimental Social Psychology [C]. New York：Academic Press，1997：271-360.

果逻辑链条,具体可以描述为:社会因子—基本心理需求—自我决定动机—动机结果。该逻辑链条的起点就是社会因子作为外生变量的存在是不受个体特质因子所影响的,基于该起点,一些学者在不同的领域做出相关研究,这些社会因子包括:学习结构、同伴的自主支持①。在运动心理学中学者更多从成就目标理论中的情境因子出发关注激励氛围对动机形成的作用。而作为激励氛围的构建主体——教练员在激励氛围形成中扮演了重要的角色。Chelladurai 提出的多维度教练员领导行为模型指出教练员在训练指导中可以表现出实际教练员领导行为、被需要的教练员领导行为和偏爱教练员领导行为,然而这些教练员领导行为受到环境特征、教练员特征和运动员特征等变量的影响而展现出具有差异性的教练员领导行为,例如训练中和比赛前教练员可能会因为对不同目标的追求而展现出不同的甚至相反的教练员行为。因此基于这种权变思想,Chelladurai 指出要从这三个方面全面考察教练员领导行为,这就给教练员领导行为相关实证研究留下质疑空间,是否实际教练员领导行为与被需要的教练员领导行为一致,是否运动员对此能做出区分。根据 Smoll 等提出的教练员领导行为中介调节模型表示,教练员领导力的效能发挥还受到竞技水平和环境因子的影响,大赛前和训练中教练员所表现的教练员领导行为和导向是存在明显差异的,因此多变的环境因子对领导力的知觉或感知也存在一定的影响。相对于多变的教练员领导行为,教练员所营造的激励氛围是相对稳定的,这些激励氛围往往是在教练员长期执教过程中与队员多次磨合与沟通而逐渐形成并得到修正,最终稳定下来的环境。即使受到外界环境的干扰,教练员表现出多样性的教练员领导行为,而其一贯的领导风格和激励氛围则保持相对稳定②。

然而目前关于基本心理需求在激励氛围和运动动机之间的中介作用的研究存在争议,一些学者,如 Duncan、Standage 的研究都验证了三种基本心理需求中介作用,然而 Grouzet 等③、Kipp 等则发现三种基本心理需求中某种需求的中介作用不明显。其中一种可能的解释来源于目标导向理论与激励氛围的交互作用。Smoll 等认为教练员领导行为是否发挥效力不仅受到环境因子的影响,而且

① WILSON,P M & W M RODGERS. The relationship between perceived autonomy support,exercise regulations and behavioral intentions in women [J]. Psychology of Sport & Exercise,2004,5(3):229-242.

② HAGGER,M S & N L D CHATZISARANTIS. Self-determination in exercise and sport [M]. Champaign,Illinois:Human Kinetics,2007.

③ GROUZET,F & R J VALLERAND. On the transmission of values:The role of relatedness [M]. Montréal:Université du Québec à Montréal,2000.

运动员本身的特质或特征具有调节作用。根据目标导向理论，运动员本身具备的目标导向会影响其对教练员构建的激励氛围的解读，当两者不一致或不匹配时，运动员可能表现出对激励氛围的错误解读，在缩小或忽视某种激励氛围的同时，放大另一种激励氛围。因此我们认为运动员的目标导向在激励氛围—基本心理需求—自我决定动机的作用机制过程中还扮演着调节变量的角色，运动员以任务为导向还是以自我为导向会强化或削弱激励氛围的作用，进而影响基本心理需求对动机的影响。

2.6　本节小结

本节通过理论综述和文献研究，系统地对教练员领导理论、激励氛围理论、成就目标理论和自我决定理论进行了理论脉络梳理、变量关系解析和研究不足分析，为理论的继承和变量的析出及其机理分析提供研究基础。从教练员领导行为到激励氛围再到运动员动机内化是一个复杂的转化过程，涉及内生和外生影响因子，单一理论模型难以揭示变量间的互动关系。基于此，本书对涉及的领导理论、成就目标理论和自我决定理论进行整合分析，提出"教练员领导行为、激励氛围与运动员动机内化转换逻辑概念图"和"教练执教行为、激励氛围与运动员动机内化"理论整合分析框架。在此基础上，本书还对研究内容进行了分层分析，为实证研究奠定了基础。

3 量表开发与检验

3.1 量表开发方案与设计依据

3.1.1 量表开发方案

运动心理学的研究范式要求任何心理特征的测度都要以理论建构、假设模型、经验性研究和数据分析为依托。本书的整体分析框架由理论分析和实证研究两部分构成。相关量表开发与检验是实证研究的基础，因此本书首先提出量表开发的方案，具体的阶段划分如下。

第一阶段，编制教练员领导行为量表、运动员目标导向量表、教练员激励氛围量表、运动员基本心理需求量表、运动动机量表、教练员支持行为量表、群体凝聚力量表。为保证量表内涵的准确性，笔者聘请英语专业翻译人员对所借鉴的英文量表进行转译，并且所有量表经过体育心理学专家的审议和修正，力图达到在尊重原量表的基础上适合中国排球运动员和教练员理解的目的。

第二阶段，在河南师范大学体育学院内部对大学生运动员和教练员进行实验性问卷填写，样本选取为本科二、三年级的大学生运动员和具有 5 年以上教学经验的体育教师。根据实验性填写的实际情况，笔者通过交流了解哪些题项出现语义模糊，哪些题项难以理解，并针对存在的问题对问卷进行进一步修正。

第三阶段，选取参加河南省青少年排球锦标赛的运动员进行实验性预调研，笔者通过教练员和运动员访谈进一步确定调研的主题内容，尽可能使调研量表题项更贴切地反映该主题的实际情况。

第四阶段，以 2013 年全国青少年排球锦标赛排球队为研究对象，进行正式预调研。

3.1.2 量表设计依据

本书设计的量表是根据所提出的"教练员领导行为、激励氛围与运动员动机内化"概念模型和理论分析框架，参照现有的、被业界认可的量表，结合受访对象的项目特征并加以修正而成。

1. 教练员领导行为量表

本书所采用的教练员领导行为量表是以 Chelladurai[①]的英文版 LSS 量表为蓝本，同时以马红宇[②]修订过的运动教练员领导行为量表为参照，依据排球运动项目特征，通过访谈教练员和员，并加以修正、改编而成。

该量表主要目的是了解运动员对教练员领导行为的知觉感知，而非实际教练员领导行为或运动员偏爱的教练员领导行为，因此运动员根据实际情况和感知知觉自行填写。修正后的量表由 5 个维度构成，共 31 个题项，包括：①"训练与指导行为"共 7 个题项，例如，"教练帮助队员改善在训练比赛中的不足"；②"民主行为"共 7 个题项，例如，"教练会充分征求队员对训练强度和内容的反馈意见"；③"专制行为"共 6 个题项，例如，"制订训练计划时，教练员不会考虑队员的意见"；④"社会支持行为"共 5 个题项，例如，"教练员总是帮助队员解决个人生活问题"；⑤"正面反馈"共 6 个题项，例如，"教练员在队员表现优异时，会在其他队员面前赞扬"。

2. 运动员目标导向量表

本书所采用的运动员目标导向量表主要用于测量和评估运动员自身所具备

---

① CHELLADURAI, P. Discrepancy between preferences and perceptions of leadership behavior and satisfaction of athletes in varying sports[J]. Journal of Sport Psychology, 1984, 6（1）：27-41.

② 马红宇. 我国高水平手球队群体凝聚力的研究[R]. 中国科学院心理研究所博士后出站报告, 2004: 12-30.

的运动目标取向特质，以 Duda[①]的运动任务与自我导向量表（Task and Ego Orientation in Sport Questionnaire，TEOSQ）为蓝本，结合陈坚和姒刚彦[②]提出的"运动中任务导向和自我导向问卷"和排球项目特征最终修订而成。该量表由任务导向和自我导向 2 个维度构成，共 13 个题项。其中任务导向维度有 8 个题项，例如，"当我掌握某种技术动作时，我有成就感"；自我导向维度有 5 个题项，例如，"比赛中得分最多时，我有成就感"。

3. 教练员激励氛围量表

由于国内本土化的研究较少，本研究直接采用 Newton 所制的 PMCSQ-2 原始量表，通过翻译校正后的中文版本来测量在排球项目中运动员感知到教练员营造的激励氛围的程度。该量表由掌握氛围或称为任务参与和表现氛围或称为自我参与 2 个维度构成。

掌握氛围由努力与进步、合作学习、角色认同 3 个子维度，共 17 个题项构成。例如：努力与进步题项"在团队中，教练员总是强调你要付出努力"；合作学习题项"在团队中，教练员要求我们训练中的配合要相互默契"；角色认同题项"在团队中，教练员让每个队员感到自己是重要的团队成员之一"。

而表现氛围则由厚此薄彼、错误惩罚、队内竞争 3 个子维度，共 16 个题项构成。例如，厚此薄彼题项"在团队中，教练员给予主力运动员更多的关注"；错误惩罚题项"在团队中，教练员会因为运动员的失误而愤怒"；队内竞争题项"在团队训练中，教练员鼓励我们队内相互竞争"。

4. 运动员基本心理需求量表

本书的主要目的在于考察教练员所营造的外界激励氛围对运动员动机形成的影响机理，尽管已有学者证明外界情境的干预对运动员内部动机的形成具有影响，并基于整合调节理论对此展开了相关研究，然而 Reeve 则认为应该从基本心理需求的自主感、胜任力和归属感满足视角对此做出解读，关注基本心理需求在自我决定动机形成中的中介作用。因此本书关于基本心理需求的量表由感知胜任力量表、感知自主感量表和感知归属感量表三个量表构成。

① DUDA，J L & S A WHITE & C M SULLIVAN. The relationships of gender，level of sport involvement，and participation motivation to goal orientation [R]. San Francisco，California: American Alliance for Health，Physical Education，Recreation and Dance in the Research Consortium Meetings，1991.

② 陈坚，姒刚彦.《运动中任务导向和自我导向问卷》与《学业中任务导向和自我导向问卷》的初步检验[J]. 湖北体育科技，1998，（3）：44-47

感知胜任力量表参考了 Amorose[①]和 Hollembeak 等[②]的"感知胜任力量表"并结合排球运动特征修正而成，主要考察运动员在运动中的能力感知情况，量表由 5 个题项构成。例如，"我对自己训练和比赛中的能力感到满意。"

感知自主感量表参考了 Hollembeak 等的"感知自主感量表"并结合排球运动特征修正而成，主要考察运动员在运动中对自身行为具有选择权和决定权的感知程度，量表由 5 个题项构成。例如，"我有一定权利决定或改进训练方式与内容。"

感知归属感量表以 Richer 等[③]的"归属感感知量表"为基本框架和蓝本并结合 Hollembeak 等的"感知自主感量表"修正而成，主要考察运动员在运动中对团队合作融洽关系的感知，量表由 5 个题项构成。为满足该量表在团体项目中的适用性，笔者在每个题项前加上"在团队中……"。例如，"在团队中，我感到受到教练的支持。"

5. 运动动机量表

运动动机量表以 Pelletier 的"自我决定动机取向（Self-determined Motivational Orientation，SMO）量表为依据，结合了 Standage 研究中的简化量表，考察了有机整合调节理论下的运动员运动动机，包括内在动机、认同调节、内摄调节、外在调节 4 个维度，共 22 个题项。内在动机题项共 5 项，例如，"当我全力投入训练或比赛时，我会获得一种兴奋感"；认同调节题项共 5 项，例如，"参与训练和比赛能够提高自身的竞技水平"；内摄调节题项共 7 项，例如，"参与训练和比赛能让我认识的人重视我"；外在调节题项共 5 项，例如，"参与训练和比赛可以让我获得荣誉和社会地位"。

6. 教练员支持行为

教练员作为运动团队中重要的社会环境因子载体，教练员支持行为是围绕运动员基本心理需求满足而提供的一种社会环境因子。教练员支持行为量表包括：

① AMOROSE，A J. Reflected appraisals and perceived importance of significant others' appraisals as predictors of college athletes' self-perceptions of competence[J]. Research Quarterly for Exercise and Sport，2003，74：60-70.

② HOLLEMBEAK，J & A J AMOROSE. Perceived coaching behaviors and college athletes' intrinsic motivation: A test of self-determination theory [J]. Journal of Applied Sport Psychology，2005，17（1）：20-36.

③ RICHER，S F & R J VALLERAND. Construction and validation of the Relatedness Feeling Scale[J]. Eur Rev Applied Psychology，1998，48：129-37.

自主性支持、胜任力支持和归属感支持三个维度。其中自主性支持依据 William[①]的健康情况测评（Health Care Climate Questionnaire，HCCQ）量表修订而成，以使其适用于团体运动项目。量表由 7 个题项构成，例如，"教练员会充分听取我们的意见"。胜任力支持和归属感支持借助运动员基本心理需求量表，从教练员支持行为视角编制，例如，胜任力支持中"教练员对我们充满信任"，归属感支持中"教练员经常灌输我们团队意识"。

7. 群体凝聚力量表

群体凝聚力量表依据华中师范大学张影[②]的硕士论文《不同项目运动队群体凝聚力的多层分析》中群体环境量表修正而成。量表包括 4 个维度，分别是群体社交吸引、群体任务吸引、群体社交一致性和群体任务一致性，共 15 个题项。群体社交吸引题项共 4 项，例如，"我很荣幸能在这个队里训练和比赛"；群体任务一致性题项共 4 项，例如，"我们在比赛和训练中是团结一致的"；群体任务吸引题项共 4 项，例如，"我对比赛中我所担当的任务和角色满意"；群体社交一致性题项共 3 项，例如，"比赛结束后，在闲暇时我们队的队员喜欢在一起消磨时间"。

以上量表均采用李克特 5 点等距量表（5-point likert scale）予以计分，其中 1 代表非常不同意，2 代表不同意，3 代表一般，4 代表比较同意，5 代表非常同意。分数越高表明运动员越认同。

3.2 量表数据采集与预检验

3.2.1 量表数据采集

1. 预测对象的选择

本步骤的主要目的在于通过对预调研对象的实地测试，对量表进行优化。笔者利用参加 2013 年全国青少年 U20 女排锦标赛和全国青少年 U21 男排锦标赛的时机，对青少年队男女排球队队员进行了初步预调研，通过对调研的数据进行分

---

① WILLIAMS，G C & V M GROW & Z R FREEDMAN & R M RYAN & E L DECI. Motivational predictors of weight loss and weight−loss maintenance[J]. Journal of Personality and Social Psychology，1996，70：115−126.

② 张影. 不同项目运动队群体凝聚力的多层分析[D]. 武汉：华中师范大学，2006.

析，进一步优化正式调研问卷。选择参加全国青少年锦标赛的运动员作为预调研的对象，基于以下几个方面的考虑。①正式调研的前一年，正好举办全国青少年排球锦标赛，且男女排球运动员和来年正式调研对象的年龄和水平相一致；②笔者可以以工作人员的身份随河南省青少年男子排球队到漳州基地赛场，便于发放和回收问卷。与此同时，笔者还委托了女排教练协助四川内江基地的问卷发放和回收。

2. 问卷的发放与填写

本步骤主要目的在于确定比赛日期与场地，并与相关领导和各队教练或领队取得联系，通过沟通交流，取得对方对研究内容的认同，并获得测试许可，以辅助本研究进行问卷和量表的填写。

3. 比赛日期与参赛地

依据全国排球协会的安排，2013 年中国青少年排球锦标赛于 2013 年 11 月 11 日至 17 日在福建漳州训练基地和四川内江举办。

4. 联系与沟通工作

笔者到达赛区以后，与河南省教练员和赛事组织中心领导取得联系与沟通，说明本次调研需求，取得领导和教练员或领队的认同和帮助，解决了测试场所问题。比赛期间采用朋友介绍和自主联系相结合的方式，笔者在征得主教练或领队同意并授权球队队长的基础上，通过与球队队长协商，由球队队长组织本队球员在赛区会议室集中填写问卷和量表。

5. 问卷的发放与回收

为保障问卷和量表调研的质量，笔者在各队调研之前先与各队队长进行简要沟通，目的有 3 个。首先，通过与各球队队长的交流，增加彼此的了解，增进友谊和情感；其次，协商安排球队测试时间，预估可能出现的问题；最后，引导球队队长利用其在球队的影响力，带领队员尽可能认真地、客观地填写问卷和量表。

在会议室发放问卷之前，研究者首先向被调查的球员解释本研究问卷和量表调研的目的，简要说明填写的注意事项及其重要性，争取运动员的积极配合；其次，在球队队长的协助下发放调研表，并现场对调研问卷和量表的填写进行相关指导；最后，现场回收填写完毕的问卷。

本次对 2013 年全国青少年男女排球锦标赛的实地调研，共计发放问卷 480 份，实际回收 480 份。其中男排发放问卷 232 份，女排发放问卷 248 份；男排实际回收 232 份，女排实际回收 248 份。在所有问卷回收之后，我们先对问卷进行了检查，将填写不完整及问卷填写人具有明显应付倾向的问卷给予删除，最后得到有效问卷 445 份。其中男排 210 份，女排 235 份。问卷发放和回收情况见表 3–1。

表 3–1 问卷的发放与回收一览表　　　　　单位：份

	发放量	回收量	因填写不完整被剔除的问卷	因应付被剔除的问卷	有效问卷
男排	232	232	13	9	210
女排	248	248	8	5	235

3.2.2　预调研量表效度分析

项目分析旨在提升问卷题项的有效性，借此提高测试问卷检测的信度和效度。依据研究目的不同，可以采用不同的分析方法，为了提高测试题项的有效性，本书采用综合分析方法：第一，验证各题项回答数据是否服从正态分布，以检验题项回答数据是否偏离过大；第二，通过内部一致性效标法对各题项的鉴别度进行分析，同时运用相关分析法对题项进行判断。

1. 量表题项偏态与峰度检验

依据正态分布特性，样本测试题项回答的次数分布应呈现中间集中而左右两端呈逐渐均匀分散的曲线状态。在标准化的样本中题项回答的分值应服从正态分布，如果样本中检测分数不能呈现正态分布，而呈现显著的偏态，则表示题项设置偏难或过于简单，都不能有效适用于不同个体差异之间的受试样本。越偏离说明其检测品质越不好。判断回收的调查样本数据的次数分配是否为正态分布，可以依据统计原理通过样本资料数据的偏度与峰度进行观测。当测试题项偏度和峰度处于正负 1 之间说明该题项的样本数据呈现正态分布；反之，当其绝对值大于 1 时，说明样本对该题项的填写状况与正态分布有较大偏离，可以删除该题项。

（1）教练员领导行为预测量表偏度与峰度检验。

教练员领导行为预测问卷共计 31 道题项，研究者回收预测样本数据后，利用问卷题项偏度与峰度检验进行项目分析，找出偏度或峰度绝对值大于 1 的题项，分别是 1、10、18，共计 3 个题项，并予以删除。教练员领导行为预测问卷偏度和峰度检测的项目分析结果见表 3–2。

表 3-2   教练员领导行为预测问卷偏度、峰度检验表

编号	题项	均值 Mean	标准差 Std.Deviation	偏度 Skewness	峰度 Kurtosis
1	教练员向我们解释运动技术和战术动作要领	3.9605	.90051	−.961	1.260
2	教练员鼓励队员针对训练中的问题自己找答案	3.9887	.88542	−.475	−.380
3	对重要事情做决定时，教练员能事先征求队员的意见	3.9492	.82069	−.217	−.811
4	教练员鼓励队员能自己设定训练目标和采取措施	4.0056	.86928	−.483	−.311
5	教练员帮助队员改善在训练比赛中的不足	4.0565	.76662	−.556	.078
6	教练员总是对队员表示关心	4.0169	.80816	−.358	−.612
7	教练员制定训练内容负荷时会与队员进行沟通	3.8983	.98330	−.592	−.174
8	教练员通过训练提高队员的技术与战术水平	4.0621	.78450	−.681	.684
9	教练员鼓励与引导队员之间互相帮助、互相提高	4.0847	.78959	−.502	−.317
10	教练员总是用命令的口气跟队员说话	2.7401	1.35690	.289	−1.098
11	教练员在队员能力表现良好时，会在其他队员面前赞扬	3.9096	.80677	−.490	.253
12	教练员总是帮助解决队内的矛盾与冲突	3.8192	.86015	−.454	.190
13	教练员对队员表现好时，会给予口头赞扬	4.0452	.73716	−.244	−.625
14	教练员清楚地向队员讲解技战术在比赛中的作用	4.0678	.80194	−.525	−.271
15	教练员会充分征求队员对比赛战术和策略的意见	4.0056	.85611	−.560	−.049
16	教练员鼓励队员就训练比赛提出个人建议	3.9831	.86913	−.545	−.120
17	教练员总是会花大量的时间对队员的表现做出评价	3.8983	.89242	−.429	−.348
18	教练员总是表现得很严厉，拒人于千里之外	2.7062	1.37494	.318	−1.125
19	教练员总是帮助队员解决个人生活问题	3.6610	.89716	−.374	.090

续表

编号	题项	均值 Mean	标准差 Std.Deviation	偏度 Skewness	峰度 Kurtosis
20	教练员总是充分考虑到每个队员的个人需求	3.8362	.85363	−.621	.759
21	教练员会针对每个队员的表现做出具体的评价	3.9831	.79397	−.452	.146
22	教练员清楚地向队员解释技战术比赛中具体应用的策略	4.0508	.84121	−.502	−.497
23	教练员能告诉队员他在什么时候表现得特别好	4.0282	.77920	−.268	−.740
24	教练员执教过程中清楚地表达对队员训练和比赛的具体要求	3.9718	.86884	−.576	−.030
25	教练员会充分征求队员对训练强度和内容的反馈意见	3.8977	.87557	−.471	−.182
26	在训练比赛中，教练员只要求队员应怎样做，而不说明为什么	2.9153	1.22875	.182	−.887
27	制订训练计划时，教练员不会考虑队员的意见	2.7966	1.28514	.192	−.945
28	在队员表现好时，教练员会表达感谢	3.8588	.89019	−.207	−.881
29	教练员能明确地指出每个队员在训练比赛中的优缺点	4.0113	.87898	−.530	−.267
30	对重要事情做决定时，教练员不会考虑队员的意见	2.7910	1.30398	.208	−.936
31	教练员要求队员无条件接受他的意见	2.7006	1.39221	.345	−.889

注：表格中深色部分表示删除的题项。

（2）教练员激励氛围预测问卷的偏度与峰度检验。

教练员激励氛围预测问卷共计 33 道题项，研究者回收预测样本数据后，利用问卷题项偏度与峰度检验进行项目分析，找出偏度或峰度绝对值大于 1 的题项，分别是 8、9、11、16、27，共计 5 个题项，并予以删除。教练员激励氛围预测问卷偏度和峰度检测的项目分析结果见表 3-3。

表 3-3 教练员激励氛围预测问卷偏度、峰度检验表

题号	题项	均值 Mean	标准差 Std.Deviation	偏度 Skewness	峰度 Kurtosis
1	在团队中，教练员会针对队员的竞技弱点，帮助和要求队员认真进行针对性训练	4.2599	.79788	−.842	.070
2	在团队中，教练员要求队员在训练中的配合要默契	4.3333	.69631	−.560	−.807
3	在团队中，教练员让每个队员觉得自己扮演着重要的角色	4.0226	.83227	−.581	.120
4	在团队中，当队员表现不好时，教练员会表达强烈不满	2.9887	1.05523	.081	−.413
5	在团队中，教练员对待主力队员和替补队员的态度不同	3.1412	1.25560	−.096	−.959
6	在团队中，只有那些表现优异的队员能得到教练员的赏识	3.1412	1.20007	−.096	−.901
7	在团队中，只有你表现优异才有机会上场比赛	3.8192	.92998	−.446	−.231
8	在团队中，教练员更喜欢某些队员，不喜欢另一些队员	2.8870	1.36877	.031	−1.221
9	在团队中，教练员鼓励队员努力完善与改进自身的技术动作	4.2881	.83362	−1.121	1.051
10	在团队中，教练员引导队员提高竞技水平、增强成就感	4.1751	.79619	−.735	.072
11	在团队中，教练员非常强调训练质量的提高	4.2147	.83204	−1.080	1.473
12	在团队中，教练员相信所有队员对团队的成功都很重要	4.2147	.76812	−.769	.241
13	在团队中，队员会因为犯错而受到惩罚	3.1638	1.11867	−.156	−.580
14	在团队中，当我训练表现超越队友时，才会得到教练员的表扬	3.0565	1.12673	−.040	−.710
15	在团队中，教练员能让每个队员认识到自身的长处	4.2034	.74115	−.515	−.453
16	在团队中，教练员要求队员认真踏实地做好过程	4.3842	.76081	−1.167	1.008
17	在团队中，教练员鼓励队员互帮互学，共同提高	3.8192	.92998	−.446	−.231

题号	题项	均值 Mean	标准差 Std.Deviation	偏度 Skewness	峰度 Kurtosis
18	在团队中，教练员对主力队员给予更多的偏爱和优待	3.0621	1.27991	−.200	−.953
19	在团队训练中，教练员鼓励队内相互竞争	3.4294	1.10105	−.451	−.300
20	在团队中，教练员很清楚谁是最好的队员	3.6328	1.02005	−.642	.084
21	在团队中，队员会因为惩罚而害怕犯错误	2.9944	1.26804	−.006	−.962
22	在团队中，教练员能通过不断的努力，帮助队员克服技能上的缺陷	4.2316	.75942	−.731	.085
23	在团队中，教练员鼓励队员相互切磋、交流	4.1299	.81188	−.887	.928
24	在团队中，教练员会对努力训练的队员提出表扬	4.2486	.73493	−.689	.040
25	在团队中，教练员会因为队员的失误而愤怒	3.0452	1.17173	−.003	−.734
26	在团队中，当我训练水平超越队友时，我会有成就感和幸福感	3.5706	1.03728	−.392	−.209
27	在团队中，教练员只认为主力队员对球队成功做出贡献	3.1582	1.22838	−.157	−1.012
28	在团队中，教练员总是强调你要付出努力	4.1695	.81504	−.640	−.033
29	在团队中，教练员要求队员共同探讨问题，共同提高	4.2712	.76494	−.813	.147
30	在团队中，教练员经常会惩罚犯错误的队员	2.8701	1.12818	.067	−.624
31	在团队中，教练员让每个队员感到自己是重要的团队成员之一	4.1469	.80545	−.472	−.756
32	在团队中，尽管队员的竞技水平不同，但是教练员认为每个人对团队成功都很重要	4.2542	.81030	−.757	−.315
33	在团队中，教练员总是给予主力队员更多的关注	3.6158	1.06033	−.626	−.200

注：表格中深色部分表示删除的题项。

（3）运动员目标导向预测问卷的偏度与峰度检验。

运动员目标导向预测问卷共计 31 道题项，研究者回收预测样本数据后，利用问卷题项偏度与峰度检验进行项目分析，找出偏度或峰度绝对值大于 1 的题项（只有第 1 题项），并将其删除。运动员目标导向预测问卷偏度和峰度检测的项目分析结果见表 3-4。

表 3-4　运动员目标导向预测问卷偏度、峰度检验表

编号	题项	均值 Mean	标准差 Std.Deviation	偏度 Skewness	峰度 Kurtosis
1	当别人表现得很糟糕，但我表现很好的时候，我有成就感	2.8023	1.33587	.137	−1.095
2	当我所学的东西使我想去训练尝试时，我有成就感	4.1695	.79385	−.589	−.395
3	当我学会新的技能时，我有成就感	4.0621	.83365	−.653	−.075
4	当我尽最大努力训练时，我有成就感	4.0282	.86884	−.633	.255
5	当我在比赛中状态出色时，我有成就感	4.0282	.84227	−.458	−.555
6	当我努力去尝试新的技术动作时，我有成就感	4.1017	.76933	−.403	−.559
7	当其他队员表现不如我时，我有成就感	2.9435	1.25552	.020	−.955
8	当我掌握了某种技术动作时，我有成就感	4.0226	.87876	−.959	.988
9	当所学的技能和知识应用得得心应手时，我有成就感	4.1977	.79801	−.643	−.364
10	当我非常努力地投入训练时，我有成就感	4.0678	.90198	−.933	.931
11	当我在训练和比赛中得分最多时，我有成就感	3.7571	1.03505	−.772	.507
12	当我表现得比其他队员更好时，我有成就感	3.6384	1.01930	−.658	.238
13	当我学习到有趣的新知识时，我有成就感	4.1073	.86917	−.893	.797

注：表格中深色部分表示删除的题项。

（4）运动员基本心理需求预测问卷的偏度与峰度检验。

运动员基本心理需求预测问卷共计 15 道题项，研究者回收预测样本数据后，利用问卷题项偏度与峰度检验进行项目分析，发现各题项偏度或峰度绝对

值小于1，说明排球运动员基本心理需求预测问卷各题项均通过检验。运动员基本心理需求预测问卷偏度和峰度检测的项目分析结果见表3-5。

表3-5　运动员基本心理需求预测问卷偏度、峰度检验表

编号	题项	均值 Mean	标准差 Std.Deviation	偏度 Skewness	峰度 Kurtosis
1	我感到训练中我有足够的自由和话语权	3.5198	1.08235	−.364	−.525
2	我训练努力是因为我渴望训练	3.7514	.86950	−.438	.118
3	我认为我具备优秀运动员的潜质	3.7514	.84967	.051	−.890
4	在团队中，我感到教练员非常重视我	3.8136	.86880	−.206	−.725
5	我对我的训练表现感到满意	3.6554	.73846	.050	−.385
6	在团队中，我感到受到教练员的支持	3.9605	.84182	−.618	.246
7	训练后我对我的竞技能力充满信心	3.8136	.78642	.059	−.841
8	在团队中，我感到教练员能听取我的意见	3.7966	.86168	−.133	−.778
9	我可以在一定程度上灵活地掌握训练量	3.6893	.91673	−.461	.052
10	在团队中，我感到受到教练员的理解	4.0169	.82210	−.466	−.402
11	我感到通过训练我的竞技水平有所提高	3.9887	.85273	−.646	.203
12	我有一定权利决定自己希望增强的训练技能	3.5480	.91652	−.412	.078
13	在团队中，我感到教练员将我当作家人一样看待	4.0395	.91305	−.668	−.179
14	我有一定权利决定或改进训练方式与内容	3.0791	1.03598	−.067	−.566
15	我对自己训练和比赛中的能力感到满意	3.7684	.90924	−.120	−.703

（5）运动动机预测问卷的偏度与峰度检验。

运动动机预测问卷共计22个题项，研究者回收预测样本数据后，利用问卷题项偏度与峰度检验进行项目分析，发现各题项偏度或峰度绝对值小于1，说明运动动机预测问卷各题项均通过检验。运动动机预测问卷偏度和峰度检测的项目分析结果见表3-6。

表 3-6　运动动机预测问卷偏度、峰度检验表

题号	题项	均值 Mean	标准差 Std.Deviation	偏度 Skewness	峰度 Kurtosis
1	参与训练和比赛可以帮助我学习其他的生活技能	4.0282	.84227	-.515	-.126
2	参与训练和比赛是因为教练员要求我这样做	3.1469	1.11340	-.120	-.548
3	当我掌握一定难度的运动技能时,我会获得一种个人满足	3.8870	.87821	-.693	.690
4	参与训练和比赛能使我认识更多的人	4.0847	.81089	-.545	.009
5	参与训练和比赛能让我认识的人重视我	3.7345	.92478	-.231	-.603
6	参与训练和比赛可以让我获得荣誉和社会地位	3.5480	.97071	-.231	-.292
7	我从事该项目是希望在该项目界有好的声望	3.5932	1.04640	-.356	-.255
8	训练与比赛中,我对该项目的运动越了解时,我的兴趣会越高	4.1356	.84189	-.840	.804
9	当我没有认真参与训练时,我会心里不舒服	3.7514	.95662	-.388	-.238
10	参与训练和比赛可以让我在物质上获得一些好处	3.4576	.99411	-.215	-.355
11	当我全力投入训练或比赛时,我会获得一种兴奋感	4.1073	.78682	-.617	-.016
12	当我领悟到某种新的运动技能提升方法时,我会感到愉快	4.1695	.77941	-.525	-.523
13	参与训练和比赛是我与朋友保持良好关系的重要途径	4.1017	.81940	-.567	-.356
14	参与训练和比赛是要向其他人证明自己的价值	3.7740	.97398	-.614	.078
15	参与训练和比赛是获得自身其他方面素质提升的一种途径	4.1751	.77449	-.537	-.473
16	我认为从事该项目是别人发现我棒的最好方法	3.6384	.94406	-.119	-.531
17	我参与训练和比赛是因为希望获得好的运动成绩	3.9322	.84338	-.445	-.101

续表

题号	题项	均值 Mean	标准差 Std.Deviation	偏度 Skewness	峰度 Kurtosis
18	当我的运动技能不断获得提升时，我会获得一种满足感	4.1299	.83941	−.833	.535
19	参与训练和比赛能够提高自身的竞技水平	4.1695	.73436	−.452	−.452
20	我喜欢在大众面前展示自己的运动技能有多棒	3.6723	.98568	−.490	.129
21	参与训练和比赛可以让我获得他人的认可	3.8701	.87260	−.418	−.231
22	只有在参与训练和比赛的过程中，我才能感觉自己是最好的	3.6723	1.00282	−.363	−.353

（6）教练员支持行为预测问卷的偏度与峰度检验。

教练员支持行为预测问卷共计 13 个题项，研究者回收预测样本数据后，利用问卷题项偏度与峰度检验进行项目分析，发现各题项偏度或峰度绝对值小于 1，说明教练员支持行为预测问卷各题项均通过检验。教练员支持行为预测问卷偏度和峰度检测的项目分析结果见表 3-7。

表 3-7　教练员支持行为预测问卷偏度、峰度检验表

编号	题项	均值 Mean	标准差 Std.Deviation	偏度 Skewness	峰度 Kurtosis
1	教练员鼓励我们在训练中多问问题	4.2593	1.08635	−.367	−.535
2	教练员经常灌输我们团队意识	4.1524	.87970	−.437	.116
3	教练员会让我们对自己的能力有信心	3.8415	.85697	.063	−.899
4	如果我们在训练中表现优异，教练员会感到快乐	4.4263	.87220	−.226	−.752
5	教练员对我们充满信任	3.9645	.74863	.061	−.377
6	教练员重视我们每一个队员	3.8975	.84271	−.617	.251
7	教练员对我们训练中所体现的能力充满信心	4.1636	.78642	.069	−.852
8	教练员会充分听取我们的意见	3.6964	.86681	−.134	−.787

续表

编号	题项	均值 Mean	标准差 Std.Deviation	偏度 Skewness	峰度 Kurtosis
9	我们感到教练员能对我们训练中的问题给予理解	3.9169	.83211	−.456	−.432
10	球队出现问题后,教练员会咨询大家的想法	3.4486	.93562	−.423	.087
11	教练员在训练中会考虑我们的感受与身体状况	3.9385	.93105	−.676	−.182
12	教练员鼓励我们尝试新的训练方法与训练内容	3.0681	1.12487	−.074	−.556
13	教练员帮助我们提高训练水平	4.5684	.91824	−.170	−.711

（7）群体凝聚力预测问卷偏度与峰度检验。

群体凝聚力预测问卷共计 15 个题项,研究者回收预测样本数据后,利用问卷题项偏度与峰度检验进行项目分析,找出偏度或峰度绝对值大于 1 的题项,分别是第 10、15 题,共计 2 个题项,并将其删除。群体凝聚力预测问卷偏度和峰度检测的项目分析结果见表 3-8。

表 3-8 群体凝聚力问卷偏度、峰度检验表

编号	题项	均值 Mean	标准差 Std.Deviation	偏度 Skewness	峰度 Kurtosis
1	我对我们队的求胜欲感到高兴	4.33	.730	−.866	.295
2	这个队为我个人成绩的提高提供了足够的机会	4.16	.836	−.550	−.745
3	我喜欢我们队的战术打法	4.12	.831	−.499	−.705
4	我对比赛中我所承担的任务和担当的角色感到满意	4.11	.900	−.729	−.117
5	我愿意经常参加队内的聚会或集体活动	4.21	.766	−.896	1.796
6	如果有一天我离开这个队伍,我会惦念队友	4.30	.623	−.912	.200
7	很多队员都是我场下的好朋友	4.31	.656	−.964	.421
8	我很荣幸能在这个队里训练和比赛	4.39	.611	−.887	.887

续表

编号	题项	均值 Mean	标准差 Std.Deviation	偏度 Skewness	峰度 Kurtosis
9	我们在比赛和训练中是团结一致的	4.38	.626	−.924	−.188
10	所有队员都有共同的训练比赛目标	4.40	.635	−1.254	2.060
11	在训练比赛中,任何人遇到问题,其他队员都愿意给予帮助	4.34	.631	−.918	−.289
12	在比赛或训练期间,队员之间会针对每个人所承担的任务和扮演的角色坦诚地交换意见	4.33	.690	−.882	−.027
13	我们队的队员经常在一起聚会	4.12	.937	−.793	.019
14	比赛结束后,在闲暇时我们队的队员喜欢在一起消磨时间	3.89	.859	−1.049	1.283
15	除了比赛和训练,我们队的队员很少来往	2.06	1.308	1.072	.057

注:表格中深色部分表示删除的题项。

2. 预测量表内部一致性效标分析

内部一致性分析是将所有受试者填写的问卷的分值总分由高到低排序,总分分值排在前 27%的受试者构成高分组,总分值排在后 27%的受试者构成低分组。对两组样本做独立样本 t 检验,求出各题项的决断值(critical ratio,CR 值)。如果题项的 CR 值达到显著水平($p<0.05$),表示该题项可以鉴别不同受试者的差异;如 CR 值未达到显著水平($p>0.05$),表示该题项无法鉴别受试者之间的显著差异,应剔除该题项。

相关分析则要求计算各题项与其总分值之间的相关系数。当相关系数达到 0.35 以上且达到显著水平($p<0.05$)时,保留该题项;否则,剔除该题项。通过内部一致性效标分析可以从预调研问卷中梳理筛选出具有较强鉴别力的题项,进而形成正式问卷。

(1)教练员领导行为预测问卷内部一致性效标分析。

教练员领导行为预测问卷内部一致性效标和相关分析显示,题项决断值均达到显著水平,且相关系数达到 0.35 以上,因此这 33 个题项均有效。排球教练员领导行为预测问卷内部一致性效标分析结果见表 3-9。

表3-9　教练员领导行为预测问卷内部一致性效标分析表

题号	题项	决断值	相关系数
1	教练员向我们解释运动技术和战术动作要领	6.436***	.636**
2	教练员鼓励队员针对训练中的问题自己找答案	14.785***	.852**
3	对重要事情做决定时，教练员能事先征求队员的意见	12.053***	.752**
4	教练员鼓励队员能自己设定训练目标和采取措施	12.595***	.810**
5	教练员帮助队员改善在训练比赛中的不足	7.443***	.668**
6	教练员总是对队员表示关心	8.738***	.708**
7	教练员制定训练内容负荷时会与队员进行沟通	10.543***	.749**
8	教练员通过训练提高队员的技术与战术水平	7.898***	.656**
9	教练员鼓励与引导队员之间互相帮助、互相提高	8.671***	.709**
10	教练员总是用命令的口气跟队员说话	3.568**	.438**
11	教练员在队员能力表现良好时，会在其他队员面前赞扬	8.347***	.681**
12	教练员总是帮助解决队内的矛盾与冲突	10.335***	.807**
13	教练员在队表现好时，会给予口头赞扬	7.722***	.628**
14	教练员清楚地向队员讲解技战术在比赛中的作用	9.085***	.712**
15	教练员会充分征求队员对比赛战术和策略的意见	12.387***	.808**
16	教练员鼓励队员就训练比赛提出个人建议	11.260***	.753**
17	教练员总是会花大量的时间对队员的表现做出评价	10.577***	.786**
18	教练员总是表现得很严厉，拒人于千里之外	3.827***	.459**
19	教练员总是帮助队员解决个人生活问题	9.263***	.759**
20	教练员总是充分考虑到每个队员的个人需求	9.246***	.762**
21	教练员会针对每个队员的表现做出具体的评价	9.471***	.754**
22	教练员清楚地向队员解释技战术比赛中具体应用的策略	8.692***	.717**
23	教练员能告诉队员他在什么时候表现得特别好	8.168***	.682**
24	教练员执教过程中清楚地表达对队员训练和比赛的具体要求	7.860***	.688**
25	教练员会充分征求队员对训练强度和内容的反馈意见	11.194***	.775**
26	在训练比赛中，教练员只要求队员应该怎样做，而不说明为什么	4.233***	.476**
27	制订训练计划时，教练员不会考虑队员的意见	3.779***	.466**

续表

题号	题项	决断值	相关系数
28	在队员表现好时，教练员会表达感谢	12.592***	.805**
29	教练员能明确地指出每个队员在训练比赛中的优缺点	9.630***	.746**
30	对重要事情做决定时，教练员不会考虑队员的意见	2.596**	.369**
31	教练员要求队员无条件接受他的意见	4.447***	.504**

注：***表示 $P<0.001$；**表示 $P<0.01$。

（2）教练员激励氛围预测问卷内部一致性效标分析。

教练员激励氛围预测问卷内部一致性效标和相关分析显示，33 个题项决断值均达到显著水平，相关系数达到 0.35 以上，因此这 33 个题项均有效。教练员激励氛围预测问卷内部一致性效标分析结果见表 3-10。

表 3-10　教练员激励氛围预测问卷内部一致性效标分析表

题号	题项	决断值	相关系数
1	在团队中，教练员会针对队员的竞技弱点，帮助和要求我们认真进行针对性训练	5.574***	.664**
2	在团队中，教练员要求队员在训练中的配合要默契	3.321**	.407**
3	在团队中，教练员让每个队员觉得自己扮演着重要的角色	5.012***	.537**
4	在团队中，当队员表现不好时，教练员会强烈表达不满	7.249***	.650**
5	在团队中，教练员对待主力队员和替补队员的态度不同	5.924***	.555**
6	在团队中，只有那些表现优异的队员能得到教练员的赏识	7.355***	.666**
7	在团队中，只有你表现优异才有机会上场比赛	3.534**	.442**
8	在团队中，教练员更喜欢某些队员，不喜欢另一些队员	7.128***	.574**
9	在团队中，教练员鼓励队员努力完善与改进自身的技术动作	6.472***	.669**
10	在团队中，教练员引导队员提高竞技水平，增强成就感	3.824***	.511**
11	在团队中，教练员非常强调训练质量的提高	4.325***	.545**
12	在团队中，教练员相信所有队员对团队的成功都很重要	3.628***	.473**
13	在团队中，队员会因为犯错而受到惩罚	9.123***	.717**
14	在团队中，当我训练表现超越队友时，才会得到教练员的表扬	6.626***	.637**

续表

题号	题项	决断值	相关系数
15	在团队中，教练员能让每个队员认识到自身的长处	4.497***	.537**
16	在团队中，教练员要求队员认真踏实地做好过程	5.687***	.646**
17	在团队中，教练员鼓励队员互帮互学，共同提高	3.534**	.436**
18	在团队中，教练员对主力队员给予更多的偏爱和优待	6.922***	.550**
19	在团队训练中，教练员鼓励队内相互竞争	6.076***	.576**
20	在团队中，教练员很清楚谁是最好的队员	6.052***	.574**
21	在团队中，队员会因为惩罚而害怕犯错误	7.294***	.589**
22	在团队中，教练员能通过不断的努力，帮助队员克服技能上的缺陷	5.760***	.625**
23	在团队中，教练员鼓励队员相互切磋交流	4.264***	.473**
24	在团队中，教练员会对努力训练的队员提出表扬	4.398***	.545**
25	在团队中，教练员会因为队员的失误而愤怒	6.804***	.620**
26	在团队中，当我训练水平超越队友时，我会有成就感和幸福感	6.324***	.651**
27	在团队中，教练员只认为主力队员对球队成功做出贡献	8.760***	.643**
28	在团队中，教练员总是强调你要付出努力	4.228***	.520**
29	在团队中，教练员要求队员共同探讨问题，共同提高	5.827***	.613**
30	在团队中，教练员经常会惩罚犯错误的队员	7.293***	.630**
31	在团队中，教练员让每个队员感到自己是重要的团队成员之一	4.187***	.473**
32	在团队中，尽管队员的竞技水平不同，但是教练员认为每个人对团队成功都很重要	4.850***	.528**
33	在团队中，教练员总是给予主力队员更多的关注	6.248***	.614**

注：***表示 $P<0.001$；**表示 $P<0.01$。

（3）运动员目标导向预测问卷内部一致性效标分析。

运动员目标导向预测问卷内部一致性效标和相关分析显示，13 个题项决断值均达到显著水平，相关系数达到 0.35 以上，因此这 13 个题项均有效。运动员目标导向预测问卷内部一致性效标分析结果见表 3–11。

表 3-11　运动员目标导向预测问卷内部一致性效标分析表

题号	题项	决断值	相关系数
1	当别人表现得很糟糕，但我表现很好的时候，我有成就感	6.768***	.586**
2	当我所学的东西使我想去训练尝试时，我有成就感	9.137***	.689**
3	当我学会新的技能时，我有成就感	10.375***	.779**
4	当我尽最大努力训练时，我有成就感	7.475***	.627**
5	当我在比赛中状态出色时，我有成就感	6.801***	.634**
6	当我努力去尝试新的技术动作时，我有成就感	11.321***	.780**
7	当其他队员表现不如我时，我有成就感	8.407***	.672**
8	当我掌握了某种技术动作时，我有成就感	9.185***	.792**
9	当所学的技能和知识应用得得心应手时，我有成就感	8.436***	.693**
10	当我非常努力地投入训练时，我有成就感	10.117***	.766**
11	当我在训练和比赛中得分最多时，我有成就感	8.697***	.740**
12	当我表现得比其他队员更好时，我有成就感	10.589***	.782**
13	当我学习到有趣的新知识时，我有成就感	10.509***	.800**

注：***表示 $P<0.001$；**表示 $P<0.01$。

（4）运动员基本心理需求预测问卷内部一致性效标分析。

运动员基本心理需求预测问卷内部一致性效标和相关分析显示，33 个题项决断值均达到显著水平，相关系数达到 0.35 以上，因此这 33 个题项均有效。运动员基本心理需求预测问卷内部一致性效标分析结果见表 3-12。

表 3-12　运动员基本心理需求预测问卷内部一致性效标分析表

题号	题项	决断值	相关系数
1	我感到训练中我有足够的自由和话语权	10.229***	.739**
2	我训练努力是因为我渴望训练	12.275***	.833**
3	我认为我具备优秀运动员的潜质	12.189***	.811**
4	在团队中，我感到教练员非常重视我	10.665***	.800**
5	我对我的训练表现感到满意	9.514***	.751**
6	在团队中，我感到受到教练员的支持	12.218***	.811**

续表

题号	题项	决断值	相关系数
7	训练后我对我的竞技能力充满信心	12.870***	.827**
8	在团队中，我感到教练员能听取我的意见	12.956***	.859**
9	我可以在一定程度上灵活地掌握训练量	10.893***	.806**
10	在团队中，我感到受到教练员的理解	11.830***	.848**
11	我感到通过训练我的竞技水平有所提高	9.767***	.755**
12	我有一定权利决定自己希望增强的训练技能	9.710***	.793**
13	在团队中，我感到教练员将我当作家人一样看待	9.180***	.768**
14	我有一定权利决定或改进训练方式与内容	8.772***	.729**
15	我对自己训练和比赛中的能力感到满意	12.750***	.813**

注：***表示 $P<0.001$；**表示 $P<0.01$。

（5）运动动机预测问卷内部一致性效标分析。

运动员运动动机预测问卷内部一致性效标和相关分析显示，22 个题项决断值均达到显著水平，相关系数达到 0.35 以上，因此这 22 个题项均有效。运动员运动动机预测问卷内部一致性效标分析结果见表 3-13。

表 3-13　运动动机预测问卷内部一致性效标分析表

题号	题项	决断值	相关系数
1	参与训练和比赛可以帮助我学习其他的生活技能	9.102***	.664**
2	参与训练和比赛是因为教练员要求我这样做	8.853***	.721**
3	当我掌握一定难度的运动技能时，我会获得一种个人满足	6.187***	.555**
4	参与训练和比赛能使我认识更多的人	7.000***	.626**
5	参与训练和比赛能让我认识的人重视我	12.420***	.801**
6	参与训练和比赛可以让我获得荣誉和社会地位	10.947***	.786**
7	我从事该项目是希望在该项目界有好的声望	13.434***	.818**
8	训练与比赛中，我对该项目越了解，我的兴趣会越高	6.398***	.572**
9	当我没有认真参与训练时，我会心里不舒服	8.630***	.695**
10	参与训练和比赛可以让我在物质上获得一些好处	9.230***	.725**

题号	题项	决断值	相关系数
11	当我全力投入训练或比赛时，我会获得一种兴奋感	6.094***	510**
12	当我领悟到某种新的运动技能提升方法时，我会感到愉快	7.944***	.640**
13	参与训练和比赛是我与朋友保持良好关系的重要途径	8.278***	.662**
14	参与训练和比赛是要向其他人证明自己的价值	7.395***	.700**
15	参与训练和比赛是获得自身其他方面素质提升的一种途径	7.250***	.593**
16	我认为从事该项目是别人发现我棒的最好方法	13.526***	.826**
17	我参与训练和比赛是因为希望获得好的运动成绩	8.770***	.685**
18	当我的运动技能不断获得提升时，我会获得一种满足感	8.326***	651**
19	参与训练和比赛能够提高自身的竞技水平	6.072***	.556**
20	我喜欢在大众面前展示自己的运动技能有多棒	9.345***	.721**
21	参与训练和比赛可以让我获得他人的认可	9.555***	.709**
22	只有在参与训练和比赛的过程中,我才能感觉自己是最好的	11.392***	.779**

注：***表示 $P < 0.001$；**表示 $P < 0.01$。

（6）教练员支持行为预测问卷内部一致性效标分析。

教练员支持行为预测问卷内部一致性效标和相关分析显示，13 个题项决断值均达到显著水平，相关系数达到 0.35 以上，因此这 13 个题项均有效。教练员支持行为预测问卷内部一致性效标分析结果见表 3-14。

表 3-14　教练员支持行为预测问卷内部一致性效标分析表

题号	题项	决断值	相关系数
1	教练员鼓励我们在训练中多问问题	10.229***	.739**
2	教练员经常灌输我们团队意识	9.180***	.768**
3	教练员会让我们对自己的能力有信心	12.750***	.813**
4	如果我们在训练中表现优异，教练员会感到快乐	9.514***	.751**
5	教练员对我们充满信任	12.870***	.827**
6	教练员重视我们每一个队员	12.218***	.811**
7	教练员对我们训练中所体现的能力充满信心	10.665***	.800**

题号	题项	决断值	相关系数
8	教练员会充分听取我们的意见	8.772***	.729**
9	我们感到教练员能对我们训练中的问题给予理解	11.830***	.848**
10	球队出现问题后，教练员会咨询大家的想法	10.229***	.739**
11	教练员在训练中会考虑我们的感受与身体状况	9.710***	.793**
12	教练员鼓励我们尝试新的训练方法与训练内容	12.189***	.811**
13	教练员帮助我们提高训练水平	12.870***	.827**

注：***表示 $P<0.001$；**表示 $P<0.01$。

（7）群体凝聚力预测问卷内部一致性效标分析。

群体凝聚力预测问卷经内部一致性效标和相关分析显示，15 个题项决断值均达到显著水平，相关系数达到 0.35 以上，因此这 15 个题项均有效。群体凝聚力预测问卷内部一致性效标分析结果见表 3–15。

表 3–15　群体凝聚力预测量表内部一致性效标分析表

题号	题项	决断值	相关系数
1	我对我们队的求胜欲感到高兴	8.120***	.694**
2	这个队为我个人成绩的提高提供了足够的机会	8.222***	.737**
3	我喜欢我们队的战术打法	6.546***	.653**
4	我对比赛中我所承担的任务和担当的角色感到满意	7.147***	.726**
5	我愿意经常参加队内的聚会或集体活动	9.420***	.781**
6	如果有一天我离开这个队伍，我会惦念队友	8.947***	.787**
7	很多队员都是我场下的好朋友	8.434***	.827**
8	我很荣幸能在这个队里训练和比赛	6.398***	.576**
9	我们在比赛和训练中是团结一致的	8.703***	.795**
10	所有队员都有共同的训练比赛目标	7.230***	.755**
11	在训练比赛中，任何人遇到问题，其他队员都愿意给予帮助	7.094***	640**
12	在比赛或训练期间，队员之间会针对每个人所承担的任务和扮演的角色坦诚地交换意见	7.911***	.762**
13	我们队的队员经常在一起聚会	8.228***	.652**
14	比赛结束后，在闲暇时我们队的队员喜欢在一起消磨时间	7.593***	.714**
15	除了比赛和训练，我们队的队员很少来往	9.865***	.739**

注：***表示 $P<0.001$；**表示 $P<0.01$。

3.2.3　预测量表因子分析

本书采用因子分析法（Factor Analysis）作为量表效度的主要检验方式。就形式而言，因子分析法分为探索性因子分析法（Exploratory Factor Analysis）和验证性因子分析法（Confirmatory Factor Analysis）。两者的主要差异在于测量理论架构在分析过程中所扮演的角色与检验时机。就探索性因子分析法而言，测量变量的理论架构是因子分析后的产物，因子结构是由研究者从一组独立的测量指标或题项间主观判断后决定的一个具有计量合理性与理论适切性的结构，并以该结构来代表所测量的概念内容或构念特质，即理论架构的出现在探索性因子程序中是一个事后概念。相比之下，验证性因子分析法必须依托于既有的特定理论观点或概念架构，将其作为基础，然后借数学程序来确定评估该理论观点所导出的计量模型具有先验性，理论是一种事前概念。探索性因子分析法要达到的目的是建立量表或问卷的建构效度，而验证性因子分析法则是要验证此建构效度的适切性与真实性。

尽管本书所建构的部分理论框架和基础在国外的相关研究中获得了验证，然而这些基于西方心理学研究的，以欧美运动员为样本的研究是否适用于中国的本土化研究值得深入探讨。同时，由于所涉及的研究领域缺乏国内的实证研究支持，因此本书通过借鉴、翻译和修正国外量表，构建了这些变量的中文版量表，而修正的准确性、翻译的适切性都缺乏数据支撑和实证检验。因此本书预试各量表采用探索性因子分析法，以建立量表的建构效度，而建构效度旨在检验量表是否能具体呈现一个抽象的概念或特质。预试各量表首先采用主要成分因子分析法（Principal Component Analysis）抽取主要因子，再以最大变异法（Varimax）进行正交转轴，取其特征值（Eigen Values）大于 1 及共同因子负荷量（Factor Loading）大于 0.5 以上者，作为建构效度的检验标准。在探索性因子分析前需要对问卷题项做 KMO 和 Bartlett 球形检验。根据 Kaiser 提出的 KMO 值的决策标准，KMO 值在 0.7 以上，同时 Bartlett 球形检验值达到显著水平时，才可进行主要成分因子分析法提取公因子。

通过预测量表项目分析，经题项的峰度、偏度和内部一致性检验后，剔除教练员领导行为量表中的 1、10、18 题项，教练员激励氛围中的 8、9、11、16、27 题项，运动员目标导向量表中的题项 1，群体凝聚力量表中的 10、15 题项。

下列的探索性因子分析将不再列出以上题项。

1. 教练员领导行为预测量表因子分析

KMO 和 Bartlett 球形检验用以对采样充足度的 Kaisex-Meyer-Olkin 测度，MO 检验变量间的偏相关是否很小，Bartlett 球形检验则用于检验相关矩阵是否为单位阵，表明因子模型是否适合做主成分分析。

教练员领导行为量表的 KMO 值为 0.930，Bartlett 球形检验 χ^2 值为 3162.597，自由度 df 为 276，显著性 sig.＜0.001，表明量表数据样本合理，适合做主成分分析。采用最大正交旋转后，共萃取出特征值大于 1 的 5 个因子，且因子载荷都大于 0.5。5 个因子代表 5 个维度，结合其题项：① "训练与指导行为" 共计 7 个题项，题项号码分别是 5、8、14、22、24、29，因子载荷量介于 0.666 至 0.755 之间，变异量解释为 17.207%；② "专制行为" 共计 4 个题项，题项号码分别是 27、30、31、26，因子载荷量介于 0.859 至 0.930 之间，变异量解释为 17.030%；③ "民主行为" 共计 7 个题项，题项号码分别是 7、3、15、16、25、4、2，因子载荷量介于 0.588 至 0.764 之间，变异量解释为 15.450%；④ "正面反馈" 共计 6 个题项，题项号码分别是 23、11、13、21、17、28，因子载荷量介于 0.577 至 0.815 之间，变异量解释为 13.675%；⑤ "社会支持" 共计 5 个题项，题项号码分别是 12、19、20、6、9，因子载荷量介于 0.634 至 0.759 之间，变异量解释为 12.220%。经因子分析后，教练员领导行为预测量表因子分析摘要表及负荷量摘要表见表 3-16 和表 3-17。

表 3-16　教练员领导行为预测量表因子分析摘要表

	旋转成分矩阵 a				
	成分				
	1 训练与指导行为	2 专制行为	3 民主行为	4 正面回馈	5 社会支持
5 教练员帮助队员改善在训练比赛中的不足	.755	−.218	.262	.279	.226
8 教练员通过训练提高队员的技术与战术水平	.750	−.156	.248	.257	.221
14 教练员清楚地向队员讲解技战术在比赛中的作用	.690	−.173	.304	.262	.287
22 教练员清楚地向队员解释技战术比赛中具体应用的策略	.687	−.199	.311	.227	.278

续表

旋转成分矩阵 [a]

	成分				
	1 训练与指导行为	2 专制行为	3 民主行为	4 正面回馈	5 社会支持
24 教练员执教过程中清楚地表达对队员训练和比赛的具体要求	.685	−.161	.329	.210	.293
29 教练员能明确地指出每个队员在训练比赛中的优缺点	.666	−.108	.324	.167	.275
27 制订训练计划时，教练不会考虑队员的意见	−.063	.930	−.077	−.013	−.089
30 对重要事情做决定时，教练员不会考虑队员的意见	−.144	.902	−.079	−.002	−.070
31 教练员要求队员无条件接受他的意见	−.102	.897	−.090	−.045	.056
26 在训练比赛中，教练员只要求队员这样做，而不说明为什么	−.059	.859	−.056	−.020	−.046
7 教练员制定训练内容负荷时会与队员进行沟通	.233	−.065	.764	.233	.263
3 对重要事情做决定时，教练能事先征求队员的意见	.255	−.070	.747	.297	.256
15 教练员会充分征求队员对比赛战术和策略的意见	.389	−.086	.736	.228	.233
16 教练员鼓励队员就训练比赛提出个人建议	.307	−.101	.703	.283	.282
25 教练员会充分征求队员对训练强度和内容的反馈意见	.465	−.090	.646	.186	.258
4 教练员鼓励队员能自己设定训练目标和采取措施	.354	−.115	.604	.322	.205
2 教练员鼓励队员针对训练中的问题自己找答案	.339	−.053	.588	.348	.257
23 教练员能告诉队员他在什么时候表现得特别好	.220	−.006	.250	.815	.094
11 教练员在队员能力表现良好时，会在其他队员面前赞扬	.252	−.114	.233	.795	.166

续表

旋转成分矩阵ª

	成分				
	1 训练与指导	2 专制行为	3 民主行为	4 正面回馈	5 社会支持
13 教练员对队员表现好时，会给予口头赞扬	.338	−.161	.214	.714	.247
21 教练员会针对每个队员的表现做出具体的评价	.280	−.091	.280	.678	.344
17 教练员总是会花大量的时间对队员的表现做出评价	.230	.097	.202	.577	.342
28 在队员表现好时，教练员会表达感谢	.110	.129	.356	.577	.317
12 教练员总是帮助解决队内的矛盾与冲突	.320	.010	.286	.206	.759
19 教练员总是帮助队员解决个人生活问题	.258	.058	.281	.170	.716
20 教练员总是充分考虑到每个队员的个人需求	.254	−.056	.363	.244	.696
6 教练员总是对队员表示关心	.244	−.086	.240	.339	.638
9 教练员鼓励与引导队员之间互相帮助、互相提高	.343	−.157	.205	.345	.634

提取方法：主成分。

旋转法：具有 Kaiser 标准化的正交旋转法。

注：a 旋转在 6 次迭代后收敛。

表 3–17　教练员领导行为预测量表因子分析负荷量摘要表

因子	量表维度	特征值	解释变异量/%	累积解释变异量/%
因子 1	训练与指导行为	4.699	17.207	17.207
因子 2	专制行为	3.516	17.030	34.237
因子 3	民主行为	3.427	15.450	49.687
因子 4	正面反馈	3.232	13.675	63.362
因子 5	社会支持	3.362	12.220	75.582

2. 教练员激励氛围预测量表因子分析

教练员激励氛围预测量表的 KMO 值为 0.841，Bartlett 球形检验 χ^2 值为 2424.713，自由度 df 为 378，显著性 sig.<0.001，表明量表数据样本合理，适合

做主成分分析。采用最大正交旋转后，剔除因子载荷小于 0.5 的题项（"队内竞争" 14 题，"合作学习" 23 题），共萃取出特征值大于 1 的 6 个因子。6 个因子代表 6 个维度，结合其题项分别是：① "错误惩罚" 共计 5 个题项，题项号码分别是 30、4、13、25、21，因子载荷量介于 0.759 至 0.863 之间，变异量解释为 14.619%；② "努力与进步" 共计 5 个题项，题项号码分别是 10、28、22、24、1，因子载荷量介于 0.603 至 0.737 之间，变异量解释为 12.588%；③ "角色认同" 共计 5 个题项，题项号码分别是 31、32、12、3、15，因子载荷量介于 0.622 至 0.824 之间，变异量解释为 12.309%；④ "厚此薄彼" 共计 4 个题项，题项号码分别是 18、5、33、20，因子载荷量介于 0.713 至 0.841 之间，变异量解释为 10.391%；⑤ "队内竞争" 共计 4 个题项，题项号码分别是 26、7、19、6，因子载荷量介于 0.616 至 0.778 之间，变异量解释为 8.808%；⑥ "合作学习" 共计 3 个题项，题项号码分别是 2、29、17，因子载荷量介于 0.500 至 0.702 之间，变异量解释为 7.109%。经因子分析后，教练员激励氛围预测量表因子分析摘要表及负荷量摘要表见表 3–18 与表 3–19。

表 3–18　教练员激励氛围预测量表因子分析摘要表

旋转成分矩阵 [a]

	成分					
	1 错误惩罚	2 努力与进步	3 角色认同	4 厚此薄彼	5 队内竞争	6 合作学习
30 在团队中，教练员经常会惩罚犯错误的队员	.863	−.034	−.048	.189	.015	−.072
4　在团队中，当队员表现不好时，教练员会表达强烈不满	.861	−.031	.025	.131	.095	−.015
13 在团队中，队员会因为犯错而受到惩罚	.827	−.012	.130	.042	.196	.131
25 在团队中，教练员会因为队员的失误而愤怒	.826	−.002	−.002	.010	.176	.057
21 在团队中，队员会因为惩罚而害怕犯错误	.759	.029	−.106	.076	.114	−.093
10 在团队中，教练员引导我们提高竞技水平、增强成就感	−.037	.737	.136	.006	.076	.125
28 在团队中，教练员总是强调你要付出努力	.032	.724	.065	.163	−.082	.016
22 在团队中，教练员能通过不断的努力，帮助队员克服技能上的缺陷	−.062	.722	.256	−.034	.178	.228

续表

旋转成分矩阵 ª

	成分					
	1 错误惩罚	2 努力与进步	3 角色认同	4 厚此薄彼	5 队内竞争	6 合作学习
24 在团队中，教练员会对努力训练的队员提出表扬	.039	.705	.284	.022	−.110	.108
1 在团队中，教练员会针对队员的竞技弱点，帮助和要求队员认真进行针对性训练	−.026	.603	.321	.129	.164	.306
31 在团队中，教练员让每个队员感到自己是重要的团队成员之一	.074	.119	.824	−.084	.040	.033
32 在团队中，尽管队员的竞技水平不同，但是教练员认为每个人对团队成功都很重要	.003	.157	.750	−.026	.069	.295
12 在团队中，教练员相信所有队员对团队的成功都很重要	.008	.320	.697	−.112	.007	.028
3 在团队中，教练员让每个队员觉得自己扮演着重要的角色	−.040	.153	.676	.031	.119	.273
15 在团队中，教练员能让每个队员认识到自身的长处	−.109	.397	.622	.010	.120	.036
18 在团队中，教练员对主力队员给予更多的偏爱和优待	.216	−.040	−.138	.841	.080	−.172
5 在团队中，教练员对待主力队员和替补队员的态度不同	.198	.054	−.058	.773	.066	−.301
33 在团队中，教练员总是给予主力队员更多的关注	.083	.121	.056	.763	−.019	.185
20 在团队中，教练员很清楚谁是最好的队员	−.022	.075	−.049	.713	.228	.267
26 在团队中，当我训练水平超越队友时，我会有成就感和幸福感	.293	.111	.135	.040	.778	−.131
7 在团队中，只有你表现优异才有机会上场比赛	.077	−.001	−.041	−.051	.733	.281
19 在团队训练中，教练员鼓励队内相互竞争	.091	.024	.199	.163	.700	−.064
6 在团队中，只有那些表现优异的队员能得到教练员的赏识	.382	−.025	−.004	.325	.616	−.151
2 在团队中，教练员要求我们在训练中的配合要默契	−.052	.320	.311	−.039	−.067	.702

旋转成分矩阵 ª

	成分					
	1 错误惩罚	2 努力与进步	3 角色认同	4 厚此薄彼	5 队内竞争	6 合作学习
29 在团队中，教练员要求队员共同探讨问题，共同提高	.059	.371	.331	.177	.014	.619
17 在团队中，教练员鼓励队员互帮互学，共同提高	.010	.451	.180	−.100	.005	.500

提取方法：主成分。

旋转法：具有 Kaiser 标准化的正交旋转法。

注：a 旋转在 6 次迭代后收敛。

表 3-19　教练员激励氛围预测量表因子分析负荷量摘要表

因子	量表维度	特征值	解释变异量/%	累积解释变异量/%
因子 1	错误惩罚	3.801	14.619	14.619
因子 2	努力与进步	3.273	12.588	27.207
因子 3	角色认同	3.200	12.309	39.516
因子 4	厚此薄彼	2.702	10.391	49.907
因子 5	队内竞争	2.290	8.808	58.716
因子 6	合作学习	1.848	7.109	65.825

3. 运动员目标导向预测量表因子分析

运动员目标导向预测量表的 KMO 值为 0.867，Bartlett 球形检验 χ^2 值为 894.347，自由度 df 为 66，显著性 sig.<0.001，表明量表数据样本合理，适合做主成分分析。采用最大正交旋转后，剔除因子载荷小于 0.5 的题项（"自我导向"题项 1、12），因子共萃取出特征值大于 1 的 2 个因子。2 个因子代表两个维度，结合其题项分别是：① "任务导向"共计 8 个题项，题项号码分别是 13、2、3、6、10、9、4、8，因子载荷量介于 0.666 至 0.785 之间，变异量解释为 40.260%；② "自我导向"共计 3 个题项，题项号码分别是 11、5、7，因子载荷量介于 0.631 至 0.854 之间，变异量解释为 20.610%；经因子分析后，运动员目标导向预测量表摘要表及负荷量摘要表见表 3-20 与表 3-21。

表 3-20　运动员目标导向预测量表因子分析摘要表

旋转成分矩阵 ᵃ

题　项	成分	
	1 任务导向	2 自我导向
13　当我学习到有趣的新知识时，我有成就感	.785	.227
2　当我所学的东西使我想去训练尝试时，我有成就感	.767	.033
3　当我学会新的技能时，我有成就感	.745	.212
6　当我努力去尝试新的技术动作时，我有成就感	.745	.158
10　当我非常努力地投入训练时，我有成就感	.733	.143
9　当所学的技能和知识应用得得心应手时，我有成就感	.723	.072
4　当我尽最大努力训练时，我有成就感	.684	−.043
8　当我掌握了某种技术动作时，我有成就感	.666	.343
11　当我在训练和比赛中得分最多时，我有成就感	.165	.854
5　当我在比赛中状态出色时，我有成就感	.336	.658
7　当其他队员表现不如我时，我有成就感	−.055	.631

提取方法：主成分。

旋转法：具有 Kaiser 标准化的正交旋转法。

注：a 旋转在 3 次迭代后收敛。

表 3-21　运动员目标导向预测量表因子分析负荷量摘要表

因子	量表维度	特征值	解释变异量/%	累积解释变异量/%
因子 1	任务导向	4.429	40.260	40.260
因子 2	自我导向	1.827	20.610	60.870

4. 运动员基本心理需求预测量表因子分析

运动员基本心理需求量表的 KMO 值为 0.903，Bartlett 球形检验 χ^2 值为 1353.705，自由度 df 为 91，显著性 sig.<0.001，表明量表数据样本合理，适合做主成分分析。采用最大正交旋转后，剔除因子载荷小于 0.5 的题项（"胜任力" 11 题），共萃取出特征值大于 1 的 3 个因子。3 个因子代表 3 个维度，结合其题项分别是：① "归属感" 共 5 个题项，题项号码分别是 10、6、13、8、4，因子

载荷量介于 0.725 至 0.825 之间，变异量解释为 25.562%；②"胜任力"共计 4 个题项，题项号码分别是 15、5、3、7，因子载荷量介于 0.680 至 0.801 之间，变异量解释为 20.832%；③"自主感"共计 5 个题项，题项号码分别是 14、1、12、9、2，因子载荷量介于 0.527 至 0.832 之间，变异量解释为 20.700%。经因子分析后，运动员基本心理需求预测量表因子分析摘要表及负荷量摘要表见表 3-22 与表 3-23。

表 3-22　基本心理需求预测量表因子分析摘要表

旋转成分矩阵 ^a

	成分		
	1 归属感	2 胜任力	3 自主感
10 在团队中，我感到受到教练的理解	.825	.219	.225
6 在团队中，我感到受到教练的支持	.796	.170	.260
13 在团队中，我感到教练员将我当作家人一样看待	.795	.176	.145
8 在团队中，我感到教练能听取我的意见	.745	.209	.332
4 在团队中，我感到教练非常重视我	.725	.302	.184
15 我对自己训练和比赛中的能力感到满意	.139	.801	.245
5 我对我的训练表现满意	.293	.773	.053
3 我认为我具备优秀运动员的潜质	.150	.765	.274
7 训练后我对我的竞技能力充满信心	.336	.680	.271
14 我有一定权利决定或改进训练方式与内容	.135	.157	.832
1 我感到训练中我有足够的自由和话语权	.197	.150	.741
12 我有一定权利决定自己希望增强训练的技能	.280	.210	.721
9 我可以在一定程度上灵活地掌握训练量	.332	.278	.603
2 我训练努力是因为我渴望训练	.254	.468	.527

提取方法：主成分。

旋转法：具有 Kaiser 标准化的正交旋转法。

注：a 旋转在 5 次迭代后收敛。

表 3-23　基本心理需求预测量表因子分析负荷量摘要表

因子	量表维度	特征值	解释变异量/%	累积解释变异量/%
因子 1	归属感	3.579	25.562	25.562
因子 2	胜任力	2.916	20.832	46.394
因子 3	自主感	2.898	20.700	67.094

5. 运动动机预测量表因子分析

运动动机预测量表的 KMO 值为 0.890，Bartlett 球形检验 χ^2 值为 3009.921，自由度 df 为 325，显著性 sig.<0.001，表明量表数据样本合理，适合做主成分分析。采用最大正交旋转后，剔除因子载荷小于 0.5 的题项（"内摄调节"题项 22、17），共萃取出特征值大于 1 的 4 个因子。4 个因子代表 4 个维度，结合其题项分别是：① "内在动机"共计 5 个题项，题项号码分别是 3、8、11、12、18，因子载荷量介于 0.762 至 0.805 之间，变异量解释为 19.690%；② "认同调节"共计 5 个题项，题项号码分别是 15、1、13、4、19，因子载荷量介于 0.742 至 0.790 之间，变异量解释为 19.359%；③ "内摄调节"共计 5 个题项，题项号码分别是 5、16、7、20、9，因子载荷量介于 0.612 至 0.666 之间，变异量解释为 15.765%；④ "外部调节" 共计 5 个题项，题项号码分别是 10、6、2、14、21，因子载荷量介于 0.555 至 0.838 之间，变异量解释为 15.299%。经因子分析后，运动动机预测量表因子分析摘要表及负荷量摘要表见表 3-24 与表 3-25。

表 3-24　运动动机预测量表因子分析摘要表

旋转成分矩阵 [a]			
		成分	
1 内在动机	2 认同调节	3 内摄调节	4 外部调节
3　当我掌握一定难度的运动技能时，我会获得一种个人满足　.805	.153	.246	.064
8　训练与比赛中，我对该项目的运动特性越了解时，我的兴趣会越高　.788	.299	.163	.054
11　当我全力投入训练或比赛时，我会获得一种兴奋感　.780	.348	.054	.051
12　当我领悟到某种新的运动技能提升方法时，我会感到愉快　.779	.300	.129	.070

旋转成分矩阵 a

	成分			
	1 内在动机	2 认同调节	3 内摄调节	4 外部调节
18　当我的运动技能不断获得提升时,我会获得一种满足感	.762	.322	.138	.103
15　参与训练和比赛是获得自身其他方面素质提升的一种途径	.234	.790	.172	.103
1　参与训练和比赛可以帮助我学习其他的生活技能	.240	.770	.233	.066
13　参与训练和比赛是我与朋友保持良好关系的重要途径	.287	.750	.192	.110
4　参与训练和比赛能使我认识更多的人	.295	.747	.193	.070
19　参与训练和比赛能够提高自身的竞技水平	.333	.742	.071	.075
5　参与训练和比赛能让我认识的人重视我	.251	.311	.666	.291
16　我认为从事该项目是别人发现我棒的最好方法	−.013	−.005	.644	.096
7　我从事该项目是希望在该项目界有好的声望	.164	.216	.632	.327
20　我喜欢在大众面前展示自己的运动技能有多棒	.275	.093	.632	.340
9　当没有认真参与训练时,我会心里不舒服	.218	.338	.612	.083
10　参与训练和比赛可以让我在物质上获得一些好处	−.057	.192	.244	.838
6　参与训练和比赛可以让我获得荣誉和社会地位	.021	.233	.251	.819
2　参与训练和比赛是因为教练员要求我这样做	−.064	−.133	.259	.666
14　参与训练和比赛是要向其他人证明自己的价值	.329	−.032	.143	.663
21　参与训练和比赛可以让我获得他人的认可	.341	.352	.194	.555

提取方法:主成分。

旋转法:具有 Kaiser 标准化的正交旋转法。

注:a 旋转在 7 次迭代后收敛。

表 3−25　运动动机预测量表因子分析负荷量摘要表

因子	量表维度	特征值	解释变异量/%	累积解释变异量/%
因子 1	内在动机	3.387	19.690	19.690
因子 2	认同调节	4.066	19.359	39.049
因子 4	内摄调节	2.158	15.765	54.814
因子 6	外部调节	4.805	15.299	70.113

6. 教练员支持行为预测量表因子分析

教练员支持行为预测量表的 KMO 值为 0.893，Bartlett 球形检验 χ^2 值为 4757.202，自由度 df 为 192，显著性 sig.<0.001，表明量表数据样本合理，适合做主成分分析。采用最大正交旋转后，因子载荷均大于 0.5，共萃取出特征值大于 1 的 3 个因子。3 个因子代表三个维度，结合其题项分别是：①"自主性支持"共计 7 个题项，题项号码分别是 8、9、1、12、7、11、5，因子载荷量介于 0.531 至 0.811 之间，变异量解释为 27.549%；②"胜任力支持"共计 3 个题项，题项号码分别是 13、4、3，因子载荷量介于 0.616 至 0.754 之间，变异量解释为 19.814%；③"归属感支持"共计 3 个题项，题项号码分别是 2、6、10，因子载荷量介于 0.559 至 0.856 之间，变异量解释为 18.041%。经因子分析后，教练员支持行为预测量表因子分析摘要表及负荷量摘要表见表 3–26 与表 3–27。

表 3–26   教练员支持行为预测量表因子分析摘要表

	旋转成分矩阵 a		
	成分		
	1 自主性支持	2 胜任力支持	3 归属感支持
8 教练员会充分听取我们的意见	.811	173	.278
9 我们感到教练员能对我们训练中的问题给予理解	.803	.235	.211
1 教练员鼓励我们在训练中多问问题	.721	.295	.294
12 教练员鼓励我们尝试新的训练方法与训练内容	.684	.351	.298
7 教练员对我们训练中所体现的能力充满信心	.633	.187	.308
11 教练员在训练中会考虑我们的感受与身体状况	.629	.347	.258
5 教练员对我们充满信任	.531	.346	.336
13 教练员帮助我们提高训练水平	.311	.754	.165
4 如果我们在训练中表现优异，教练员会感到快乐	.323	.648	.165
3 教练员会让我们对自己的能力有信心	.353	.616	.148
2 教练员经常灌输我们团队意识	.298	.022	.856
6 教练员重视我们每一个队员	.342	.294	.697
10 球队出现问题后，教练会咨询大家的想法	.291	.343	.559

提取方法：主成分。
旋转法：具有 Kaiser 标准化的正交旋转法。

注：a 旋转在 7 次迭代后收敛。

表 3-27　教练员支持行为量表因子分析负荷量摘要表

因子	量表维度	特征值	解释变异量/%	累积解释变异量/%
因子 1	自主感支持	3.795	27.549	27.549
因子 2	胜任力支持	2.916	19.814	47.363
因子 3	归属感支持	2.898	18.041	65.404

7. 群体凝聚力预测量表因子分析

群体凝聚力预测量表的 KMO 值为 0.893,Bartlett 球形检验 χ^2 值为 1451.705,自由度 df 为 97, 显著性 sig.<0.001,表明量表数据样本合理,适合做主成分分析。采用最大正交旋转后,共萃取出特征值大于 1 的 4 个因子。4 个因子代表 4 个维度,结合其题项分别是:① "群体社交吸引" 共计 3 个题项,题项号码分别是 8、7、6,因子载荷量介于 0.693 至 0.806 之间,变异量解释为 23.155%;② "群体任务一致性" 共计 3 个题项,题项号码分别是 9、11、12,因子载荷量介于 0.692 至 0.771 之间,变异量解释为 18.674%;③ "群体任务吸引" 共计 4 个题项,题项号码分别是 4、2、3、1,因子载荷量介于 0.600 至 0.762 之间,变异量解释为 17.197%;④ "群体社交一致性" 共计 3 个题项,题项号码分别是 14、13、5,因子载荷量介于 0.515 至 0.837 之间,变异量解释为 11.562%。经因子分析后,群体凝聚力预测量表因子分析摘要表及负荷量摘要表见表 3-28 与表 3-29。

表 3-28　群体凝聚力预测量表因子分析摘要表

	旋转成分矩阵 [a]			
	成分			
	1 群体社交吸引	2 群体任务一致性	3 群体任务吸引	4 群体社交一致性
8　我很荣幸能在这个队里训练和比赛	.806	.219	.183	.220
7　很多队员都是我场下的好朋友	.719	.245	.225	.346
6　如果有一天我离开这个队伍,我会惦念队友	.693	.271	.223	.281
9　我们在比赛和训练中是团结一致的	.256	.771	.271	.098
11　在训练比赛中,任何人遇到问题,其他队员都愿意给予帮助	.213	.734	.317	.159
12　在比赛或训练期间,队员之间会针对每个人所承担的任务和扮演的角色坦诚地交换意见	.301	.692	.302	.251

续表

旋转成分矩阵 a

	成分			
	1 群体社交吸引	2 群体任务一致性	3 群体任务吸引	4 群体社交一致性
4 我对比赛中我所承担的任务和扮演的角色感到满意	.284	.245	.762	.106
2 这个队为我个人成绩的提高提供了足够的机会	.308	.317	.753	.221
3 我喜欢我们队的技战术风格	.372	.210	.680	.217
1 我对我们队的求胜欲感到高兴	.321	.227	.600	.298
14 比赛结束后，在闲暇时我们队的队员喜欢在一起消磨时间	.239	.239	.109	.837
13 我们队的队员经常在一起聚会	.159	.231	.280	.770
5 我愿意经常参加队内的聚会或集体活动	.356	.253	.371	.515

提取方法：主成分。

旋转法：具有 Kaiser 标准化的正交旋转法。

注：a 旋转在 5 次迭代后收敛。

表 3-29 群体凝聚力预测量表因子分析负荷量摘要表

因子	量表维度	特征值	解释变异量/%	累积解释变异量/%
因子 1	群体社交吸引	3.795	23.155	23.155
因子 2	群体任务一致性	3.616	18.674	41.829
因子 3	群体任务吸引	2.986	17.197	59.026
因子 4	群体社交一致性	2.794	11.562	70.588

3.2.4 预测量表信度检验

本书中预测量表信度分析采用内部一致性系数（Cronbach α）分析，Cronbach α 是检验量表测量工具的可靠性，以及测量结果稳定性的常用分析方法。信度检定以皮尔逊（Pearson）分项对总项相关系数（Item to Total Correlation）及 Cronbach α 值进行量表各因子的内部一致性检定。一般而言，Cronbach $\alpha \leqslant 0.35$

则应予以拒绝，Cronbach α 值≥0.70 为可信，Cronbach α 值≥0.90 为十分可信。

1. 教练员领导行为预测量表信度检验

经 Cronbach α 检验，教练员领导行为预测量表检验结果见表 3-30。总量表 Cronbach α 值达 0.926；而各因子构面的 Cronbach α 值分别为：训练与指导行为 Cronbach α 值达 0.911、专制行为 Cronbach α 值达 0.897、民主行为 Cronbach α 值达 0.887、正面反馈 Cronbach α 值达 0.875、社会支持行为 Cronbach α 值达 0.873。以上数据表明教练员领导行为量表的内部一致性可信。

表 3-30　教练员领导行为预测量表信度检验表

维度	题项	Cronbach α 值
训练与指导行为	5，8，14，22，24，29	.911
专制行为	27，30，31，26	.897
民主行为	7，3，15，16，25，4，2	.887
正面反馈	23，11，13，21，17，28	.875
社会支持	12，19，20，6，9	.873
总量表		.926

2. 教练员激励氛围预测量表信度检验

经 Cronbach α 检验，教练员激励氛围预测量表检验结果见表 3-31。总量表 Cronbach α 值达 0.898；而各因子构面的 Cronbach α 值分别为：错误惩罚 Cronbach α 值达 0.896、努力与进步 Cronbach α 值达 0.817、角色认同 Cronbach α 值达 0.832、厚此薄彼 Cronbach α 值达 0.811、队内竞争 Cronbach α 值达 0.756、合作学习 Cronbach α 值达 0.743。以上数据表明教练员激励氛围预测量表的内部一致性可信。

表 3-31　教练员激励氛围预测量表信度检验表

维度	题项	Cronbach α 值
错误惩罚	30，4，13，25，21	.896
努力与进步	10，28，22，24，1	.817

续表

维度	题项	Cronbach α 值
角色认同	31，32，12，3，15	.832
厚此薄彼	18，5，33，20	.811
队内竞争	26，7，19，6	.756
合作学习	2，29，17	.743
总量表		.898

3. 运动员目标导向预测量表信度检验

经 Cronbach α 检验，运动员目标导向预测量表检验结果见表 3-32。总量表 Cronbach α 值达 0.844；而各因子构面的 Cronbach α 系数值分别为：任务导向 Cronbach α 值达 0.886、自我导向 Cronbach α 值达 0.762。以上数据表明运动员目标导向预测量表的内部一致性可信。

表 3-32　运动员目标导向预测量表信度检验表

维度	题项	Cronbach α 值
任务导向	13，2，3，6，10，9，4，8	.886
自我导向	11，5，7	.762
总量表		.844

4. 运动员基本心理需求预测量表信度检验

经 Cronbach α 检验，运动员基本心理需求预测量表检验结果见表 3-33。总量表 Cronbach α 值达 0.914；而各因子构面的 Cronbach α 值分别为：归属感 Cronbach α 值达 0.895、胜任力 Cronbach α 值达 0.839、自主感 Cronbach α 值达 0.831。以上数据表明运动员基本心理需求预测量表的内部一致性可信。

表 3-33　基本心理需求量表信度检验表

维度	题项	Cronbach α 值
归属感	10，6，13，4，8	.895
胜任力	15，5，3，7	.839
自主感	14，1，12，9，2	.831
总量表		.914

5. 运动动机预测量表信度检验

经 Cronbach α 检验，运动动机预测量表检验结果如表 3-34。总量表 Cronbach α 值达 0.900；而各因子构面的 Cronbach α 值分别为：内在动机 Cronbach α 值达 0.875、认同调节 Cronbach α 值达 0.871、内摄调节 Cronbach α 值达 0.856、外部调节 Cronbach α 值达 0.820。以上数据表明运动动机预测量表的内部一致性可信。

表 3-34　运动动机量表信度检验表

维度	题项	Cronbach α 系数
内在动机	3，8，11，12，18	.875
认同调节	15，1，13，4，19	.871
内摄调节	5，16，7，20，9，	.856
外部调节	10，6，2，14，21	.820
总量表		.900

6. 教练员支持行为预测量表信度检验

经 Cronbach α 检验，教练员支持行为预测量表检验结果见表 3-35。总量表 Cronbach α 值达 0.898；而各因子构面的 Cronbach α 值分别为：自主性支持 Cronbach α 值达 0.877、胜任力支持 Cronbach α 值达 0.821、归属感支持 Cronbach α 值达 0.853。以上数据表明教练员支持行为预测量表的内部一致性可信。

表 3-35　教练员支持行为预测量表信度检验表

维度	题项	Cronbach α 系数
自主性支持	8，9，1，12，17，11，5	.877
胜任力支持	13，4，3	.821
归属感支持	2，6，10	.853
总量表		.898

7. 群体凝聚力预测量表信度检验

经 Cronbach α 检验，群体凝聚力预测量表检验结果见表 3-36。总量表 Cronbach α 值达 0.901；而各因子构面的 Cronbach α 值分别为：群体社交吸引

Cronbach α 值达 0.892、群体任务一致性 Cronbach α 值达 0.869、群体任务吸引 Cronbach α 值达 0.845、群体社交一致性 Cronbach α 值达 0.868。以上数据表明群体凝聚力预测量表的内部一致性可信。

表 3-36　群体凝聚力量表信度检验表

维度	题项	Cronbach α 系数
群体社交吸引	8，7，6	.892
群体任务一致性	9，11，12	.869
群体任务吸引	4，2，3，1	.845
群体社交一致性	14，13，5	.868
总量表		.901

3.3　本节小结

　　本节对制定的量表进行了预调研，包括量表开发方案与设计依据、量表数据采集与预检验。量表数据采集与预检验证包括量表数据采集、样本选择、效度分析、因子分析和信度检验。其中预调研量表效度分析包括：题项偏度与峰度检验和量表内部一致性效标分析；删除各量表题项偏度与峰度绝对值大于 1 的题项、内部一致性效标分析不显著的题项，以及因子分析载荷量小于 0.5 的题项。最后，研究者依据各量表预调研的结果，对各量表进行重新编号，最后确定了 7 个量表作为正式调研量表。

4

教练员领导行为与运动员基本心理需求满足：掌握型激励氛围的中介作用

4.1 假设模型提出

研究认为，积极的教练员领导行为可以有效地促进运动员动机、情感和行为发展，掌握型激励氛围相对于表现型激励氛围来说，更有利于运动员的发展，表现型激励氛围理论上被认为不利于运动员的发展。因此，从正向影响的视角，本书在整合成就目标理论和自我决定理论的基础上，提出教练员领导行为可以正向有效地影响掌握型激励氛围，掌握型激励氛围可以正向有效地促进运动员基本心理需求的满足。本书的重点是验证其子维度之间的影响关系，提出以下理论假设模型（图4-1），为随后的实证分析提供理论分析架构。

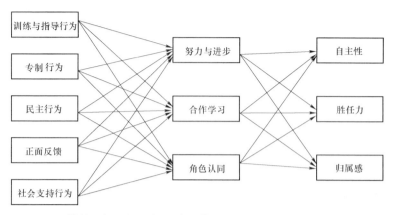

图 4-1　教练员领导行为与运动员基本心理需求满足的关系假设模型

4.2　实证检验与分析

4.2.1　假设模型路径检验

假设模型路径分析结果（表 4-1）表明，教练员的专制行为与合作学习和角色认同的激励氛围影响不显著（C.R.值分别为 0.989 和 1.187，$P > 0.05$），而专制行为对努力与进步的激励氛围形成具有显著影响（C.R.值分别为 2.266，$P < 0.05$）。教练员的民主行为对合作学习和努力与进步的激励氛围营造影响显著（C.R.值分别为 8.531 和 8.670，$P < 0.01$），而无法促进角色认同的形成（C.R.值为 0.495，$P > 0.05$）。教练员社会支持行为对努力与进步和角色认同的激励氛围的形成有显著作用（C.R.值分别为 4.750 和 5.150，$P < 0.01$），而社会支持行为对合作学习影响不显著（C.R.值为 0.962，$P > 0.01$）。教练员正面反馈对合作学习、努力与进步和角色认同的激励氛围塑造都具有显著的正向影响（C.R.值分别为 6.047、3.663 和 4.593，$P < 0.01$）。教练员训练指导对合作学习、努力与进步和角色认同的激励氛围塑造都具有显著的正向影响（C.R.值分别为 7.663、6.678 和 4.470，$P < 0.01$）。

路径分析结果表明努力与进步的激励氛围对自主感形成影响显著（C.R.值为 5.536，$P < 0.01$），而努力与进步的激励氛围对胜任力和归属感形成影响不显著（C.R.值分别为 0.714 和 0.546，$P > 0.05$）。合作学习的激励氛围对胜任力和归属感形成影响显著（C.R.值分别为 2.304 和 2.544，$P<0.05$），而合作学习的激励氛围对自主感的形成影响不显著（C.R.值为 -1.699，$P>0.05$）。角色认同的激励氛围对胜任力和归属感形成影响显著（C.R.值为 2.304，$P<0.05$ 和 8.856，$P<0.01$），而角色认同的激励氛围对自主感形成影响不显著（C.R.值为 -1.372，$P>0.05$）。

表4-1 路径分析一览表

假设路径			Estimate	S.E.	C.R.	P	路径检验
合作学习	<---	专制行为	.053	.054	.989	.323	拒绝
努力与进步	<---	专制行为	.116	.051	2.266	**	接受
角色认同	<---	专制行为	.079	.067	1.187	.235	拒绝
合作学习	<---	民主行为	.447	.052	8.531	***	接受
努力与进步	<---	民主行为	.501	.058	8.670	***	接受
角色认同	<---	民主行为	.026	.053	.495	.621	拒绝
合作学习	<---	社会支持行为	.044	.046	.962	.336	拒绝
努力与进步	<---	社会支持行为	.309	.065	4.750	***	接受
角色认同	<---	社会支持行为	.376	.073	5.150	***	接受
合作学习	<---	正面反馈	.591	.098	6.047	***	接受
努力与进步	<---	正面反馈	.279	.076	3.663	***	接受
角色认同	<---	正面反馈	.452	.099	4.593	***	接受
合作学习	<---	训练指导	.578	.075	7.663	***	接受
努力与进步	<---	训练指导	.428	.064	6.678	***	接受
角色认同	<---	训练指导	.308	.069	4.470	***	接受
自主感	<---	合作学习	−.373	.220	−1.699	.089	拒绝
自主感	<---	努力与进步	1.386	.250	5.536	***	接受
自主感	<---	角色认同	−.117	.086	−1.372	.170	拒绝
胜任力	<---	合作学习	2.304	.042	2.304	**	接受
胜任力	<---	努力与进步	.476	.041	.714	.476	拒绝
胜任力	<---	角色认同	5.245	.042	2.304	**	接受
归属感	<---	合作学习	.259	.102	2.544	**	接受
归属感	<---	努力与进步	.067	.123	.546	.585	拒绝
归属感	<---	角色认同	.781	.088	8.856	***	接受

4.2.2 模型修正与适配度检验

笔者在将假设模型与路径分析比较后,发现原假设模型中的路径与实证研究中的路径分析存在以下差异。①教练员专制行为对合作学习和角色认同不具有显著的影响关系;②教练员民主行为对角色认同不具有显著的影响关系;③教练员社会支持行为对合作学习不具有显著的影响关系。同时,努力与进步对胜任力和归属感不具有显著的影响关系,合作学习和角色认同对自主性不具有显著性的影响。这说明这些内容原有假设不成立,需要对模型进行修正,删除影响不显著的路径可以有效地提高模型的适配程度(图4-2)。

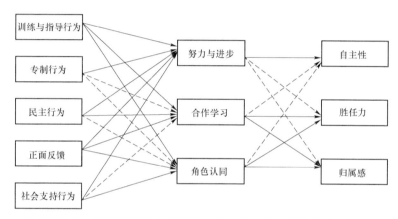

图4-2 基于团队视角下的教练员领导行为与运动员基本心理需求满足的关系影响模型

注:虚线表示路径影响不显著,实线表示路径影响显著。

适配度用来评价假设的路径分析模型与实际搜集数据是否相互匹配,并不说明路径分析模型的好坏,一个适配度完全符合评价标准的模型图并不一定保证是有用的模型,只能说明研究者的假设模型与实际数据相符。适配度优劣无法保证模型是否有用,也就是说,即使适配度较高的模型仍然可能没有科学性与实际意义,适配度只能用来评价指标而无法给出相关解释,因此需要研究者进一步根据理论和实际情况对模型做出相应的解释来调整模型。而适配度指标通常要考虑绝对适配统计量,即卡方值、卡方自由度比(χ^2/df)、RMSEA和GFI值。通常卡方自由度比小于5的模型可以接受,小于3的模型适配度较佳;RMSEA在0.05到0.08之间表示模型适配合理,小于0.05表明匹配度较佳;GFI值大于0.9表明模型适配程度较高,0.8~0.9表示模型适配程度在可接受范围内。除此之外,还要考虑增值适配度统计量，即 NFI、IFI 和 CFI 值，建议值应大于 0.9，0.8～0.9 为可接受的范围[①]。

比较假设模型和修正模型的适配度可以发现，卡方与自由度的比值 χ^2/df 明显下降，而 GFI、NFI、IFI 和 CFI 的指标明显上升，RMSEA 指标明显下降。以上指标表明修正后的模型适配度较高且与实际数据较为契合（表 4-2）。

表 4-2 假设模型与修正模型适配度对比

	χ^2/df	GFI	NFI	IFI	CFI	RMSEA
假设模型	2.215	0.899	0.827	0.896	0.887	0.051
修正模型	1.741	0.952	0.935	0.924	0.916	0.037

4.3 数据结构讨论

本书以教练员领导行为为逻辑起点,考察了教练员领导行为对掌握型激励氛围的作用,以及掌握型激励氛围对运动员基本心理需求满足的作用。根据成就目标理论、自我决定理论和情境理论,本书论证了掌握型激励氛围在教练员领导行为和基本心理需求满足之间具有中介作用。

4.3.1 教练员领导行为对掌握型激励氛围的影响分析

1. 教练员训练指导行为、民主行为和正面反馈对合作学习激励氛围有显著影响

在现代体育竞技中,运动员对教练员领导行为理念和训练方式的理解成为左右训练效果和比赛成绩的关键因素,而合作学习为实施教练员领导行为提供了途径和解决方式。排球项目作为有高度互依性的集体项目,教练员通过民主与正面反馈的方式,积极地对运动员进行训练指导,势必使运动员与教练员之间,以及团队内部产生相互交流学习和协作行为,为合作学习激励氛围提供了现实依据。运动员在合作学习激励氛围中,就会不断地发现问题、纠正错误、提升对训练和

---

① 侯杰泰，温忠麟，成子娟. 结构方程模型及其应用[M]. 北京：教育科学出版社，2004：127-130.

比赛的理解能力。因此，教练员的训练指导行为对合作学习激励氛围的构建作用最为明显。

2. 教练员领导行为对努力与进步激励氛围有显著影响

作为隔网对抗技能项目，技能在现代排球项目中占有重要的地位。教练员的训练内容、方法和手段，都是围绕技能的提升展开的。技能的提升是运动员综合素质的集中体现，是现代排球决定比赛胜负的决定性因素。尽管国外大量研究认为，教练员专制行为具有负向效应，然而在我国文化背景下，其对努力与进步存在着显著的正向作用，这也印证了周成林等的观点。当今社会发展中"以人为本"的理念已经深入人心，教练员仅仅依靠专制行为难以达到最佳效果，运动员努力与进步的激励氛围需要教练员全面、积极地营造支持行为的氛围。教练员的民主行为、训练与指导行为、正面反馈和社会支持行为等教练员领导行为都属于教练员的支持行为。有了这些支持行为，运动员更愿意配合教练员的工作，从被动的执行者转变为积极的参与者与决策者。这种自主性的满足，会进一步提升运动员的参与动机，激发运动员不断追求卓越，实现更高、更强和更快的竞技体育永恒的主题。因此，教练员在执教过程中，要善于针对运动员或运动队个性化的特征，在严格要求的基础上，针对性地采取支持性的教练员领导行为，营造努力与进步的激励氛围。

3. 教练员训练指导行为、正面反馈和社会支持行为对角色认同激励氛围有显著正向作用

角色认同是运动员对自我效能及其在团队中的定位、团队关系的主观评价，这种价值判断基于对自我能力的肯定、团队关系的融洽以及与教练员的人际关系。社会支持行为和正面反馈是教练员情性的表达，教练员在训练指导过程中，通过对运动员个人生活状态和技能发展的关心深化、强化了两者之间关系，使他们清晰地认识到自己角色位置、形成团队认同[1]。尽管很多研究表明这种关注感对青年运动员影响显著，但是即使是那些心智成熟、技能熟练的成年运动员，当教练忽视了对他们训练比赛的状态评价，这些运动员也可能表现出挫折感提高、幸福感和个人效能降低的状态[2]。

[1] CARRON，A V & H A HAUSENBLAS & M A EYS. Group dynamics in sport（3rd ed.）[M]. Morgantown，WV：Fitness Information Technology，2005.

[2] HASSELL，K & C M SABISTON & G A BLOOM. Exploring the multiple dimensions of social support among elite female adolescent swimmers[J]. International Journal of Sport Psychology，2010，41（4），340–359.

4. 教练员训练指导行为、正面反馈对掌握型激励氛围的全面影响

通过以上对专业排球运动队教练员领导行为对掌握型激励氛围的分析，可以得出训练指导行为、正面反馈对激励氛围中的合作学习、技能提升和角色认同均有显著影响，是教练员领导行为最应重视的方面，并且研究结果也印证了 Horn[①]、Black 等[②]、Allen 等[③] 和 Stein 等[④] 的研究结论。教练员在领导运动队的过程中，通过向运动员提出具体信息和要求，使运动员有组织地参与训练和比赛，而教练员反馈被认为是鼓励性和支持性的、基于帮助性或惩罚为导向的反馈、策略等行为的集合[⑤⑥]。积极正面的鼓励让运动员感觉到教练员重视运动员个体的发展，特别是在竞技层面对技能、战术、策略等方面的专项个性化指导与反馈。教练员正面的、信息充实的反馈要比空洞的期望或愿景更直接、更具体地激励运动员发展。运动员通过教练员的鼓励、褒奖等反馈行为对教练员产生信任与尊重，使他们之间的关系变得更为融洽[⑦]。同时，教练员与运动员的深度访谈也表明教练员反馈的适合性与偶然性比频率更重要。教练员在训练指导中应根据运动员的偏好或需求有选择性地使用不同类型的反馈，重视反馈的适时性与质量，而非简单地给予模糊的赞扬或批评。

4.3.2 掌握型激励氛围对运动员基本心理需求满足的影响分析

研究证明了运动员动机内化过程中基本心理需求满足是通过感知教练员掌

① HORN，T S. Coaches' feedback and changes in children's perceptions of their physical competence[J]. Journal of Educational Psychology，1985，77（77），174−186.

② BLACK，S J & M R WEISS. The relationship among perceived coaching behaviors，perception of ability，and motivation in competitive age−group swimmers[J]. Journal of Sports Exercise Psychology.，1992，14（3）：309−325.

③ ALLEN，J B & B L HOWE. Player ability，coach feedback and female adolescent athletes' perceived competence and satisfaction[J]. Journal of Sport Exercise Psychology. 1998，20（3）：280−299.

④ STEIN，J & G A BLOOM & C M SABISTON. Influence of perceived and preferred coach feedback on youth athletes' perceptions of team motivation climate[J]. Journal of Sport & Exercise Psychology，2012，29，39−59.

⑤ MCARDLE，S & J K DUDA. Implications of the motivational climate in youth sports，In F. L.，2002.

⑥ SMITH，R E & F L SMOLL & S P CUMMING. Effects of a motivational climate intervention for coaches on young athletes' sport performance anxiety[J]. Journal of Sport & Exercise Psychology，2007，29，39−59.

⑦ HASSELL，K & C M SABISTON & G A BLOOM. Exploring the multiple dimensions of social support among elite female adolescent swimmers[J]. International Journal of Sport Psychology，2010，41，340−359.

握型激励氛围而形成，而教练员掌握型激励氛围的子维度对基本心理需求满足的触发作用的感知机理存在差异。努力与进步对自主感形成作用明显，合作学习、角色认同与归属感具有强相关关系，合作学习对胜任力形成作用明显。自主感不仅是运动员对训练内容和手段自我决策的感知，而且这种自主性更体现在运动员将自我提升判断为行动的诱因。根据归因理论，当运动员在训练和比赛中技能和效果产生显著的提高，运动员往往会将此归因为个人努力与进步的结果，进而形成较高的自主感。

排球比赛属于团体项目，相对于个体类竞技项目，集体项目讲究合作、互补、协同与角色尽职。通过合作学习、相互切磋，运动员不仅在技能上有所提高，而且增强了胜任力的感觉，更有助于团队凝聚力的塑造。在相互学习过程中，运动员个性不断磨合、关系不断融洽促进了群体任务和社交一致性与吸引力[①]。这种社交化的学习方式通过情感融合和任务导向形成群体凝聚力和归属感，运动员视球队为家庭，视队友与教练为亲人。单个球员的竞技水平再高，如果没有其他球员的配合支持，那么有效攻防转换就无法进行。同样，一个球员的角色不能融于团队之中，或不能得到其他队员的认同，也难以开展有效的合作学习。角色认同是指一个人对一个组织的认可和组织内其他成员对自己认可度的主观评价。对于一个排球队员来说，自己在球队中角色的认定与认可是评价一个运动员是否具有归属感的重要依据。

4.4　本节小结

教练员的教练员领导行为与掌握型激励氛围的形成有密切的关系。其中教练员训练指导行为和正面反馈对掌握型激励氛围各维度都有显著的影响；教练员训练指导行为、正面反馈和民主行为可以有效预测合作学习激励氛围；教练员领导行为的五个维度可以有效预测努力与进步激励氛围；教练员训练指导行为、正面反馈和社会支持行为能有效预测角色认同。

在掌握型激励氛围对基本心理需求满足方面：努力与进步能有效预测自主感，合作学习和角色认同可以有效预测胜任力与归属感。

---

① 马红宇，王二平. 凝聚力对教练员领导行为、运动员角色投入和运动员满意度的中介作用[J]. 体育科学，2006，26（3）：64-69.

　　教练员掌握型激励氛围在教练员领导行为和运动员基本心理需求满足之间具有中介作用。其中，努力与进步在教练员领导行为和运动员基本心理需求自主性之间发挥中介作用；合作学习在教练员领导行为中的训练指导行为、民主行为与正面反馈和运动员基本心理需求中的胜任力和归属感之间发挥中介作用；角色认同在教练员领导行为中的训练指导行为、正面反馈与社会支持行为和运动员基本心理需求中胜任力和归属感之间发挥中介作用。

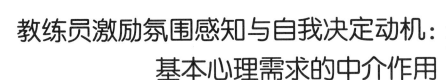

教练员激励氛围感知与自我决定动机：
基本心理需求的中介作用

5.1　假设模型提出

根据已有文献，多数研究认为掌握型激励氛围对运动员具有正向效应，而表现型激励氛围对运动员具有负向效应。在整合成就目标理论和自我决定理论的基础上，本书重点验证其子维度之间的影响关系，提出理论假设模型（图5-1），为随后的实证分析提供理论分析架构。

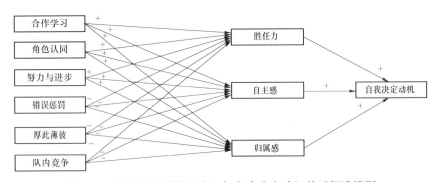

图5-1　教练员激励氛围感知与自我决定动机关系假设模型

5.2 实证检验与分析

5.2.1 变量间相关关系分析与假设模型路径检验

1. 变量间相关关系分析

本书采用皮尔逊双尾相关性检验谈论变量间的相关关系，为后续模型路径分析提供依据。相关性分析（表 5–1）表明，掌握型激励氛围中的努力与进步维度与自主感、胜任力和归属感的正相关关系显著，相关性系数 r 值分别为 0.116、0.149、0.435（$P<0.01$）；合作学习维度与胜任力和归属感正相关关系显著，相关性系数 r 值分别为 0.167、0.439（$P<0.01$），而与自主感的正相关关系不显著，相关性系数 r 值为 0.070（$P>0.05$）；角色认同维度与胜任力和归属感正相关关系显著，相关性系数 r 值分别为 0.255、0.496（$P<0.01$），而与自主感的正相关关系不显著，相关性系数 r 值为 0.103（$P>0.05$）。在表现型激励氛围方面，厚此薄彼维度与归属感呈现显著的负相关关系，相关性系数 r 值为 -0.292（$P<0.01$），而其与胜任力也呈现负相关关系，但不显著，相关性系数 r 值为 -0.040（$P>0.05$），而与自主感呈现出不显著的正向相关性，相关性系数 r 值为 0.097（$P>0.05$），这与假设模型相悖；错误惩罚维度与 3 种基本心理需求均呈现负相关关系，其中与归属感的负相关关系显著，相关性系数 r 值为 -0.229（$P<0.01$），而与自主感和胜任力的负相关关系不显著，相关性系数 r 值分别为 -0.028、-0.043（$P>0.05$）；队内竞争维度与自主感和胜任力呈现显著的正相关关系，相关性系数 r 值分别为 0.111（$P<0.01$）、0.109（$P<0.05$），这与假设模型相悖，而与归属感呈现不显著的负相关关系，$r=-0.045$（$P>0.05$）。

激励氛围与自我决定动机的相关关系分析反映出，掌握型激励氛围与自我决定动机正向相关，而表现型激励氛围与自我决定动机负向相关。在掌握型激励氛围方面，合作学习和角色认同维度与自我决定动机相关性显著，相关性系数 r 值为 0.159、0.160（$P<0.01$），而努力与进步维度与自我决定动机的相关性不显著，相关性系数 r 值为 0.096（$P>0.05$）。在表现型激励氛围方面，厚此薄彼、错误惩罚和队内竞争维度与自我决定动机显著负相关，相关性系数 r 值分别为 -0.227、-0.233、-0.156（$P<0.01$）。

基本心理需求与自我决定动机的相关分析显示，只有归属感与自我决定动机呈现出显著的相关关系，相关性系数 r 值为 0.161（$P<0.01$），而自主感和胜任力与自我决定动机的相关性不显著，相关性系数 r 值分别为 0.047 和 0.056（$P>0.05$）。

表 5–1　教练员激励氛围、基本心理需求与自我决定动机相关性分析一览表

	努力与进步	合作学习	角色认同	厚此薄彼	错误惩罚	队内竞争	自主感	胜任力	归属感	自我决定动机
努力与进步	1	.666**	.649**	−.183**	−.67	.033	.116**	.149**	.435**	.096
合作学习		1	.633**	−.226**	−.142**	−.008	.070	.167**	.439**	.159**
角色认同			1	−.218**	−.108*	.047	.103	.255**	.496**	.160**
厚此薄彼				1	.495**	.449**	.097	−.040	−.292**	−.227**
错误惩罚					1	.415**	−.028	−.043	−.229**	−.233**
队内竞争						1	.111**	.109*	−.045	−.156**
自主感							1	.000	.000	.047
胜任力								1	.000	.056
归属感									1	.161**
自我决定动机										1

注：**表示在 0.01（双侧）上显著相关，*表示在 0.05（双侧）上显著相关。

2. 假设模型路径检验

采用极大似然法估计各路径系数值，Estimate 为非标准化回归系数，S.E.为估计值的标准误，回归系数值栏除以估计值的标准误为临界比值 C.R。C.R.值以 1.96 为标准，若临界比值的绝对值大于 1.96，表示估计值达到 0.05 的显著水平，如果临界比值的绝对值小于 1.96，表示估计值在 0.05 水平上不显著。

如表 5–2 所示，在激励氛围对自主感的影响程度上，掌握型激励氛围中的角色认同维度对自主感具有显著的正向影响（C.R.值为 3.972，$P<0.001$），而努力与进步维度和合作学习维度对自主感的正向影响不显著（C.R.值分别为 0.680 和 0.900，$P>0.05$），这与路径假设不一致。表现型激励氛围中厚此薄彼维度和队内竞争维度也对自主感具有显著的正向影响（C.R.值分别为 3.314，$P<0.001$

和 3.273，$P<0.05$），这与假设模型路径不一致；错误惩罚维度对自主感具有显著的负向影响关系（C.R.值为 −4.029，$P<0.001$），与假设路径一致。

在激励氛围对胜任力的影响方面，掌握型激励氛围中合作学习和角色认同维度对胜任力知觉的形成具有显著的正向影响（C.R.值分别为 2.304，$P<0.05$ 和 5.245，$P<0.001$），而努力与进步维度对胜任力存在不显著的正向影响（C.R.值为 0.714，$P>0.05$）。表现型激励氛围中厚此薄彼维度和错误惩罚维度对胜任力具有负向影响，其中厚此薄彼维度的影响不显著（C.R.值为 −0.489，$P>0.05$），错误惩罚的影响显著（C.R.值为 −3.327，$P<0.001$）。队内竞争维度对胜任力具有显著的正向影响（C.R.值为 4.238，$P<0.001$），与假设路径不一致。

在激励氛围对归属感的影响上，掌握型激励氛围的 3 个子维度均对归属感的形成具有显著的正向影响（C.R.值分别为 2.555，$P<0.05$；2.899，$P<0.05$；6.696，$P<0.01$），验证了假设路径。表现型激励氛围中厚此薄彼维度和错误惩罚维度对归属感具有负向影响，其中厚此薄彼维度的影响不显著（C.R.值为 −1.463，$P>0.05$），错误惩罚的影响显著（C.R.值为 −4.883，$P<0.01$）。队内竞争维度对归属感具有显著的正向影响（C.R.值为 3.440，$P<0.01$），与假设路径不一致。

表 5-2 路径分析一览表

假设路径			Estimate	S.E.	C.R.	P	路径检验
自主感	<---	努力与进步	.055	.081	.680	.496	拒绝
自主感	<---	合作学习	.073	.081	.900	.368	拒绝
自主感	<---	角色认同	.367	.092	3.972	***	接受
自主感	<---	厚此薄彼	.138	.042	3.314	***	接受
自主感	<---	错误惩罚	−.205	.051	−4.029	***	接受
自主感	<---	队内竞争	.179	.055	3.273	.001	接受
胜任力	<---	努力与进步	.029	.041	.714	.476	拒绝
胜任力	<---	合作学习	.097	.042	2.304	.021	接受
胜任力	<---	角色认同	.301	.057	5.245	***	接受
胜任力	<---	厚此薄彼	−.010	.021	−.489	.625	拒绝
胜任力	<---	错误惩罚	−.087	.026	−3.327	***	接受
胜任力	<---	队内竞争	.129	.030	4.238	***	接受

假设路径			Estimate	S.E.	C.R.	P	路径检验
归属感	＜---	努力与进步	.179	.070	2.555	.011	接受
归属感	＜---	合作学习	.202	.070	2.889	.004	接受
归属感	＜---	角色认同	.610	.091	6.696	***	接受
归属感	＜---	厚此薄彼	−.050	.035	−1.436	.151	拒绝
归属感	＜---	错误惩罚	−.209	.043	−4.883	***	接受
归属感	＜---	队内竞争	.158	.046	3.440	***	接受
自我决定动机	＜---	自主感	.366	.359	1.018	.309	拒绝
自我决定动机	＜---	胜任力	.412	.185	2.227	.026	接受
自我决定动机	＜---	归属感	.550	.193	2.852	.004	接受

在基本心理需求对自我决定动机的影响程度上，胜任力和归属感的影响较为显著（C.R.值分别为 2.227，$P<0.05$ 和 2.852，$P<0.05$），自主感的影响不显著（C.R.值为 1.018，$P>0.05$）。

5.2.2　模型修正与适配度检验

本书对假设模型与路径分析比较后，发现原假设模型中的路径与实证研究中的路径分析存在以下差异。①在掌握型激励氛围对基本心理需求影响方面，努力进步维度对胜任力和自主感的正向影响作用不显著，合作学习维度对自主感的正向影响也不显著。②在表现型激励氛围对基本心理需求影响方面，厚此薄彼维度对自主感存在显著的正向影响，而队内竞争维度对三种基本心理需求存在显著的正向影响，这与假设模型存在不一致。③在基本心理需求对自我决定动机的影响方面，自主感对自我决定动机的形成具有不显著的正向作用。基于以上分析，需要对模型进行修正（图 5-2），修正路径方向并删除影响不显著的路径从而有效地提高模型的适配程度。

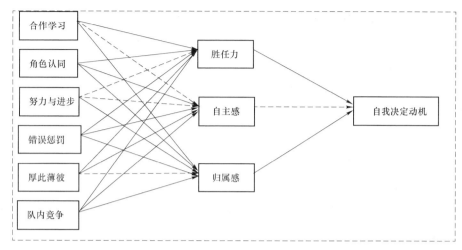

图5-2　基于团队视角下的激励氛围对自我决定动机的影响模型

注：虚线表示路径影响不显著，实线表示路径影响显著，较粗实线表示路径影响方向变化。

比较假设模型和修正后模型的适配度发现，卡方与自由度的比值 χ^2/df 明显下降，而 GFI、NFI、IFI 和 CFI 的指标明显上升，RMSEA 指标明显下降。以上指标表明修正后的模型的适配度较高，与实际数据较为契合（表5-3）。

表5-3　假设模型与修正模型适配度比较

	χ^2/df	GFI	NFI	IFI	CFI	RMSEA
假设模型	2.104	0.808	0.812	0.892	0.891	0.056
修正模型	1.854	0.914	0.917	0.912	0.906	0.045

5.2.3　路径直接效应与间接效应

路径分析中变量间的影响效果（标准化回归系数 β 值），反映了一个自变量对因变量的影响程度，包含了直接效果和间接效果，两者的效果总量合称为外因变量对内因变量影响的总效果值。间接效果指的是预测变量对效标变量的影响通过一个以上的中介变量而产生的影响，间接效果值的强度大小等于所有直接效果的路径系数相乘所得的积，即直接效果值的连乘积的数值大小表示间接效果值，所有间接效果路径的总和为总间接效果。

实证研究路径分析（表5-4）表明在掌握型激励氛围对基本心理需求的影响方面，合作学习维度对归属感的正向影响（$\beta=0.147$）大于对胜任力的正向影响（$\beta=0.128$）；而努力与进步维度对归属感的正向影响 β 值为 0.134。角色认同对归属感的正向影响（$\beta=0.435$）大于对胜任力（$\beta=0.387$）和自主感（$\beta=0.249$）的影响。

在表现型激励氛围对基本心理需求的影响方面，厚此薄彼维度对自主感形成具有显著影响（$\beta=0.190$），但与路径假设的影响方向相反。错误惩罚维度对归属感（$\beta=-.253$）的负向影响强于对自主感（$\beta=-.237$）和胜任力（$\beta=-0.191$）的负向影响。队内竞争维度对三种基本心理需求均存在显著的正向作用，依次为胜任力（$\beta=0.288$）、自主感（$\beta=0.210$）和归属感（$\beta=0.195$），而这与假设路径方向相反。

基本心理需求中自主感（$\beta=0.061$）对自我决定动机的正向影响作用不显著，而归属感（$\beta=0.166$）相对于胜任力（$\beta=0.131$）对自我决定动机形成的作用更为显著。

激励氛围对自我决定动机形成的间接效应由于要通过基本心理需求这一中介变量发挥作用，根据间接效果的计算方法，总间接效果等于自变量对中介变量路径系数与中介变量对因变量路径系数乘积之和。例如，努力与进步维度对动机形成的总间接效果=0.134×0.166+0.040×0.131+0.039×0.061=0.0222+0.0052+0.0023=0.029，其他激励氛围的间接效果计算方法依次类推。

表5-4　基本心理需求对教练员激励氛围与自我决定动机中介效应一览表

	队内竞争	错误惩罚	厚此薄彼	角色认同	合作学习	努力与进步	归属感	胜任力	自主感
归属感	.195	−.253	−.072	.435	.147	.134			
胜任力	.288	−.191	−.026	.387	.128	.040			
自主感	.210	−.237	.190	.249	.050	.039			
自我决定动机	0.083	−0.081	−0.027	.202	.043	.029	.166	.131	.061

5.3 数据结果讨论

5.3.1 基本心理需求对自我决定动机影响分析

1. 基本心理需求正向影响自我决定动机

Deci 和 Ryan 认为，基本心理需求满足是人们积极乐观发展和心理健康的源泉，也是促进内部动机和外部动机内化的关键要素。自我决定动机是人们产生积极行为、情感和结果的直接原因。根据基本心理需求理论，归属感和胜任力都是在自主感满足的前提下发挥作用的。尽管归属感也是自我决定动机的重要推动因素，然而一些研究则指出相对于自主感和胜任力，归属感决定作用较弱。并且根据自我决定理论中的认知评价理论，归属感处于内部动机连续体的末端，削弱了其对动机的影响程度。但是本书通过路径分析，发现三种基本心理需求中只有胜任力和归属感对自我决定动机具有正向的预测。这说明基本心理需求满足在不同文化情境、不同领域等可能存在着一定的差异。这些差异既可以看作我国文化背景下，集体项目如排球项目中基本心理需求满足对自我决定动机满足的情况，也可以从基本心理需求对自我决定动机的理论观点发现我国专业排球项目中的特点或不足。

研究数据显示，基本心理需求中自主感（β=0.061）对自我决定动机的正向影响作用不显著，而归属感（β=0.166）相对于胜任力（β=0.131）对自我决定动机形成的作用更为显著。这说明在我国青少年专业排球队中，基本心理需求三个维度中，归属感和胜任力可以有效促进自我决定动机，其中归属感大于胜任力对自我决定动机的预测，而自主感的作用不显著。有研究显示，自主感能促进动机的形成，同时根据成就目标理论，胜任力是个体行为产生动机的前提条件，胜任力对自我决定动机具有预测作用。当运动员在运动过程中感知能力的提升并对运动内容、时间和方式等有选择权时，他们往往会产生出自我决定的运动参与动机，而非因物质奖励或受到压力影响才参与。西方很多对基本心理需求对自我决定动机影响的研究都集中到自主感和胜任力上[1]，归属感在基本心理需求中处

---

① DECI，E L & R M RYAN. A motivational approach to self−integration in personality [J]. Nebraska Symposium on Motivation，1991，38：237−288.

于次要地位,这证实了在西方文化中自主感和胜任力与自我决定动机具有正向的预测作用。本书中这种差异的出现可能受到以下三方面的影响。

(1)文化的差异。

文化作为环境的情境因素,不同文化情境中的成员具有不同的价值观体系。不同文化中的价值和目标有相当大的差异,这使得基本心理需求满足对自我决定动机影响途径呈现不同特征。西方文化强调个人主义,个人的活动强调自主性,主张过分强调群体活动标准可能产生遵从和依附感,对自主感是一种潜在的威胁。而我国是一个强调集体主义的国家,人们对群体标准会产生共鸣,并且完全内化文化中的集体主义价值。因此,我们会按照这种标准参与活动,从而使归属感有更高的体验,相对来说自主感将会受到影响。东西方文化差异造成了重视个体成长和个性发挥的西方文化中的运动员更为重视自主感知觉,而以集体文化为代表的东方文明则强调牺牲个人利益来维护集体利益,与集体中其他成员的关系则成为影响运动员在集体中成长的关键因素。有研究者从跨文化视角研究了美国和亚洲人内部动机影响中选择内容发挥的重要作用。该研究者以自己做出的选择、接受被相信的群体成员做出的选择和不被相信的群体成员强加的选择为影响因素,探讨了内部动机受到的影响。结果显示,强加的目标被试者表现出低水平的内部动机,证实了自我决定理论的预测;美国被试者更多地受到个人主义文化的影响,个人的决定会导致较高水平的内部动机,接受被相信的群体成员做出的选择对内部动机的影响水平次之;然而,亚洲被试者更多地受到集体主义文化的影响,接受被相信的群体成员做出的选择会导致最高水平的内部动机,而个人的决定次之[①]。该研究证明了文化差异导致基本心理需求满足对自我决定动机的影响在表达方式上存在不同。同时由于文化差异,群体自我决定动机在产生过程中受到群体心理需求的群体倾向的影响。在美国文化背景下,当人们做出决定时,他们倾向于自主感,这种文化价值被很好地内化成自己的一部分。而在东方文化中,人们倾向于承认群体已经确定的价值,更多地从归属感视角进行体验,此时归属感的体验更强。所以从个体或群体心理需求视角来看,归属感需求不同,可能对自主感和胜任力的知觉具有调节作用。有研究验证,对于高归属感需求的个体来说,归属感比能力感对自我决定动机有更强的调节作用;而对于低归属感

---

① ZUCKERMAN,M & S EYSENCK & H J EYSENCK. Sensation seeking in England and America:Cross-cultural,age,and sex comparisons [J]. Journal of Consulting & Clinical Psychology,1978,46(1):139-149.

需求的个体来说，归属感比胜任力对自我决定动机的影响更为显著[①]。归属感在社会背景下，尤其是在球队中是自我决定动机最为重要的预测因子。

根据动机层次模型，不同需求差异的群体可以产生不同的功能和不同的感受，从而影响自我动机决定。这种差异来自群体（个体）基本心理需求与现实社会的交互作用中需求得到满足或受到阻碍的体验。归属感和自主感是两种不同的体验，在相互适应的文化情境中，个体可以彼此整合和调节。如果在活动中出现文化冲突，个体很有可能不能很好地整合和调节自我的基本心理需求满足。因此，自主感对自我决定动机影响不显著，可能是高归属感需求整合或调节了自主感，也可能是我国竞技体育集体项目领域本身对自主感重视程度不足，还可能是调研中运动员把自主感和归属感看成了相互对立面。

依据自我决定理论，人类有基本心理需求和整合倾向的本能。在不同文化情境中，人类的基本心理需求对自我决定动机的影响呈现出整体、背景和情境的层次性，这种层次存在着从上到下的影响，这种影响的层次性可能出现很大差异。因此，我国文化特征决定我国专业排球运动员的基本心理需求，归属感对自我决定动机促进作用大于胜任力，而自主性对自我决定动机影响并不显著。

（2）个体项目与集体项目的差异。

在基本心理需求对自我决定动机影响实证中，大部分研究认为自主感和胜任力发挥着重要的作用，归属感在崇尚个人主义的动机连续体中处于次要地位，但是在高度社会化的活动和任务中则尤为重要[②]。Guay 等发现在团队运动项目（如篮球）中，归属感、胜任力和自主感对动机的作用同等重要。研究结果存在差异是因为受到个体项目和集体项目的影响。在个体项目活动中，个人的活动更多体现了个人主义，归属感需求仅仅处于次要地位。而在集体项目中，个人价值的体现是通过团队价值的体现而得到体现，因此，归属感上升到主要地位；并且集体项目相较于个体项目对团队配合协作的要求差异也影响了归属感知觉的重要性。例如，在动机序列中，对归属感的角色定位研究认为，在教育背景中归属感与自我决定动机有较低和不显著的关联，而自主感和胜任力显示重要的关联关系。这可以理解为教育是一种非常个性化的活动，尤其是在教室中；而在社会化的活动和任务中，归属感的重要功能就是传递价值。Guay 等研究认为，在整个赛季，教练员强调合法行为的要求，将会改变运动员的价值取向，从而使运动员减少暴

---

① RICHER，S & R J VALLERAND. Construction and validation of the Perceived Relatedness Scale[J]. Revue Européene de Psychologie Appliquée，1998，48：129−137.

② 苏煜. 运用自我决定理论对高中生体育学习缺乏动机机制的研究[D]. 上海：华东师范大学，2007.

力行为，但仅限于对教练员有归属感的运动员，这表明归属感需求可能在价值传递过程中是一个关键标量。价值传递是指个体或群体所拥有的文化、价值感、信仰被个体所内化的过程，其中胜任力和归属感在价值传递过程中发挥着重要作用。另外，我国专业体育采用集体管理形式，使得队员间具有较高的交往与互动频率，这也会影响运动员社会关系的发展，进而提升归属感知觉的作用。特别是在青少年球队中，Kipp 等认为青年运动员和成年运动员由于社会关系的发展不同，前者的归属感知觉会更明显。

数据显示，自主感对自我决定动机影响不显著。这一结论与 Vallerand 等[1]、Reinboth 等的研究结论存在出入。如 Vallerand 等指出教练员所构建的自主或支持环境有利于运动员形成所有权知觉，他们会认为自己对运动内容具有选择权和自由度，进而便于教练员和运动员沟通交流。然而，Standage 等、Kowal 等[2]、Duncan 也都发现了自主感对自我决定动机存在不显著甚至是无关影响。这种差异可能来自以下几个方面原因。首先，团体项目中运动员更倾向于牺牲或放弃个体的自主性来换取团队的一致性；其次，我国青少年专业排球队运动员从年龄很小的时候起就接受集体生活和训练的管理方式，所以运动员对以教练员为中心的球队依赖程度更高，他们更渴望得到运动队对自己的关怀和照顾；最后，由于运动员的认知能力处于发展阶段，他们对自主感的界定可能与研究设计出现偏差。这些因素都可能是造成自主感不强的原因。

综上所述，在我国青少年专业排球项目中，只有归属感和胜任力对自我决定动机具有重要的预测作用。

（3）自主与控制的差异。

大量的研究证实，自主导向与积极的行为结果指标呈现正相关，而控制导向与公众自我意识和 A 型冠状行为模式正相关，这说明关注的焦点倾向于外部和压力。尽管自我决定理论认为自主感（较高的自我整合）和归属感（自我吸收或整合于社会团体）是人类的本能，它们是人类发展的两个重要轨迹，自主感与归

---

① VALLERAND，R J & G F LOSIER. An integrative analysis of intrinsic and extrinsic motivation in sport[J]. Journal of applied sport psychology，1999，11（1）：142－169.

② KOWAL，J & M FORTIER. Testing relationships from the hierarchical model of intrinsic and extrinsic motivation using flow as a motivational consequences[J]. Research Quarterly for Exercise and Sport，2000，71（2）：171－182.

属感的获得都需要胜任力需求的满足①。但是在不同的环境氛围中，比如自主支持环境和控制环境中，二者并不是总能建立起健康融合的促进关系。对整体导向的研究发现，尽管自主性和积极的、满意的人际关系相关，但是自主和归属彼此不相容或对立却是经常共同出现的。在自主或控制的环境中，个体通过不同目标导向都可能获得归属感和胜任力。例如，运动员努力参与训练，可能是为了比其他运动员获得更高的胜任力，也可能是为了符合运动队成员认可的标准行为，从而感知自己成为团队中的成员。无论是胜任力还是归属感的获得，既有可能是自主性的，也有可能是被控制的。自我决定理论认为，人类具有价值和调节的内化、整合本能倾向。儿童在成长过程中，最初的外部环境推动的行为会表现出内化调节的趋势，但是促进内化或内部动机过程需要一定的外部环境的催化。也就是说，内化或内部动机的促进不会自主产生，需要个体或群体能够灵活地综合文化要求、价值和调节形成自我，这种自我的程度依赖于环境对基本心理需求满足的支持程度。在我国竞技体育领域，特别是集体项目中，为了促进团队整体竞技能力的提高，教练员的权威性被认为是极其重要的，强调运动员对教练员权威的服从性，运动员参与训练的动力更多地来自外在环境。有研究显示，自主感与内在动机关联性更强，而归属感和胜任力在价值内化时会发挥重要的作用。也就是说，获得归属感和胜任力的支持会促进内化，并足以产生涉入价值或鉴别价值。因此，数据显示归属感和胜任力对自我决定动机的预测可能是受到我国运动队执教氛围的影响。

2. 自我决定理论对我国青少年专业排球队的启示

依据自我决定理论层次模型的原因序列，环境（社会因素）影响运动员的基本心理需求满足，进而影响运动员的动机，并产生运动员行为的结果。然而对我国青少年专业排球队的调研显示归属感和胜任力显性预测自我决定动机，而自主感对自我决定动机影响不显著。自我决定理论认为，自主感在基本心理满足方面发挥着独特的作用，归属感和胜任力的满足可以产生行为的控制，但是又能同时满足自主感需求，最终将会与最佳的行为结果相联系。因此，在我国青少年专业排球的执教过程中，如何能在满足归属感和胜任力的基础上，提高运动员的自主性需求，或者说归属感和自主性健康融合将成为未来教练员领导行为中的一个重要的方面。首先，集体项目中自主感和归属感是可以相互融合的关系，而不是彼

---

① RYAN，R M. Agency and organization intrinsic motivation，autonomy，and the self in psychological-development [J]. Nebraska Symposium on Motivation，1993，40（4）：1-56.

此对立或独立的。研究证实，自主感和归属感、幸福感具有积极的相互关联；自主包括自我决定、自我整合和对活动的认可，不涉及分离和独立[①]。没有自主感将会产生较低的喜欢、满足和幸福感[②]。如果仅有胜任力而没有自主感，或者仅有自主感而没有胜任力，都不足以维持和提高内部动机和主观活力[③]。尽管归属感和胜任力满足会提高动机的内化，但为了更充分地自我调节和整合，同样需要满足个体的自主感。因此，根据自我决定理论预测，当人们的归属感和胜任力是基于自主需求而产生时，人们将展现出最佳的参与动机和心理幸福感。其次，教练员减少行为控制，增加内容选择。自我决定理论认为，当个体在不受约束，同时承认外在的调节和价值时，就会呈现出自我整合的趋势。过度的外部压力、控制和评价不利于个体活动形成有意义的结构或获得调节平衡的进程。在我国运动员的选拔中，身体条件是一个重要的体能指标，多数运动员从事排球运动都经历了从不了解到最终喜欢的过程。在此过程中，运动员的自我决定动机发展，离不开教练员的引导和培养。如何引导和培养运动员的自我决定动机呢？有研究显示，对活动项目基本原理的认知有利于对行为目标的理解；对具体活动内容的认同，有利于对目标内容进程的理解；强调内容或过程的选择，而不是控制，有利于人们承担自我选择的责任[④]。在竞技体育领域中，我们应该假设运动员都具有内化球队突出的价值和调节能力倾向，并愿意充分地整合价值与调节，具体到自己的时候，能够成为自我决定，并且综合涉及个人的全面成长，只有这样才能使运动员达到从"叫我练"到"应该练"，进一步到"我要练"的状态。因为运动员基本心理需求满足可以将价值和调节进行灵活的转化，使之成为自我，进而产生自我决定动机。Sheldon 等[⑤]把这种整合作用的状态称为自我和谐，也就是人们的需要与他们的活动相和谐的状态。

① RYAN，R M & J H LYNCH. Emotional autonomy versus detachment：revisiting the vicissitudes of adolescence and young adulthood [J]. Child Development，1989，60（2）：340－356.

② BLAIS，M R，S SABOURIN & C BOUCHER，et al. Toward a motivational model of couple happiness [J]. Journal of Personality & Social Psychology，1990，59（5）：1021－1031.

③ FISHER，C D. Effects of personal control，competence，and extrinsic reward systems on intrinsic motivation [J]. Organizational Behavior & Human Performance，1978，21（3）：273－288.

④ DECI，E L & H EGHARRI & B C PATRICK，et al. Facilitating internalization：the self－determination theory perspective [J]. Journal of Personality，1994，62（1）：119－142.

⑤ SHELDON，K M & A J ELLIOT & A ELLIOT. Goal striving，need satisfaction，and longitudinal well－being：the self－concordance model [J]. Journal of Personality & Social Psychology，1999，76（3）：482－497.

5.3.2　教练员激励氛围对基本心理需求满足的影响分析

在竞技体育领域中，青少年专业排球运动队是协同型集体项目，球队中队员之间彼此相互依赖、信任，且技能互补，一起通过沟通与协调，共同达成目标，并且共同承担成败。传统研究认为激励氛围对基本心理需求存在着影响，但研究结果多以西方文化背景的在校学生和球队为样本，认为激励氛围与基本心理需求都存在着相关性，而本书发现，激励氛围对基本心理需求有影响，但各个子维度的影响程度不一样，个别维度影响不显著，根据数据分析结果，具体分析结果如下。

1. 掌握型激励氛围对基本心理需求的影响分析

在激励氛围对基本心理需求的影响方面，假设的三种掌握型激励氛围对三种基本心理需求都具有正向影响，是对已有理论的进一步证实。然而进一步进行相关分析和路径分析，却有不同的发现。①合作学习维度对胜任力和归属感具有正向影响，而与自主感之间的关系不显著；②努力与进步维度只与归属感呈现显著的正向影响作用，而与胜任力和自主感知觉的关系不显著；③角色认同维度对三种基本心理需求均存在显著正向影响。

（1）合作学习对基本心理需求满足的影响。

合作学习是指运动员在训练和比赛的背景下，全体队员为了达到共同目的而在行动上相互配合，共同完善训练或比赛方式。教练员为了完成特定的训练任务，引导全体运动员开展合作行为，借此提高运动员的学习动力和能力。

研究发现，合作学习维度对胜任力和归属感具有正向影响，而与自主感之间的关系不显著。本书认为，合作学习对胜任力的正向影响在于只有通过合作学习，团队成员才能了解达到胜任力所具备的条件和标准，因此，运动员之间互学互帮程度对运动员本人及团队都有积极的正向影响；合作学习对于归属感的正向影响则在于合作学习本身就是一种团队行为，运动员个体在团队的归属感来源于接受、尊重和支持，感情上和心理上的认同，责任和义务的担当，合作学习是组织最好的沟通方式，有利于提高组织成员的凝聚力和归属感；而合作学习与自主感关系不显著属于正常，因为自主感是指一个人的行为能够由自己支配而不受他人影响的一种情感。高自主感的人表现为坚定、有主见、有信心、行动能力强，也容易成功；相反，低自主感的人表现为胆怯、懦弱、自卑、迟疑，遇到困难容易放弃。合作学习强调团队协调与合作，而自主感强调的是个性和自我选择。高自主感的人比较有个性但也容易陷入自负，低自主感的人缺乏自主意识，但容易陷入自我保护。最有效的管理办法是通过团队学习，引导自主与团队意识的积极融合。

多伊奇目标结构理论认为，团队中由于对于个体实现目标的奖励方式不同，导致在实现目标的过程中，个体之间的作用方式也不同。在排球项目中，队员之间的作用方式对个体的心理过程和行为方式会产生不同的影响。在排球球队中，全体成员有着共同的目标，只有当球队目标实现时，运动员个体目标才能实现。这种建立在球队成功基础上进行奖励的方式创设了积极的人际关系，使运动员之间形成积极互动的促进关系，以一种既利于自己成功，又利于同伴成功的方式开展活动，并不断得到教练员和运动员的社会强化。合作型目标结构使球队成员之间交往更加频繁，队员之间相互帮助、鼓励和促进，每一名队员都在更大的程度上感受到自尊并被球队成员接受，所以运动员在完成训练任务过程中，更为积极，成就水平提高得更快。

合作学习的目标结构理论从动机的角度出发，强调了合作目标对排球队完成任务的诱因影响，而发展理论则从认知出发，重视合作学习对任务完成效果的影响（在达到团队目标过程中是否每个成员都提高了自己的认知水平）。在球队完成任务的过程中，运动员需要承担不同角色，既是分组对抗，也是在同一目标下的一种特殊角色的合作方式。在此过程中运动员可以通过对练习内容的讨论来解决认知上的不一致，丰富对训练内容的多视角认知，阐明不充分的推理，而最终达到对技能和知识的理解和提高。因此，运动员在完成训练任务的过程中，通过合作学习方式的相互作用可以使运动员对排球技能和知识认知水平得到提高。通过合作学习，运动员可以从同伴身上获得新的知识、技能和方法，同时这种不断切磋提升了运动员的自我竞技水平，使运动员对自己的能力感到自信和满意。而这种合作学习消除了他们之间的沟通障碍，使运动员之间的社会关系变得和谐融洽，让他们觉得自己可以融入集体并产生归属感。因此，合作学习能有效地预测运动员基本心理需求满足中的归属感和胜任力。

（2）努力与进步对基本心理需求满足的影响。

研究发现，努力与进步维度只与归属感呈现显著的正向影响作用，而与胜任力和自主感知觉的关系不显著。因此，一个团队成员的努力与进步是赢得团队成员接纳和尊敬的基本要求，运动员的努力程度越高，进步速度越快，越容易赢得组织的认可，而认可度的高低决定着归属感感知的高低。团队成员的努力与进步程度与归属感具有正向影响关系。而努力与进步维度与胜任力和自主感知觉的关系不显著可能的解释在于：胜任力既有主观的自我感知，又有客观的现实条件，努力与进步是满足胜任力的基本要求，但努力与进步未必能达到胜任力所要求的综合能力，自我感知的胜任力未必在现实中能真正达到。调研同时发现，有些队员说"胜任与否"是教练员和其他队员是否认可。至于努力与进步维度与自主感关系不显著，是因为努力与进步归因是期望获得他人的认可，而自我感知只是一个主观感知，是需要通过现实印证并予以确认的。

对于青少年专业排球队在比赛中的能力和成功的不同理解，导致了运动员努力与进步目的归因不同。运动员的成功是建立在团队成功基础上的，没有团队的成功，运动员的价值得不到社会的承认。球队的成功是运动员成功的载体。而归属感是运动员被球队接受为其中一员的重要体现，为了球队进步与发展以及所有球员的共同成就，运动员必须通过个体的努力和进步，使球队中形成一种"人人为我，我为人人"的氛围。在这种氛围中，运动员努力与进步的过程，使其更多地感受到自己可以和谐地融入团队中，通过自身的努力与进步，进一步提高团队的整体士气，并螺旋式地提高运动员的整体动机。因此，努力与进步对归属感产生显著预测，说明教练员针对集体项目对运动员参与训练和比赛提出的个体要求是直接归因。

（3）角色认同对基本心理需求满足的影响。

研究发现，角色认同维度对三种基本心理需求均存在显著正向影响，因此，在团队视角下，首先要理清角色认同、合作学习和努力与进步的相互逻辑关系。在青少年专业排球项目中，由于球队是以团队的形式来实现团队目标的，在任务实施过程中，运动员之间具有很强的依互作用，个人目标的实现是建立在团队目标实现的基础之上的。因此，无论是基于我国集体主义文化氛围，还是基于交互性团队的价值目标实现，我们从数据上可以发现角色认同、合作学习和努力与进步都显著地影响运动员的归属感，其中角色认同对归属感的影响大于合作学习和努力与进步。这说明在我国青少年专业排球队中，角色认同是建立在团队目标视角、合作学习和努力与进步是建立在角色认同基础之上的。在集体项目中，角色认同是基于社会认同理论基础之上的。

其次，在集体项目中，教练员在掌握型激励氛围中强调每个运动员都是团队的一员，运动员通过对球队的形象和价值认同来定位自己在球队中的角色，即运动员通过角色认同明白自己是谁、为什么参与球队。角色认同是指个人的态度及行为与个人当时应扮演的角色相一致。依据社会认同理论，由于集体项目中，运动员的个人成绩是通过团队的成绩才能得到体现，因此，团队是运动员对自我角色认同的参照物。比如：我是谁？我是某球队的运动员，或者我是某球队的一名球员。教练员在执教过程中，首先强调每个运动员都是团队的组成部分，承担着团队目标实现的责任。为了团队整体竞技能力的提高，每个认同自我角色的运动员都会扮演好自己在团队中的角色。这种角色认同强调态度和行为符合团队的发展目标，并进一步强调基于自我完善和发展所扮演的角色。因此，角色认同分别对归属感、胜任力和自主感具有正向预测作用。

再次，在排球项目中，运动员的角色可以分为职能角色和团队角色。职能角色是运动员在球队阵容中的专位竞技能力的要求，它涉及运动员自身的体能、技能、战术、智能和心理等综合要求。团队角色描述的是运动员在团队中的行为方式与其他运动员之间的相互关联。职能角色强调团队工作的分工，而团队角色强调团队工作的合作、学习、交流、分享与互补等。运动员对职能角色的感知，反映了运动员对自身竞技能力的自我效能的评价及其对团队的重要性。运动员对团队角色的感知，反映了运动员个体与球队团体健康融合和彼此需求的重要性。因此，在掌握型激励氛围中，运动员的角色认同正向预测了基本心理需求的归属感和胜任力。在我国集体主义文化基础上，特别是任务完成需要成员之间具有很强的互依性的排球项目上，个人竞技能力的发挥是建立在团队成员基础之上的，也就是说个人价值是通过团队价值实现而得到体现的。所以角色认同对归属感的预测大于胜任力。另外，在集体项目中，运动员通过对球队和球队中自我角色认同的感知，增加了其对个人和球队的责任心，个体的自主性感知也必将提高。

最后，在我国文化内涵中，集体主义价值取向是一个重要的理念。中国是一个以集体主义著称的国家，强调个体对群体的依赖和从属，个人利益和行为不能独立于群体的利益和行为之外。因此，在排球项目中，无论是个体竞技能力的提高，还是运动员整体竞技能力的提升，都离不开团队成员之间的通力协作，球队的整体利益位于运动员个体利益之上，运动员的个人价值是通过团队价值得到体现的。因此，集体主义文化应该起主导作用，个体主义文化起辅助作用。也就是说，集体主义文化首先强调运动员之间的合作与协同，同时鼓励运动员通过合理竞争为团队做出更多的贡献。特别是在竞技体育集体项目中，排球项目是最重要的团队精神的展现。在集体项目中，归属感是运动员最重要的基本心理需求。数据显示，在我国的文化背景下，掌握型激励氛围对归属感具有显著的影响。

2. 表现型激励氛围对基本心理需求的影响分析

（1）球队内部竞争对基本心理需求满足的影响。

研究发现，队内竞争维度对三种基本心理需求存在显著的正向影响。研究表明，合作学习与队内竞争往往被认为是一种相互对立的关系。然而大量的对二元甚至多元主体之间关系的研究表明，合作和竞争可以同时存在于不同主体间的互动关系之中。团队内部中存在既合作又竞争的关系，被称作合作—竞争关系。如何在竞技体育集体项目中保持运动员个体之间合作与竞争的平衡，将涉及球队共同绩效的问题。合作—竞争关系是为了球队共同的愿景和目标的实现，团队内运动员之间既合作又竞争的持续关系，在彼此承诺和信任、共享信息、风险和回报的基础上，这些伙伴之间倾向于结成既合作又竞争的非零和博弈的伙伴关系。

在集体项目中，合作与竞争是矛盾的对立统一体。合作意识的强弱决定团队的整体战斗力。由于专业排球队的培养是一个系统的整体工作，加强合作意识的培养是提高球队战斗力的重要前提。而竞争也会影响球队成员的主动性和积极性。因此，从团队的意义上加强运动员的合作意识培养，并正确引导运动员充分发挥个体之间的竞争是提高效率的辅助手段，不能只讲合作而忽略了竞争的正确发挥。这就要求首先强调的是运动员的团队意识，在此基础上鼓励运动员合理竞争，在个人利益和团队利益出现冲突时，个人利益服从团队利益。

从运动队取得成就的根本上说，这些成就来自运动员个体竞技能力的发挥，以及和队友的合理配合。因此，在团队内部，个体之间的合作竞争有利于个体工作效率的提高。队内竞争不是对抗性竞争，设定某个运动员为自己模仿和学习的对象而非超越的对象。竞技体育强调更高、更快、更强，显然要获得比赛胜利就要以对手或队内优秀成员为努力目标，这种以提升士气和鼓励运动员努力投入训练为目的的激励氛围不会影响队内团结和内部竞争，反而会促进运动员为了实现更高的目标而努力。据此，本书认为，队内竞争维度对三种基本心理需求存在显著的正向影响

（2）错误惩罚对基本心理需求满足的影响。

研究发现，表现型激励氛围中错误惩罚维度对三种基本心理需求存在显著的负向影响，这与假设路径一致。从心理学的角度来看，教练员要改变运动员的行为，惩罚和激励是两种最主要的手段。惩罚导致行为退缩，是消极的、被动的。激励是一种积极的、主动的，能持续提高效率的手段。适度的惩罚是有积极意义

的，过度的惩罚是无效的。教练员对运动员的错误加以过度惩罚是对运动员资格的一种否定，经常被教练员否定的运动员，即使有主动工作的热情，被否认的次数多了，这种热情也会荡然无存。教练员的激励和肯定有利于运动员对球队的正面认同，而教练员对运动员的频繁否定会让运动员觉得自己对运动队没有作用，进而影响运动员的归属感。

教练员在执教过程中，如何看待运动员在训练过程中所犯的错误，可以表明教练员自身目标导向的实施情况，错误惩罚会造成运动员感觉运动过程是受到控制的，缺乏自己的掌控。错误惩罚往往发生在教练员要求运动员达到既定的训练量和训练水平上，而非运动员的自我参照，这种受控性造成运动员自主感知降低。同时，错误惩罚会影响运动员的自信心和能力感知，特别是在其他运动员面前受到的斥责和惩罚可能会导致其被其他队员嘲笑，进而造成队员间关系紧张。因此，错误惩罚对三种基本心理需求都有负向预测。

（3）厚此薄彼对基本心理需求满足的影响。

数据分析结果表明，厚此薄彼维度对胜任力和归属感存在不显著的负向影响，而正向影响自主感，这与假设路径存在较大出入。可能的解释为，厚此薄彼是一种主观认知感觉或对外部事物的评价，与运动员的胜任力没有相关性，归属感从主观来说是一种心理感觉，从外部来说，是团队成员对成员的认可与接纳。因此，厚此薄彼对这两个变量影响效果不显著。而厚此薄彼与自主感具有相关性，是因为厚此薄彼是个体自主感选择的结果，厚此薄彼结果会影响运动员个体自主感的方向，进而影响动机转化的内容。

5.3.3　基本心理需求在教练员激励氛围和动机间扮演中介变量的角色

表 5-4 的数据显示，在激励氛围对自我决定动机的影响中，胜任力和归属感对掌握型激励氛围中的角色认同和合作学习发挥中介作用，而努力与进步仅仅对归属感发挥中介作用。从间接效应数据来看，掌握型激励氛围对自我决定动机的影响大于表现型激励氛围，证实了理论的预测。在表现型激励氛围中，归属感和胜任力在队内竞争和自我决定动机之间具有正向的中介作用，而错误惩罚对自我决定动机影响通过归属感和胜任力发挥反向中介作用。

在团队运动项目中，归属感在基本心理需求中的作用更为显著。尽管 Ryan 等[①]在自我决定理论中指出归属感对动机连续体的末端发挥作用，其作用弱于自主感和胜任力，并且很多国内外学者的研究均支持以上结论，然而受到运动员年龄阶段和竞技水平的影响[②]和项目特征的影响，归属感会在青年运动员和团体项目上对动机形成的作用更为明显。同时文化特征和国情等因素也影响归属感知觉的作用，本研究的样本来源于专业运动队，他们长期在一起训练、生活，并且与教练员存在较长时间的磨合沟通和互动，形成了良性和谐的运动员与教练员关系，因此能否被团队认可，对于运动员个体至关重要。在这里，归属感实际上是运动员对自己角色在团队中的一个再认知。

以上模型很多路径不成立，甚至出现相反方向的影响，或者只是部分证明了假设模型，说明激励氛围、基本心理需求和动机知觉的关系远没有我们构想的这样简单。其中一种解释源于目标导向与激励氛围之间的交互作用。运动员是任务导向还是自我导向，影响其对激励氛围的解读[③]。当运动员是任务目标导向时，其会更多关注教练员所营造的掌握型激励氛围，即掌握型激励氛围所包含的内容与其目标是相匹配的，这时激励氛围的作用更为显著。而对于那些自我导向的运动员，如果教练员同时构建了掌握型激励氛围和表现型激励氛围，他们则会根据自己的目标导向有选择地解读激励氛围。即使教练员更强调掌握型激励氛围，由于运动员受自我目标导向影响，他们则更可能将其过度解读为表现型激励氛围，从而削弱掌握型激励氛围的影响。

5.4　本节小结

在掌握型激励氛围对基本心理需求满足的正向影响中，合作学习正向显著影响胜任力和归属感，角色认同正向显著影响三种基本心理需求，努力与进步正向

① RYAN，R M & E L DECI. The "third selective paradigm" and the role of human motivation in cultural and biological selection: A response to Csikszentmihalyi and Massimini [J]. New Ideas in Psychology，1985，3（3）：259−264.

② ADIE，J W & J L DUDA & N Ntoumanis，et al. Environmental factors，basic need satisfaction，and subjective well−being among adult team sport athletes [J]. Journal of Sport & Exercise Psychology，2006，28（2）：23.

③ PETHERICK，C M & D A WEIGAND. The relationship of dispositional goal orientations and perceived motivational climates on indices of motivation in male and female swimmers [J]. International Journal of Sport Psychology，2002，33（2）：218−237.

显著影响归属感。但合作学习对自主感之间的关系影响不显著，努力与进步维度对胜任力和自主感之间的关系影响不显著。在表现型激励氛围对基本心理需求满足的影响中，队内竞争对三种基本心理需求存在着正向显著影响，错误惩罚维度则呈现出显著性负向影响，厚此薄彼对胜任力和归属感存在不显著的负向影响，而对自主感则存在着正向显著影响。

基本心理需求正向影响运动员的自我决定，但三个维度影响效用不同。归属感和胜任力能有效地促进自我决定动机，而自主感的作用则不显著。与西方自主感和胜任力对自我决定动机之间的正向预测不同，在中国球员中，归属感排在第一位，胜任力排在第二位，而自主感影响效用有限。

在掌握型激励氛围中，归属感对合作学习、角色认同和努力与进步维度都具有显著的正向中介效应，胜任力对合作学习和角色认同具有显著的正向中介效应。在表现型激励氛围中，归属感和胜任力对队内竞争都具有显著的正向中介效应，胜任力和归属感对错误惩罚具有显著的负向中介效应。从间接效应数据来看，掌握型激励氛围的中介效应影响大于表现型激励氛围，证实了理论的预测。归属感在专业组青少年排球运动员身上对自我决定动机形成的中介效应作用更为明显。

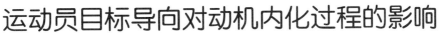

运动员目标导向对动机内化过程的影响

6.1　目标导向对激励氛围感知的影响

　　本节内容以成就目标理论为基础,考察不同目标导向群组对激励氛围的感知差异。首先,分析目标导向与激励氛围各维度之间的相关系数。其次,通过 K-mean 聚类法对样本变量"任务导向"和"自我导向"聚类,形成 4 类目标导向类型,并根据研究设计将群体分为"高任务/高自我、高任务/低自我、低任务/高自我、低任务/低自我"四类。最后,采用多变量方差分析(MANOVA)检验不同目标导向类型的运动员在激励氛围感知方面是否存在显著差异。如果存在显著差异,则采用事后比较(LSD post-hoc test)的方法来比较各类型之间的差异。

6.1.1　实证检验与分析

1. 目标导向与激励氛围维度的相关性分析

　　相关性分析是研究变量间密切程度和方向的一种分析方法,只有当变量间存在相关关系时才需要进一步进行其他的关系检验,如方差分析、因果关系。由于目标导向的高低程度与激励氛围的感知程度高低存在着线性关系,因此本书采用 Pearson 相关分析双尾检验,具体分析结果见表 6-1。

表 6-1　教练员激励氛围与运动员目标导向相关分析结果一览表

	任务导向	自我导向	掌握型激励氛围	表现型激励氛围
任务导向	1			
自我导向	.317**	1		
掌握型激励氛围	.413**	.025	1	
表现型激励氛围	.099	.256**	−.106*	1

注：**表示在 0.01 水平（双侧）上显著相关；*表示在 0.05 水平（双侧）上显著相关。

相关性分析表明任务导向与掌握型激励氛围高度相关，相关系数为 0.413（sig.<0.01），自我导向与表现型激励氛围高度相关，相关系数为 0.256（sig.<0.01）。同时研究还发现任务导向与自我导向间也存在较为显著的相关关系，相关系数为 0.317（sig.<0.01），表明运动员在目标导向上存在着交互作用，这说明运动员既可能表现出"高任务/高自我"，也可能表现出"低任务/低自我"的目标倾向，这为后续的分组实验和方差分析奠定了基础。同时数据分析还表明任务导向与表现型激励氛围、自我导向与掌握型激励氛围之间的相关关系不显著，相关系数分别为 0.099（sig.=0.063>0.05）、0.025（sig.=0.638>0.05）。而掌握型激励氛围和表现型激励氛围间则存在着较强的负相关关系，相关系数为 −0.106（sig.<0.05）。

2. 目标导向聚类

目前关于目标导向分类方法存在较多争议，其中以平均数和中位数的分类方法居多[1][2][3]。根据任务导向得分的高低以及自我导向得分的高低，可以把人群分为 4 种目标导向型。然而这样的分类方法过于主观，会造成研究的信度下降[4]，

① NTOUMANIS，N & S BIDDLE. The relationship between achievement goal profile groups and perceptions of motivational climates in sport [J]. Scandinavian Journal of Medicine & Science in Sports，1998，8（2）：120−124.

② 陈福亮，杨剑，季浏. 成就目标导向与大学生体育锻炼参与的关系 – 友谊质量的调节作用[J]. 体育科研，2013，34（4）：61−65.

③ 李京诚，孙伟春. 中小学生体育课成就动机、取向及其与动机气氛感的相关研究[J].天津体育学院学报，1999，14（3）：34−37.

④ 陈爱国，许克云，殷恒婵，颜军. 体育学习中成就目标导向与多维学习动机的关系研究[J]. 天津体育学院学报，2010，25（3）：214−217.

因此需要采用聚类分析法将目标导向进行较为合理科学的分类。根据 Hodge 等[①]的研究，目标导向分类方法中以 4 类分类的方式稳定性最佳，因此采用 K-mean 聚类方法时，可以设定分为 4 组，并依据研究设计与需要将这些组依次命名为："高任务/低自我""低任务/高自我""高任务/高自我"和"低任务/低自我"（表 6-2）。

表 6-2   目标导向聚类表

组别	n	任务导向	自我导向	类别
1	94	4.7779±0.25	2.7801±0.46	高任务/低自我
2	125	3.7650±0.35	3.2560±0.37	低任务/高自我
3	87	4.6767±0.41	4.2797±0.47	高任务/高自我
4	48	3.4453±0.64	2.0625±0.42	低任务/低自我

3. 多变量方差分析

本书采用单因子多变量方差分析（MANOVA）探究不同目标导向型运动员对激励氛围的感知差异。MANOVA 显著性检验表明，自变量的 MANOVA 四种统计检验量中 P 值均小于 0.05，达到显著水平，表明 4 种类型的目标导向型运动员在 2 种激励氛围的平均数上有显著差异（表 6-3）。方差分析表明 4 种类型的目标导向型运动员在掌握型激励氛围（$F=22.650$，$P<0.01$）和表现型激励氛围的感知上均存在明显差异（$F=5.126$，$P<0.05$）（表 6-4）。

表 6-3   运动员目标导向与激励氛围感知多变量方差分析结果一览表

	效应	值	F	假设 df	误差 df	sig.
组别	Pillai 的跟踪	.217	14.193	6.000	700.000	.000
	Wilks 的 Lambda	.790	14.560	6.000	698.000	.000
	Hotelling 的跟踪	.257	14.927	6.000	696.000	.000
	Roy 的最大根	.218	25.402	3.000	350.000	.000

① HODGE，K & L PETLICHKOFF. Goal profiles in sport motivation：A cluster analysis [J]. Journal of Sport & Exercise Psychology，2000，22（3）：256－272.

表6-4　不同类型目标导向的激励氛围感知描述性统计及方差分析

| | 高任务/高自我 | | 高任务/低自我 | | 低任务/高自我 | | 低任务/低自我 | | | |
	均值	标准差	均值	标准差	均值	标准差	均值	标准差	F	P
掌握型激励氛围	4.56	0.46	4.67	0.44	4.23	0.44	4.25	0.47	22.650	0.000
表现型激励氛围	3.20	0.86	2.92	0.75	3.02	0.58	2.74	0.55	5.126	0.002

One-way ANOVA 检验表明，不同目标导向型运动员在掌握型激励氛围和表现型激励氛围的感知上 F 值达到显著水平，需要进行多重比较。本书采用 Turkey HSD 方法进行多重两两比较。

多重两两比较结果表明（表6-5），在掌握型激励氛围感知方面，"高任务/低自我"组和"高任务/高自我"组，"低任务/高自我"组和"低任务/低自我"组，两两之间不存在显著差异。而"高任务/高自我"组和"低任务/高自我"组，"高任务/低自我"组和"低任务/低自我"组，两两之间存在显著的差异。在表现型激励氛围感知方面（表6-6），只有"高任务/高自我"组和"高任务/低自我"组，"高任务/高自我"组和"低任务/低自我"组，两两之间存在显著差异，其他各组之间的均值并无明显差异。

表6-5　不同目标导向型运动员掌握型激励氛围感知差异多重比较结果

组别	1. 高任务/低自我	2. 低任务/高自我	3. 高任务/高自我	4. 低任务/低自我
1. 高任务/低自我	—	.4416*	.1132	.4277*
2. 低任务/高自我		—	–.3284*	–.0139
3. 高任务/高自我			—	.3146*
4. 低任务/低自我				—

注：*表示均值、差值在 0.05 水平上显著。

表6-6 不同目标导向型运动员表现型激励氛围感知差异多重比较结果

组别	1. 高任务/低自我	2. 低任务/高自我	3. 高任务/高自我	4. 低任务/低自我
1. 高任务/低自我	—	−.1054	−.2869*	.1818
2. 低任务/高自我		—	−.1815	.2872
3. 高任务/高自我			—	.4687*
4. 低任务/低自我				—

注：*表示均值、差值在 0.05 水平上显著。

根据 Thomas 等人[1]的观点，在比较不同目标导向类型组别差异时不应该只关注 P 值是否显著，还应该采用效应量（Effect Size，ES）作为衡量标准来消除样本容量对均值比较的影响。效应量考察的是两组样本分布的总体的非重叠程度，ES 值越大，重叠程度越小，效应越明显，反之亦然。Cohen[2]指出 ES 值为 0.20 表示均值差异较小，0.50 表示中等差异，0.80 表示较大差异。

效应量多重比较结果（表6-7）显示，就任务激励氛围感知而言，那些任务目标导向较高的运动员组不管其自我目标导向高低与否，对掌握型激励氛围的知觉比那些任务目标导向较低的运动员组要强烈。具体而言，掌握型激励氛围感知上"高任务/高自我" > "低任务/高自我"（ES=0.733） > "低任务/低自我"（ES=0.667）；"高任务/低自我" > "低任务/高自我"（ES=1.00） > "高任务/高自我"（ES=0.923）。就表现型激励氛围而言，感知表现型激励氛围最不显著的组别是"低任务/低自我"，而当运动员具有较高水平的任务目标导向时，其自我目标导向的高低影响表现型激励氛围感知的大小。

表6-7 不同目标导向型运动员激励氛围感知效应量多重比较结果

组别	1. 高任务/低自我	2. 低任务/高自我	3. 高任务/高自我	4. 低任务/低自我
1. 高任务/低自我	—	1.00（大）		0.923（大）
2. 低任务/高自我		—	0.733（中）	

① THOMAS，J R & W SALAZAR & D M LANDERS. What is missing in P<0.05? Effect size [J]. Research Quarterly for Exercise and Sport，1991，62（3）：344−348.

② COHEN，J. A power primer [J]. Psychological Bulletin，1992，11（2）：155−159.

续表

组别	1. 高任务/低自我	2. 低任务/高自我	3. 高任务/高自我	4. 低任务/低自我
3. 高任务/高自我	0.347（小）		—	0.667（中）
4. 低任务/低自我			0.637（中）	—

注：对角线右上角表示任务氛围感知的效应值，对角线左下角表示表现型激励氛围感知的效应值，空白格表示两两比较均值差异不明显。

6.1.2　研究结果分析

第一，两种目标导向存在着耦合关系。研究首先发现运动员的两种目标导向存在着相关关系，而非正交关系，也就是说两种目标倾向存在着交互作用而非孤立存在，部分证实了 Roberts 等人的观点。运动员具有自我目标导向时，可以同时具备两种目标倾向，而非需求强化一种目标倾向的同时，压制或削弱另一种目标倾向。这两种目标倾向可以共存并相互作用。这个结论对于排球教练员来说，既要注重运动员的任务目标，使其尽快掌握成功完成任务的技能和意识，同时还需要注意其自我目标，最有效的办法是在制定激励相容的团队目标时，需要充分考虑运动员的个人目标，把个人目标纳入组织目标之中，这样才能使运动员做到积极的动机内化和自我选择。

第二，不同目标导向对激励氛围感知表现出不同的结果。研究发现，专业队运动员的任务目标导向与掌握型激励氛围高度相关，而其自我目标导向与表现型激励氛围高度相关。激励氛围的理论源于成就目标理论，而两种激励氛围则通过任务目标导向和自我目标导向发展而来，有的学者直接分别将掌握型激励氛围和表现型激励氛围界定为任务参与氛围和自我参与氛围，因此任务目标导向与掌握型激励氛围、自我目标导向和表现型激励氛围具有天然的一致性，这一研究结论与 Waldron 等[1]的研究结论一致，反映出该结论对我国专业排球运动员的适应性。

第三，运动员具有任务目标导向对激励氛围的感知和解读比较敏锐。研究还揭示出不管运动员的自我目标导向的程度高低与否，只要其具有较高的目标导

---

[1] WALDRON，J J & V KRANE. Motivational Climate and Goal Orientation in Adolescent Female Softball players. [J] Journal of Sport Behavior 2005，28（4）：378-391.

向，就表现出较高的掌握型激励氛围的知觉。那种鼓励个体能力提升和努力训练的情境与任务目标导向具有较好的兼容性，运动员具有任务目标导向对激励氛围的感知和解读更为敏锐。对于那些具有较高任务目标导向的运动员而言，自我目标导向不会削弱运动员对努力训练、不断提升等方面的动机倾向。如 Roberts 等人所言，教练员很难压制或削弱运动员的自我目标导向，然而可以通过营造掌握型激励氛围来调节和缓解自我目标导向的作用。

第四，在表现型激励氛围方面，当运动员处于高任务目标导向时，其自我目标导向的高低则影响表现型激励氛围的理解和感知。而处于低任务目标导向时，不管运动员自我目标导向高低与否，其对表现型激励氛围的感知差异较小。因此任务目标导向在运动员对表现型激励氛围感知方面具有决定作用，任务目标导向的高低，会影响运动员对表现型激励氛围的知觉，因此教练员在应用激励氛围时，需要关注运动员在目标导向上的个体差异。如在比赛情境中需要队员争取胜利获得荣誉时，教练员需要针对"高任务/低自我"的运动员强化竞争意识。

6.2 运动员目标导向对归属感中介变量的调节作用

根据以上研究结果，我们发现掌握型激励氛围对自我决定动机影响最大，其中基本心理需求中的归属感中介效应最为显著。因此下面考察运动员目标导向对上述模型可能的调节效应。

6.2.1 运动员目标导向的调节作用判定

根据成就目标理论，运动员具有任务目标导向和自我目标导向两种目标导向，以此可以分为"高任务/高自我""高任务/低自我""低任务/高自我""低任务/低自我"四组（表6-8）。根据温忠麟[①]的观点，当自变量为连续变量而调节变量为分类变量时，需要采用分组回归比较回归系数和适配程度。对以上四组运动员进行以掌握型激励氛围为自变量、自我决定动机为因变量的多组回归分析，用以检验运动员目标导向的条件作用，结果见表6-9。

---

① 温忠麟. 有中介的调节和有调节的中介变量[J]. 心理学报，2006，38（3）：448-452.

表 6-8　运动员目标导向分组

组别	n	任务导向	自我导向	类别
1	94	4.7779±0.25	2.7801±0.46	高任务/低自我
2	125	3.7650±0.35	3.2560±0.37	低任务/高自我
3	87	4.6767±0.41	4.2797±0.47	高任务/高自我
4	48	3.4453±0.64	2.0625±0.42	低任务/低自我

表 6-9　多组回归结果

分组	未标准化的回归系数 β	t	sig.	决断系数 R^2
高任务/低自我	0.281	0.465	0.643	0.002
低任务/高自我	1.352*	3.707	0.000	0.100
高任务/高自我	0.247	0.427	0.670	0.002
低任务/低自我	1.664*	2.451	0.000	0.116

注：* 表示在 $P<0.05$ 下显著。

从表 6-9 可以看出掌握型激励氛围与自我决定动机之间的回归方程，及其解释率、显著性水平随着运动员目标导向分组的不同而有所改变。其中"高任务/低自我"和"高任务/高自我"组别的回归系数不显著，没有通过检验，该结果表明当运动员具有较高水平的任务目标导向时，无论其自我目标导向的水平高低，都不会强化或削弱其对掌握型激励氛围的解读。而"低任务/高自我"和"低任务/低自我"组别的回归系数显著，通过检验，说明如果运动员本身的任务目标导向水平较低，但其自我目标导向的水平高低将影响对掌握型激励氛围的解读。由此可见，虽然运动员目标导向不影响掌握型激励氛围和自我决定动机两者之间关系的方向，但是影响两者关系的强度；并且运动员处于较高任务目标导向时，其自我目标导向的调节作用不明显，而当其处于较低任务目标导向时，其自我目标导向的调节作用明显。

6.2.2　运动员目标导向对归属感中介变量的调节作用

调节变量的作用体现为自变量对中介变量的影响程度，或者表达为中介变量对因变量的影响程度，或是兼而有之。大量文献已经验证了在短期干预下，运动员目标导向与掌握型激励氛围具有较强的交互效应会对后续的动机形成过程产生调节作用。图 6-1 提供了运动员目标导向在掌握型激励氛围—归属感—动机模型中的调节作用。

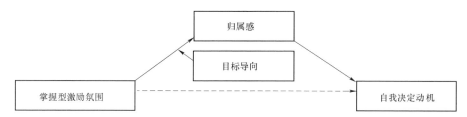

图 6-1　运动员目标导向在掌握型激励氛围—归属感—动机模型中的调节作用示意图
（注：实线表示已被验证的路径，虚线表示未被验证但实际可能存在的路径。）

在进行中介变量的调节效应分析前需要对中介变量归属感和因变量进行中心化处理，以避免多重共线性影响。然后，采用结构方程多组回归分析来判断不同组别目标导向的调节作用，旨在通过对比无限制模型和路径系数相等限制模型的卡方改变量与自由度比值——P 值是否显著来判断调节作用。

1.“高任务/低自我”组和“高任务/高自我”组的调节效应

本书通过预测无限制模型与假设路径系数相等模型的比较，形成如下假设。

虚无假设：预设无限制模型= 路径系数相等模型

对立假设：预设无限制模型≠ 路径系数相等模型

若检验的卡方值达到显著水平（$P<0.05$），则拒绝虚无假设，接受对立假设；相反，若检验的卡方值未达到显著水平（$P>0.05$），则接受虚无假设，拒绝对立假设。同时 NFI、IFI、RFI 和 TLI 的增加量若小于 0.05，则接受虚无假设，反之拒绝虚无假设。

表 6-10 是分组回归分析无限制模型和限制模型的比较，从表中可知，对模型所有结构方程系数限制为相等后，卡方值改变量 CMIN/df=0.006/1 的临界比率，P=0.936>0.05，卡方值改变量不显著，同时 NFI、IFI、RFI 和 TLI 的增加量均小于 0.05。因此可以从卡方值判断当运动员处于较高水平的任务导向时，无论其自我导向水平高低均对归属感中介变量的调节作用不明显。

表6-10　运动员高任务导向组调节效应卡方检验结果一览表

Model	df	CMIN	P	NFI Delta-1	IFI Delta-2	RFI rho-1	TLI rho2
限制模型（所有回归权重限制相等）	1	.006	.936	.000	.000	-.002	-.002

表6-11检验了限制模型和自由估计模型的卡方值及其卡方与自由度自比，两者的 P 值都小于0.05，且卡方与自由度之比都小于2，说明模型拟合良好，这进一步说明无限制模型和限制模型无显著区别。

表6-11　高任务导向组限制模型与无限制模型卡方值及其
卡方值与自由度自比结果一览表

Model	NPAR	CMIN	df	P	CMIN/df
无限制模型（所有参数自由估计）	38	98.113	52	.000	1.887
限制模型（所有回归权重限制相等）	37	98.120	53	.000	1.851
Saturated model	90	.000	0		
Independence model	18	1129.814	72	.000	15.692

表6-12对比了无限制模型与限制模型拟合适配度指标，其中 NFI、RFI、IFI、TLI、CFI 均大于0.8，RMSEA 小于0.08，表明两个模型的拟合程度较高，同时我们发现，指标在限制模型和无限制模型中并无明显改变。

表6-12　高任务导向组无限制模型与限制模型回归分析结果比较

Model	NFI Delta1	RFI rho1	IFI Delta2	TLI rho2	CFI	RMSEA
无限制模型（所有参数自由估计）	.913	.880	.957	.940	.956	.070
限制模型（所有回归权重限制相等）	.913	.882	.958	.942	.957	.069
Saturated model	1.000		1.000		1.000	1.000
Independence model	.000	.000	.000	.000	.000	.286

2. "低任务/高自我"组和"低任务/低自我"组的调节效应

表 6–13 是分组回归分析无限制模型和限制模型的比较，从表中可知，对模型所有结构方程系数限制为相等后，卡方值改变量 CMIN/df=3.683/1 的临界比率，P=0.048＜0.05，卡方值改变量显著，同时 NFI、IFI、RFI 和 TLI 的增加量大于 0.05。因此可以从卡方值判断当运动员处于较低水平的任务导向时，其自我导向水平高低对归属感中介变量的调节作用显著。

表 6–13　运动员低任务导向组调节效应卡方检验结果一览表

Model	df	CMIN	P	NFI Delta−1	IFI Delta−2	RFI rho−1	TLI rho2
限制模型（所有回归权重限制相等）	1	3.683	.048	−.023	−.017	−.018	−.018

表 6–14 检验了限制模型和自由估计模型的卡方值及其卡方与自由度自比，两者的 P 值都小于 0.05，且卡方与自由度之比都小于 2，说明模型拟合良好。但无限制模型和限制模型在卡方和自由度比值上差异显著。

表 6–14　低任务导向组无限制模型与限制模型卡方值及其
卡方值与自由度自比结果一览表

Model	NPAR	CMIN	df	P	CMIN/df
无限制模型（所有参数自由估计）	38	94.460	52	.000	1.817
限制模型（所有回归权重限制相等）	37	90.777	53	.000	1.713
Saturated model	90	.000	0		
Independence model	18	869.743	72	.000	12.080

表 6–15 对比了无限制模型与限制模型拟合适配度指标，其中 NFI、RFI、IFI、TLI、CFI 均大于 0.8，RMSEA 小于 0.08，表明两个模型的拟合程度较高。

表 6-15　低任务导向组无限制模型与限制模型回归分析结果比较

Model	NFI Delta1	RFI rho1	IFI Delta2	TLI rho2	CFI	RMSEA
无限制模型（所有参数自由估计）	.891	.850	.948	.926	.947	.069
限制模型（所有回归权重限制相等）	.914	.868	.965	.944	.950	.055
Saturated model	1.000		1.000		1.000	1.000
Independence model	.000	.000	.000	.000	.000	.255

3. "高任务/低自我"组和"低任务/低自我"组的调节效应

表 6-16 是分组回归分析无限制模型和限制模型的比较，从表中可知，对模型所有结构方程系数限制为相等后，卡方值改变量 $CMIN/df=2.647/1$ 的临界比率，$P=0.104>0.05$，卡方值改变量不显著，同时 NFI、IFI、RFI 和 TLI 的增加量小于 0.05。因此可以从卡方值判断当运动员处于较低水平的自我导向时，其任务导向的高低对归属感中介变量的调节作用不显著。

表 6-16　运动员低自我导向组调节效应卡方检验结果一览表

Model	df	CMIN	P	NFI Delta-1	IFI Delta-2	RFI rho-1	TLI rho2
限制模型（所有回归权重限制相等）	1	2.647	.104	.003	.003	.001	.001

表 6-17 检验了限制模型和自由估计模型的卡方值及其卡方与自由度自比，两者的 P 值都小于 0.05，且卡方与自由度之比都小于 2，说明模型拟合良好。

表 6-17　低自我导向组无限制模型与限制模型卡方值及其
卡方值与自由度自比结果一览表

Model	NPAR	CMIN	df	P	CMIN/df
无限制模型（所有参数自由估计）	38	97.597	52	.000	1.877
限制模型（所有回归权重限制相等）	37	100.243	53	.000	1.891
Saturated model	90	.000	0		
Independence model	18	881.553	72	.000	12.244

表 6-18 对比了无限制模型与限制模型拟合适配度指标，其中 NFI、RFI、IFI、TLI、CFI 均大于 0.8，RMSEA 小于 0.08，表明两个模型的拟合程度较高。

表 6-18　低自我导向组限制模型与无限制模型回归分析结果比较

Model	NFI Delta1	RFI rho1	IFI Delta2	TLI rho2	CFI	RMSEA
无限制模型（所有参数自由估计）	.889	.847	.945	.922	.944	.079
限制模型（所有回归权重限制相等）	.886	.846	.943	.921	.942	.080
Saturated model	1.000		1.000		1.000	1.000
Independence model	.000	.000	.000	.000	.000	.283

4. "低任务/高自我"组和"高任务/高自我"组的调节效应

表 6-19 是分组回归分析无限制模型和限制模型的比较，从表中可知，对模型所有结构方程系数限制为相等后，卡方值改变量 $CMIN/df=0.045/1$ 的临界比率，$P=0.833 > 0.05$，卡方值改变量不显著，同时 NFI、IFI、RFI 和 TLI 的增加量小于 0.05。因此可以从卡方值判断当运动员处于较高水平的自我导向时，其任务导向的高低对归属感中介变量的调节作用不显著。

表 6-19　运动员高自我导向组调节效应卡方检验结果一览表

Model	df	CMIN	P	NFI Delta-1	IFI Delta-2	RFI rho-1	TLI rho2
限制模型（所有回归权重限制相等）	1	.045	.833	.000	.000	−.002	−.002

表 6-20 检验了限制模型和自由估计模型的卡方值及其卡方与自由度自比，两者的 P 值都小于 0.05，且卡方与自由度之比都小于 2，说明模型拟合良好。

表 6-20　高自我导向组无限制模型与限制模型卡方值及其卡方值与自由度自比结果一览表

Model	NPAR	CMIN	df	P	CMIN/df
无限制模型（所有参数自由估计）	38	94.880	52	.000	1.825
限制模型（所有回归权重限制相等）	37	94.924	53	.000	1.791
Saturated model	90	.000	0		
Independence model	18	1117.562	72	.000	15.522

表 6-21 对比了无限制模型与限制模型拟合适配度指标,其中 NFI、RFI、IFI、TLI、CFI 均大于 0.8,RMSEA 小于 0.08,表明两个模型的拟合程度较高。

表 6-21　高自我导向组无限制模型与限制模型回归分析结果比较

Model	NFI Delta 1	RFI rho 1	IFI Delta 2	TLI rho 2	CFI	RMSEA
无限制模型（所有参数自由估计）	.915	.882	.960	.943	.959	.063
限制模型（所有回归权重限制相等）	.915	.885	.961	.946	.960	.061
Saturated model	1.000		1.000		1.000	1.000
Independence model	.000	.000	.000	.000	.000	.263

6.2.3　数据结果讨论

根据目标导向理论和教练员领导中介理论,激励氛围的激励作用既受到教练员领导方式的直接影响, 也受到情境因素和运动员特征因素的影响。尽管 Vallerand[①]构建了社会因素—基本心理需求—动机的逻辑链条,并得到了广泛的验证,然而 Kipp 等的研究指出动机形成的机理还需要考察运动员目标导向与激励氛围的交互作用,因此本部分研究通过 4 组类别的运动员目标导向考察其对归属感的调节作用。通过组别的两两比较,研究发现:只有"低任务/高自我"和"低任务/低自我"组别间对归属感中介变量的调节效应显著,而其他组别间的作用不明显。"低任务/高自我"和"低任务/低自我"组别间差异明显说明当运动员处于低任务导向时,自我导向水平处于较强的支配地位,其高低决定了运动员对激励氛围的解读,这种交互作用共同影响了归属感的知觉高低。同时这一解释也可以从"高任务/低自我"和"低任务/低自我"组间差异不显著中得到印证。当运动员处于较低自我导向时,虽然他们之间的任务导向水平高低不等,但他们对掌握型激励氛围的理解不存在显著的区别。

① VALLERAND，R J. Toward a hierarchical model of intrinsic and extrinsic motivation [A]. In Zanna M（eds.）. Advances in Experimental Social Psychology [C]. New York：Academic Press，1997，29（8）：271-360.

6.3 本节小结

本节研究了运动员目标导向与激励氛围感知，以及目标导向对归属感中介效应的调节作用。研究得出以下几方面结论。①运动员任务导向与自我导向存在着相关关系，而非正交关系，说明两种目标倾向存在着交互关系而非孤立存在。②不同目标导向对激励氛围感知呈现出不同的结果。专业队运动员的任务目标导向与掌握型激励氛围高度相关，而其自我目标导向与表现型激励氛围高度相关。③具有任务目标导向的运动员对激励氛围的感知和解读比较敏感，不管运动员的自我目标导向的程度高低，只要其具有较高的目标导向，就表现出较高的掌握型激励氛围的知觉。④在表现型激励氛围方面，当运动员处于高任务目标导向时，其自我目标导向的高低则影响表现型激励氛围的理解和感知。⑤虽然运动员目标导向不影响掌握型激励氛围和动机两者之间关系的方向，但是影响两者关系的强度。同时，运动员具有较高任务目标导向时，其自我目标导向的调节作用不明显，而当其具有较低任务目标导向时，其自我目标导向的调节作用明显。⑥当运动员具有较低自我目标导向时，即使他们之间的任务导向水平高低不等，他们对掌握型激励氛围的理解不存在显著的区别。本节对于揭示运动员目标导向对激励氛围的解读作用具有一定的理论和现实价值。

7

教练员执教行为与运动员基本心理需求：
配比样本组的比较分析

在现实环境中，每个教练员的领导行为都基于一定的执教理念，这种理念表达为激励氛围，并通过激励氛围影响运动员动机内化。依据自我决定理论中外界环境对基本心理需求满足具有支持和抑制的作用，教练员作为运动队激励氛围创设的主要载体，激励氛围是通过执教行为得以表达的。从执教意图上来说，每个教练员都希望通过自己的执教行为对运动员产生积极的影响。运动员在动机内化过程中，基本心理需求满足受环境和自身需求共同影响。自我决定理论认为，运动员基本心理需求满足，可以引起自我决定动机的产生。因此，本节着重考察教练员执教行为对运动员基本心理需求满足的影响效果，并通过配比样本组的组间差异分析探讨教练员执教行为策略的适用性。第一，本部分重点描述专业组（青少年运动员）和非专业组（大学生运动员）的样本特征；第二，通过配比样本组的分析，考察了不同情境下，激励氛围、目标导向、动机调节等中介变量的综合性影响，阐明了教练执教行为的作用效果；第三，重点考察了教练员在专业组（青少年运动员）和非专业组（大学生运动员）不同情境下的教练行为机理，为不同组别的运动员基本心理需求满足过程的管理指明了路径和策略。

7.1 描述性统计分析

7.1.1 专业组（青少年队）描述性统计分析

专业组样本的总体特征描述见表 7-1。有效统计量为 354 份问卷。①从性别方面来看，1 表示"男性"，2 表示"女性"，样本均值为 1.5311；②从年龄方面来看，1 表示"16 岁以下"，2 表示"16～17 岁"，3 表示"18～19 岁"，4 表示"20～21 岁"，5 表示"21 岁以上"，样本均值为 2.0282；③从是否是主力方面来看，1 表示"主力队员"，2 表示"替补队员"，3 表示"不好说"，样本均值为 1.6412；④从运动等级方面来看，1 表示"二级"，2 表示"一级"，3 表示"健将级"，4 表示"国际健将级"，5 表示"其他"，样本均值为 2.4435；⑤从入队时间方面来看，1 表示"2 年以下"，2 表示"2～3 年"，3 表示"3～4 年"，4 表示"4 年以上"，样本均值为 2.0706。

表 7-1　专业组样本的总体特征描述

	N	极小值	极大值	均值	标准差	方差
性别	354	1.00	2.00	1.5311	.49974	.250
年龄	354	1.00	4.00	2.0282	.68929	.475
是否主力	354	1.00	3.00	1.6412	.74408	.554
运动等级	354	1.00	5.00	2.4435	1.42556	2.032
入队时间	354	1.00	4.00	2.0706	1.13312	1.284

注：表格数据根据调研情况统计整理。

由图 7-1 可知：在性别分布上，女性比例略高于男性；在年龄分布上，"16～17 岁"年龄段的比例最高，"21 岁以上"年龄段较低，"16 岁以下"年龄段样本数为 0；在是否首发分布上，"主力队员"最多，"替补队员"其次，不确定位置队员比例略少；在运动等级分布上，"一级"运动员比例最高，其次是"二级"和"健将级"运动员，"国际健将级"运动员数量为 0；在入队时间分布上，其中最多的是"2 年以下"的新队员，其次是"3~4 年"的队员，再次是"2~3 年"的队员，最后是"4 年以上"的老队员。

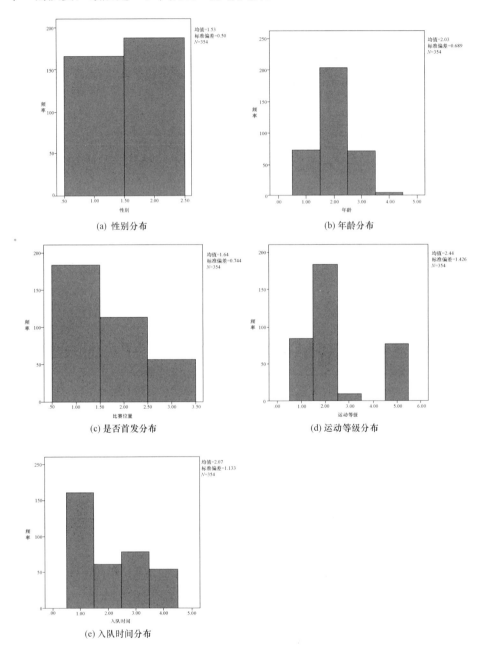

(a) 性别分布

(b) 年龄分布

(c) 是否首发分布

(d) 运动等级分布

(e) 入队时间分布

图 7-1　专业组样本分布图

7.1.2 非专业组（大学生）描述性统计分析

非专业组样本的总体特征描述见表 7-2。有效统计量为 366 份问卷。①从性别方面来看，1 表示"男性"，2 表示"女性"，样本均值为 1.4973；②从学历方面来看，1 表示"本科生"，2 表示"研究生"，样本均值为 1.0355；③从学校等级方面来看，1 表示"一本"，2 表示"二本"，样本均值为 1.2486；④从所处年级方面来看，1 表示"大一"，2 表示"大二"，3 表示"大三"，4 表示"大四"，5 表示"研究生"，样本均值为 2.3661；⑤从年龄方面来看，1 表示"18 岁以下"，2 表示"18～20 岁"，3 表示"21～23 岁"，4 表示"24～26 岁"，5 表示"27 岁以上"，样本均值为 2.4617；⑥从首发与否方面来看，1 表示"是"，2 表示"否"，3 表示"不好说"，样本均值为 1.5628；⑦从运动等级方面来看，1 表示"二级"，2 表示"一级"，3 表示"健将级"，4 表示"国际健将级"，样本均值为 1.5219；⑧从球龄方面来看，1 表示"1～3 年"，2 表示"3～5 年"，3 表示"6～8 年"，4 表示"9～11 年"，5 表示"12～14 年"，6 表示"15 年以上"，样本均值为 2.8743；⑨从每周训练天数方面来看，1 表示"1 天/周"，2 表示"2～3 天/周"，3 表示"4～5 天/周"，4 表示"6 天以上/周"，5 表示"不确定"，样本均值为 3.3962。

表 7-2 非专业组样本的总体特征描述

	N	极小值	极大值	均值	标准差	方差
性别	366	1.00	2.00	1.4973	.50068	.251
学历	366	1.00	2.00	1.0355	.18534	.034
学校等级	366	1.00	2.00	1.2486	.43281	.187
年级	366	1.00	5.00	2.3661	1.08910	1.186
年龄	366	1.00	4.00	2.4617	.61257	.375
首发与否	366	1.00	3.00	1.5628	.67042	.449
运动等级	366	1.00	3.00	1.5219	.54226	.294
球龄	366	1.00	5.00	2.8743	.86992	.757
周训练时数	366	1.00	5.00	3.3962	.64861	.421

注：以上数据根据调研情况统计整理。

由图 7-2 可知，在性别分布上，男女比例基本持平；在学历分布上，大部分是本科生学历，研究生层次的较少；在学校等级分布上，一本院校占绝对优势，二本院校相对较少；在年级分布上，大二年级学生较多，总体呈正态分布趋势；在年龄分布上，"18～20 岁"和"21～23 岁"两个年龄段较多，样本总体呈正态分布，但峰度较高；在首发与否分布上，是首发的队员最多，其次是替补队员，最后是"不确定"，样本总体呈右偏趋势；在运动等级分布上，拥有"二级""一级"的比例最高，"健将级"较少，没有其他等级，与专业组差别明显，体现了专业组队员的成长性；在球龄分布上，"6～8 年"球龄占比较高，总体呈正态分布；在每周训练天数分布上，大部分队员周训练天数在"6 天以上/周"，其次是"4～5 天/周"，总体训练强度较大，样本呈正态分布。

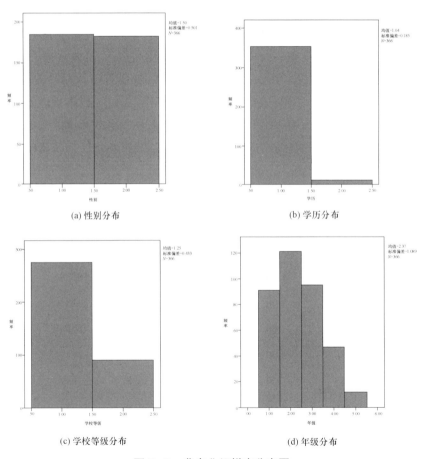

(a) 性别分布

(b) 学历分布

(c) 学校等级分布

(d) 年级分布

图 7-2　非专业组样本分布图

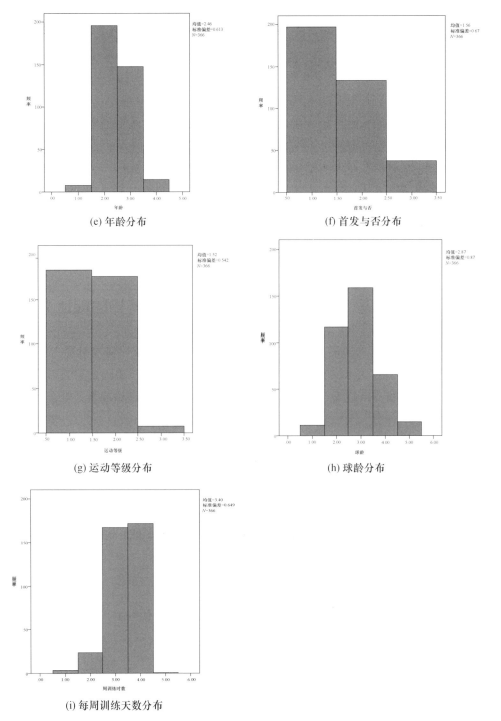

(e) 年龄分布

(f) 首发与否分布

(g) 运动等级分布

(h) 球龄分布

(i) 每周训练天数分布

图7-2　非专业组样本分布图（续）

7.2 运动员基本心理需求满足的
配比样本组实证检验

教练员执教行为通过运动员的动机内化过程，实现教练员的执教效果，并显现体育运动中团队的建构路径以及复杂任务环境下的教练管理的方式。本书力图通过对非专业组和专业组的配比样本分析，探究教练员领导行为的横向效应（考察在不变的环境中，教练员执教行为对专业化程度不同的运动队员的激励效果）和纵向效应（考察在变化环境中，教练员执教行为对专业化程度不同的运动队员的激励效果）。横向和纵向效应的对比，对揭示运动员对教练员执教行为的感知、转译、评价和动机转化具有理论和现实价值。

7.2.1 横向效应：运动员基本心理需求满足差异的配比分析

1. 教练执教行为、激励氛围与基本心理需求满足的配比样本分析

在专业组（图7-3）的路径分析中，教练员领导行为对激励氛围的影响系数是0.615，教练员支持行为对激励氛围的影响系数是0.240，群体凝聚力对激励氛围的影响系数是0.623，激励氛围对基本心理需求满足的影响系数是0.955。模型的各项拟合度指标为：NFI=0.901，RFI=0.881，IFI=0.925，TLI=0.877，CFI=0.818。在非专业组（图7-3）的路径分析中，教练员领导行为对激励氛围的影响系数是-0.219，教练员支持行为对激励氛围的影响系数是0.646，群体凝聚力对激励氛围的影响系数是0.337，激励氛围对基本心理需求满足的影响系数是0.557。模型的各项拟合度指标为：NFI=0.872，RFI=0.824，IFI=0.911，TLI=0.864，CFI=0.906。

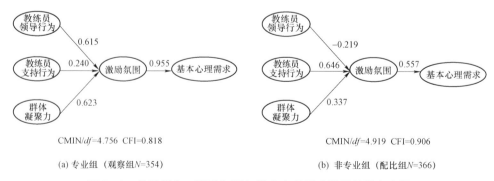

图 7-3 教练行为、激励氛围与基本心理需求满足的横向比较

专业组与非专业组相比，模型的拟合度更好，表明专业组的教练行为、激励氛围和基本心理需求满足的关系模型具有略高的解释力。但是，在发挥教练员的行为能力和作用方面，两组数据表现出以下不同点。

第一，专业组与非专业组相比，教练员的领导作用十分突出，其中专业组教练员领导行为与激励氛围的相关系数为 0.615，而非专业组教练员领导行为与激励氛围的相关系数为 −0.219。这主要是专业组由于具备较高的专业素养，具有排球运动的专业化意识，更容易受到教练员严格管理和训练方式的主导；而非专业组由于具有一定的业余性，团队组织结构也相对不够严密，再加上学业和就业压力等因素使其缺乏运动专业的发展规划，对教练员严格的领导缺乏足够的适应力。

第二，专业组与非专业组相比，教练员的支持行为表现较弱，其中专业组教练员支持行为与激励氛围的相关系数为 0.240，而非专业组教练员支持行为与激励氛围的相关系数为 0.646。这表明，教练员支持行为更多为柔性化的激励方式，更容易为非专业组所接受。特别对于这些非专业的大学生队伍来说，参加比赛只是大学生活的一部分，不是全部，同时，教练员与队员的领导关系也相对不紧密，采取支持性行为可能是教练员比较现实的行为。

第三，专业组与非专业组相比，群体凝聚力的作用比较明显，其中专业组群体凝聚力与激励氛围的相关系数为 0.623，而非专业组群体凝聚力与激励氛围的相关系数为 0.337。这说明专业组的团队协作和凝聚力更强，并且较强的群体凝聚力能够更好地发挥教练激励的效果，长期的专业比赛形成的团队意识发挥较大的作用；而大学生群体在团队协作方面还需要加强，以便更好地发挥教练在训练指导和运动队管理中的角色。

第四，专业组与非专业组相比，教练激励氛围的塑造作用更为突出，其中专业组教练员激励氛围与运动员基本心理需求满足的相关系数为 0.955，而非专业组教练员激励氛围与运动员基本心理需求满足的相关系数为 0.557。这说明良好的激励氛围对于专业运动员更有效，并促使其产生较强的基本心理需求满足。

2. 教练行为、激励氛围与基本心理需求满足的中介效应配比样本分析

在专业组（图 7−4）的路径分析中，教练员领导行为对激励氛围的影响系数是 0.376，教练员支持行为对激励氛围的影响系数是 0.414，群体凝聚力对激励氛围的影响系数是 0.709，激励氛围对自我导向的影响系数是 0.448，激励氛围对任务导向的影响系数是 −0.108，自我导向对基本心理需求内化的影响系数是 0.436，任务导向对基本心理需求满足的影响系数是 −0.027。模型的各项拟合度指标为：

NFI=0.901，RFI=0.862，IFI=0.923，TLI=0.868，CFI=0.909。在非专业组（图7–4）的路径分析中，教练员领导行为对激励氛围的影响系数是–0.277，教练员支持行为对激励氛围的影响系数是 0.604，群体凝聚力对激励氛围的影响系数是0.335，激励氛围对自我导向的影响系数是0.554，激励氛围对任务导向的影响系数是–0.156，自我导向对基本心理需求内化的影响系数是0.585，任务导向对基本心理需求内化的影响系数是–0.160。模型的各项拟合度指标为：NFI=0.879，RFI=0.865，IFI=0.914，TLI=0.816，CFI=0.912。

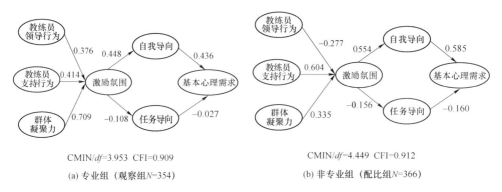

CMIN/df=3.953 CFI=0.909

(a) 专业组（观察组N=354）

CMIN/df=4.449 CFI=0.912

(b) 非专业组（配比组N=366）

图7–4 教练行为、激励氛围与基本心理需求满足的中介效应横向比较

专业组与非专业组相比，模型的拟合度更好，表明在复杂性任务环境下非专业组的教练行为、激励氛围和运动员基本心理需求满足之间具有较好的相关性。但是，在形成激励氛围的机理方面，两组数据表现出以下不同点。

第一，专业组与非专业组相比，教练员领导作用的特点表现为：专业组更注重教练员领导行为和群体凝聚力的打造，即教练员塑造良好的团队氛围并通过教练员的强力作用可以形成运动员基本心理需求满足努力的基础；而非专业组由于队员专业成熟度偏低，教练员支持作用的效果更明显。

第二，专业组与非专业组相比，在教练员的激励氛围作用下，非专业组和专业组的队员均倾向于受自我导向的影响，即运动员更加注重自己在团队中的表现以及团队的认可。

第三，专业组与非专业组相比，在任务导向下，教练员的激励氛围对运动员的基本心理需求满足体现为负相关关系，即运动员没有把任务导向作为自己基本心理需求满足的本源。在自我导向下，非专业组接受教练员领导的效果更好。

3. 教练行为、激励氛围与基本心理需求满足的调节效应配比样本分析

在专业组（图7–5）的路径分析中，教练员领导行为对激励氛围的影响系数是 0.611，教练员支持行为对激励氛围的影响系数是 0.250，群体凝聚力对激励氛围的影响系数是 0.658，激励氛围对动机调节的影响系数是 0.756，激励氛围对基本心理需求满足的影响系数是 0.194，动机调节对基本心理需求满足的影响系数是 −0.330。模型的各项拟合度指标为：NFI=0.780，RFI=0.704，IFI=0.822，TLI=0.772，CFI=0.837。在非专业组（图 7−5）的路径分析中，教练员领导行为对激励氛围的影响系数是 −0.234，教练员支持行为对激励氛围的影响系数是 0.660，群体凝聚力对激励氛围的影响系数是 0.376，激励氛围对动机调节的影响系数是 0.601，激励氛围对基本心理需求满足的影响系数是 0.160，动机调节对基本心理需求满足的影响系数是 0.677。模型的各项拟合度指标为：NFI=0.803，RFI=0.763，IFI=0.831，TLI=0.810，CFI=0.844。

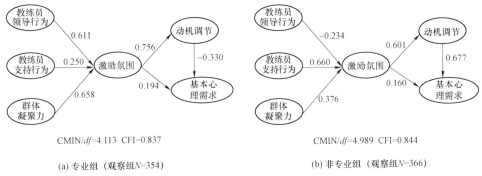

(a) 专业组（观察组N=354）　　　　　　　　(b) 非专业组（观察组N=366）

图 7−5　教练行为、激励氛围与基本心理需求满足的调节效应横向比较

专业组与非专业组相比，模型的拟合度更好，表明专业组的教练行为在动机调节下会适得其反，而非专业组需要加强动机的调节作用。但是，在发挥教练员的领导和支持作用方面，两组数据表现出以下不同点。

第一，专业组与非专业组相比，在教练员行为效果方面，专业组更需要教练员的直接领导（0.611），同时要有好的群体凝聚力基础（0.658）；非专业组更希望获得教练支持（0.660）。对于专业成熟度不高的运动员，良好的教练员行为表现为关系融洽、良好沟通和彼此尊重的团队氛围。

第二，专业组与非专业组相比，在激励氛围的作用方面，专业组运动员不仅乐于接受激励氛围调节，而且能直接转化为个人基本心理需求的满足（0.194）；与非专业组相比，专业组更愿意接受动机调节（0.601），而教练员激励氛围的直接作用效果较差（0.160）。

第三，专业组与非专业组相比，在动机调节效应方面，专业组对调节的接受度为负（−0.330），非专业组对队员的基本心理需求满足的作用为正（0.677）。这说明对于非专业运动员而言，自身的动机调节更能发挥调节手段的作用。

4. 教练行为、激励氛围与基本心理需求满足的综合效应配比样本分析

在专业组（图7−6）的路径分析中，教练员领导行为对激励氛围的影响系数是0.379，教练员支持行为对激励氛围的影响系数是0.415，群体凝聚力对激励氛围的影响系数是0.711，激励氛围对自我导向的影响系数是0.454，激励氛围对任务导向的影响系数是−0.107；自我导向对动机调节的影响系数是0.569，自我导向对基本心理需求的影响系数是0.058，任务导向对动机调节的影响系数是−0.015，任务导向对基本心理需求的影响系数是−0.018，动机调节对基本心理需求的影响系数是0.663。模型的各项拟合度指标为：NFI=0.833，RFI=0.787，IFI=0.884，TLI=0.801，CFI=0.896。

在非专业组（图7−6）的路径分析中，教练员领导行为对激励氛围的影响系数是−0.278，教练支持对激励氛围的影响系数是0.605，群体凝聚力对激励氛围的影响系数是0.337，激励氛围对自我导向的影响系数是0.560，激励氛围对任务导向的影响系数是−0.161；自我导向对动机调节的影响系数是0.609，自我导向对基本心理需求满足的影响系数是0.143，任务导向对动机调节的影响系数是−0.050，任务导向对基本心理需求满足的影响系数是0.197，动机调节对基本心理需求满足的影响系数是0.743。模型的各项拟合度指标为：NFI=0.864，RFI=0.845，IFI=0.902，TLI=0.897，CFI=0.902。

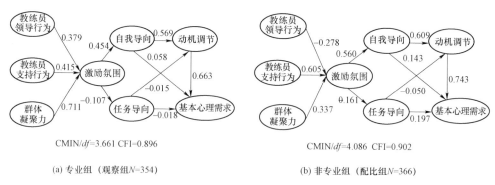

(a) 专业组（观察组N=354）　　　　(b) 非专业组（配比组N=366）

图7−6　教练行为、激励氛围与基本心理需求满足的综合效应横向比较

专业组与非专业组相比，在复杂任务和动机调节的共同作用下，专业组的运动员在教练员直接领导和团队凝聚力基础上的作用效果较为明显；自我导向的激励经由动机调节产生的基本心理需求满足效果较好。非专业组运动员经由任务导向的直接作用产生的基本心理需求满足效果较好。两组数据表现出以下不同点。

第一，专业组与非专业组相比，在教练员领导行为方面，非专业组更易于接受教练的支持（0.605），专业组更愿意拥有高凝聚力的队员群体凝聚力氛围（0.711）。在教练员领导方面，非专业组不但接受度低，而且有一定的抵制（−0.275）。

第二，专业组与非专业组相比，在激励氛围的影响下，自我导向的作用为正，任务导向的作用为负。专业组自我导向作用要弱于非专业组（0.143），非专业组任务导向的作用效果较好（0.197）。

第三，专业组与非专业组相比，在动机调节作用下，专业组和非专业组的自我导向作用均为正向的。任务导向对动机调节的影响为负，且非专业组的影响更大（−0.050）。

7.2.2　纵向效应：教练员执教行为效果差异的配比分析

1. 专业组教练员执教行为效果的配比样本分析

在图 7−7 中，教练员执教行为在转化为运动员的基本心理需求满足方面表现出不同的影响效果。①在教练员执教行为对运动员基本心理需求满足模型中，教练员执教行为作用的主路径为群体凝聚力—激励氛围—基本心理需求（0.623*0.955），表明打造良好团队的群体凝聚力最为重要；次要路径为教练员领导行为—激励氛围—基本心理需求（0.615*0.955）。②在教练员执教行为中介模型中，教练员执教行为作用的主路径为群体凝聚力—激励氛围—自我导向—基本心理需求（0.709* 0.448*0.436），表明群体凝聚力的领导方式通过加强运动员的自我导向激励会产生强大的基本心理满足；次要路径为教练员支持行为—激励氛围—自我导向—基本心理需求满足（0.414*0.448*0.436），教练员的支持行为比教练员的领导更能被运动员所认可。③在教练员行为调节模型中，教练员执教行为作用的主路径为群体凝聚力—激励氛围—基本心理需求满足（0.658*0.194），表明对专业运动员而言，教练员的动机调节作用不明显，打造群体凝聚力可以直接推动运动员的内化努力；最差的路径为教练员支持行为—激励氛围—动机调节—基本心理需求满足（0.250*0.756*−0.330）。由此可见，专业化程度较高的运动员，仅仅注重教练的支持性指导活动很难让运动员产生强大的内在驱动力。④在教练员行为综合效应模型中，教练员执教行为作用的主路径为群体凝聚力—激励氛围—自我导向—动机调节—基本心理需求（0.711*0.454*0.569*

0.663），表明运动员具有自我导向激励时，发挥动机调节作用才会产生最好的运动员基本心理需求；依靠教练员建立激励氛围和任务导向压力的做法，不宜取得对运动员的良好指导效果。

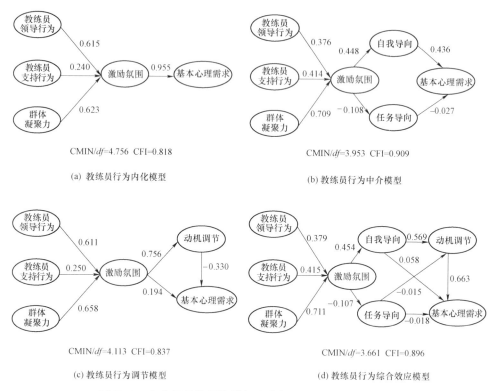

图 7-7　专业组教练员执教行为内化效果的配比样本分析

2. 非专业组教练员执教行为效果的配比样本分析

在图 7-8 中，教练员领导行为在转化为运动员的基本心理需求满足方面表现出不同的影响效果，教练员支持行为的作用更为突出，对非专业化的运动员提供训练和情感支持更有意义。①在教练员行为内化模型中，教练员支持行为作用的主路径为教练员支持行为—激励氛围—基本心理需求（0.646*0.557），表明发挥教练员的情感支持、自主和训练指导最为重要；次要路径为群体凝聚力—激励氛围—基本心理需求满足（0.337*0.557），表明强势的教练员领导行为可能不受大学生等非专业化运动员的欢迎。②在教练员行为中介模型中，教练员支持行为作用的主路径为教练员支持行为—激励氛围—自我导向—基本心理需求满足（0.604*0.554*0.585），表明教练员支持行为通过加强运动员的自我导向激励会产生强大的内化努力行为；次要路径为群体凝聚力—激励氛围—自我导向—基本心理需求满足（0.335*0.554*0.585），教练员的支持行为比教练员的强势领导更能被运动员所认可。任务导向的作用为负，表明运动员对强烈任务导向激励的接受效果较差。③在教练员行为调节模型中，教练员支持行为作用的主路径为教练员支持行为—激励氛围—动机调节—基本心理需求满足（0.660*0.601*0.677），表明非专业化的运动员，不仅仅注重教练的支持性指导活动，还要加强动机的调节手段，才能让运动员产生强大的内在驱动力；最差路径为教练员领导行为—激励氛围—基本心理需求满足（−0.234*0.160），表明对非专业运动员而言，教练员的强势领导作用不明显，加强动机调节可以直接推动运动员的基本心理需求满足。④在教练员行为综合效应模型中，教练员支持行为作用的主路径为教练员支持行为—激励氛围—自我导向—动机调节—基本心理需求满足（0.605*0.560*0.609*0.743），表明在运动员具有自我导向激励时，在发挥教练支持行为作用下，才会产生最好的运动员内化努力行为；依靠教练建立激励氛围和任务导向压力的做法，较难取得对运动员的良好指导效果。

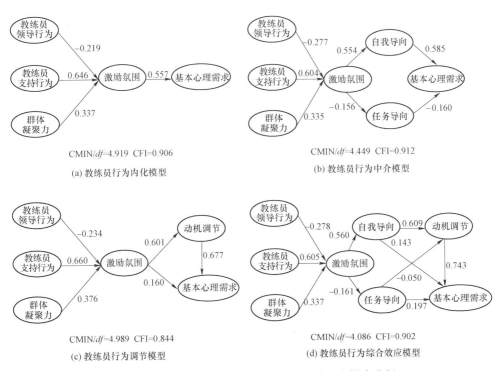

图 7-8　非专业组教练员行为内化效果的配比样本分析

7.3　本节小结

通过对非专业组和专业组的配比样本分析，探求教练员的不同执教行为的横向效应和纵向效应，研究结果总结如下。

第一，教练行为、激励氛围与基本心理需求满足的配比样本分析：研究发现，专业组与非专业组相比，教练员领导行为十分突出，教练员支持行为表现较弱，群体凝聚力的作用比较明显，教练员激励氛围的塑造作用更为突出。

第二，教练行为、激励氛围与基本心理需求满足的中介效应配比样本分析：专业组与非专业组相比，教练员领导行为的特点表现为，专业组更注重教练员领导行为和群体凝聚力的打造，在教练员激励氛围作用下，非专业组和专业组的队员均倾向于自我导向的影响，即运动员的基本心理需求满足更乐于接受团队对自我的认同。在任务导向下，教练员的激励氛围对运动员的基本心理需求满足影响路径为负向关系，即运动员基本心理需求满足和提高的归因不是以任务为起点，而是更看重自我表现和实现。相反，教练员过分强调任务导向会被运动员解读为功利性，而非对人员的关怀。在自我导向下，非专业组接受教练员领导行为的效果更好。

第三，教练行为、激励氛围与基本心理需求满足的调节效应配比样本分析：专业组与非专业组相比，在教练员行为效果方面，专业组更需要教练员的直接领导，非专业组更希望获得教练员支持；在激励氛围作用方面，专业组运动员不乐于接受动机调节，而是直接转化为个人基本心理需求满足，非专业组更愿意接受动机调节，而教练员激励氛围的直接作用效果较差；在动机调节效应方面，专业组对调节的接受度为负，非专业组对运动员的基本心理需求满足的作用为正。

第四，教练行为、激励氛围与基本心理需求满足的综合效应配比样本分析：专业组与非专业组相比，在教练员领导行为方面，非专业组更易于接受教练员的支持，专业组更愿意拥有高凝聚力的队员群体氛围。在激励氛围的影响下，自我导向的作用为正，任务导向的作用为负。专业组自我导向作用要弱于非专业组，非专业组任务导向的作用效果较好。在动机调节作用下，专业组和非专业组的自我导向作用均为正向的。任务导向对动机调节的影响为负，且非专业组的此种影响更大。

第五，纵向效应：教练员领导效果存在差异。在专业组的领导中，教练员直接领导和群体凝聚力可以发挥较好的效果，自我导向对基本心理需求满足发挥主要作用，动机调节只有经过自我导向才能对基本心理需求满足发挥作用。在激励氛围对运动员任务导向上，两组均呈现负向作用，任务导向在专业组也呈现负向关系。但在非专业组中，运动员任务导向可以正向激励基本心理需求满足，经动机调节后呈现负向关系。在非专业组领导中，运动员基本心理需求满足首先是教练员的支持行为，同时需要坚实的团队群体凝聚力配合；运动员自我导向和动机调节在其中发挥重要作用。

8

研究结论及未来研究展望

8.1 研究结论

第一,教练员领导行为通过激励氛围影响运动员的动机内化。理论整合发现,教练员的领导行为正向影响其激励氛围的创建,而运动员对于激励氛围的感知、解读、转译,不仅影响教练员领导行为的效能,也影响运动员动机内化。运动员对教练员领导行为的感知通过激励氛围的解读进而影响运动员动机内化。激励氛围在教练员领导行为与运动员心理感知、情感和行为选择中处于中介地位,并且这种影响在团体项目中更为突出。运动员对于教练员领导行为的感知质量决定着动机内化的方向与进程。

第二,教练员掌握型激励氛围在教练员领导行为和运动员基本心理需求之间具有中介作用。其中,努力与进步在教练员领导行为和基本心理需求的自主性之间发挥中介作用;合作学习在教练员领导行为中的训练指导、民主行为与正面反馈和运动员基本心理需求中的胜任力和归属感之间发挥中介作用;角色认同在教练员领导行为中的训练指导、正面反馈与社会支持和运动员基本心理需求中的胜任力和归属感之间发挥中介作用。

第三,基本心理需求对教练员激励氛围和运动员自我决定动机具有中介影响效用。研究发现,不同激励氛围对基本心理需求的满足程度与方向各不相同。基本心理需求对教练员激励氛围和自我决定动机起中介作用的过程中,胜任力和归属感具有显著的中介效应。其中胜任力对合作学习、角色认同和队内竞争起到正向显著的中介效应,而对厚此薄彼和错误惩罚起到负向显著的中介效应;归属感对掌握激励氛围的三个维度和队内竞争起到正向显著的中介效应,对错误惩罚起到负向显著的中介效应。与西方自主感和胜任力与自我决定动机之间具有正向预测不同,在中国球员中,归属感排在第一位,胜任力排在第二位,而自主感影响效用有限。其中的原因除了文化差异,还存在着项目差异和自主与控制的差异。

第四,运动员目标导向对激励氛围感知影响关系及目标导向对归属感中介变量的调节作用。运动员的自我和任务两种目标导向存在着相关关系,而非正交关系,运动员为自我目标导向时,可以同时具备两种目标倾向,而非需求强化一种目标倾向的同时压制或削弱另一种目标倾向。不同目标导向对激励氛围感知表现出不同的结果,任务目标导向与掌握型激励氛围高度相关,而其自我目标导向与表现型激励氛围高度相关;运动员具有高任务目标导向对教练员掌握型激励氛围的感知和解读更为敏锐。而在表现型激励氛围方面,当运动员处于高任务目标导向时,其自我目标导向的高低则影响表现型激励氛围的理解和感知。当运动员的任务目标导向较低时,自我导向的高低对于归属感中介变量的调节效应显著。

第五,本书通过对非专业组和专业组的配比样本分析,探求不同教练员领导行为的横向效应和纵向效应。研究发现,专业组与非专业组相比,教练员领导的作用更突出,教练员的支持行为表现较弱,群体凝聚力的作用比较明显,教练员激励氛围的塑造作用更为突出,说明专业组更注重教练员的教练员领导行为和群体凝聚力的打造;在教练员的激励氛围作用下,专业组和非专业组的队员均倾向于自我导向的影响,即运动员的基本心理需求更乐于接受社会比较和自我认同;在不同模型中均表现出:非专业组更易于接受教练员支持行为,专业组更愿意拥有高凝聚力的队员群体凝聚力。在非专业组的领导中,运动员对教练员领导行为有一定的抵触,但是乐于接受各种动机调节手段。

8.2 未来研究展望

本书所述研究主要挑战是研究样本选择的代表性、数据采集和分析过程的规范性、研究方法的科学性、研究变量选择的有效性和研究结论的普适性,根据这一挑战内容和研究中存在的不足,笔者在今后将从以下角度对不足之处加以改进，并开展进一步的深入研究。

第一，研究样本的多样性和有效性。研究仅仅选择 2014 全国青少年排球联赛和全国（北方赛区）大学排球联赛队员进行调研，所得出的结论的普适性需要进一步验证。今后准备对全国集体运动项目进行更广泛的调研，验证研究结论的有效性，找出研究不足，并通过不断的改进使研究进一步深入。

第二，一体化研究与深度研究的矛盾。研究采用的一体化整合研究对于纵观全局具有一定的独特价值，但研究深度往往不够，可能由于研究视角太宽泛或研究变量选择不准确。未来将根据这一选择，分主题、分阶段做更深入的研究，以揭示教练员领导行为影响运动员动机内化和自我选择的过程和机理。

第三，研究视角与变量选择的局限性。研究仅仅研究了教练员领导行为、激励氛围和运动员动机内化各变量之间的相关关系，对其因果关系分析不够；仅仅探讨了不同激励氛围、不同任务环境和不同目标导向下运动员激励氛围的内化问题，对于文化价值、自我认知、团队成员之间的关系、个体特征和组织特征对运动员动机内化的影响研究不够，未来将在以下方面展开深度研究：① 组织伦理氛围与价值取向对运动员激励氛围解读和动机内化的影响；② 文化激励和制度建构对运动员动机内化的影响；③ 团队成员之间的信任、人际关系和承诺对运动员个体动机内化的影响。

笔者深感本书仅仅揭开了序幕的一角，未来会根据理论发展前沿和中国的现实需求做更深入的研究。

参考文献

[1] 陈爱国，许克云，殷恒婵，等. 体育学习中成就目标定向与多维学习动机的关系研究[J]. 天津体育学院学报，2010，25（3）：214-217.

[2] 姜志明，尹君. 大学生体育目标定向研究进展[J]. 体育研究与教育，2013，28（1）：72-76.

[3] 高敬萍. 高水平专业运动队教练员领导行为研究[J]. 北京体育大学学报，2007，30（3）：429-431.

[4] 樊力平，邹本旭. 不同特征的我国甲级男排运动员期望教练员领导行为模式上的认知差异性[J]. 上海体育学院学报，2003，27（5）：83-86.

[5] 温忠麟，张雷，侯杰泰. 有中介的调节变量和有调节的中介变量[J]. 心理学报，2006，38（3）：448-452.

[6] 朱晓娜，黄燕，李宗浩. 基本需要理论在中国运动员中的初步检验[J]. 天津体育学院学报，2011，26（4）：346-350.

[7] 吴明隆. 问卷统计分析实务：SPSS 操作与应用[M].重庆：重庆大学出版社，2010：20-47.

[8] 冯琰，刘晓茹. 教练员领导问题的研究进展[J]. 沈阳体育学院学报，2005，24（3）：8-10，14.

[9] 张建福. 教练员领导行为对球员训练绩效影响的研究[D]. 福州：福建师范大学，2010.

[10] 刘改成. 高校体育领导者变革型教练员领导行为及其有效性研究[D]. 武汉：华中师范大学，2005.

[11] 翟群. 运动领导心理研究发展综述[J]. 广州体育学院学报，1999，19（3）：53.

[12] 陈小蓉. 创新—高水平教练员必备的能力[J]. 中国体育科技，1995，31（1）：44-45.

[13] 马启伟，张力为. 体育运动心理学[M]. 杭州：浙江教育出版社，1998.

[14] 宗棣华. 谈影响足球教练员决策能力的心理因素[J]. 足球世界，1995（22）：11-12.

[15] 付哲敏，张萍. 排球教练员人格特征与执教效能关系的研究现状和分析[J]. 沈阳体育学院学报，2004，23（2）：155-157.

[16] 魏亚栋，安红. 我国教练员个性及其表现特征探讨[J]. 天津体育学院学报，1995，10（3）：30-33.

[17] 季浏. 国外教练员领导心理和行为的研究现状[J]. 山东体育学院学报，1995，11（3）：38-43.

[18] 郝晓岑. 我国运动队教练员领导模式的组织行为学研究现状及探讨[J]. 广州体育学院学报，2009，29（2）：48-52.

[19] 张薇. 运动训练"管理方格模式"的理论与实践探索[J]. 成都体育学院学报，2002，28（2）：67-69.

[20] 李大为. 论教练员的领导行为[J]. 武汉体育学院学报，2003，37（1）：85-86.

[21] 周成林，蒋志学，裴长城，等. 我国部分优势竞技运动项目教练员领导行为特征与评价研究[J]. 体育科学，2005，25（10）：12-17.

[22] 焉石，李尚滨，纠延红. 韩国速滑教练员领导行为与运动员意志力关系[J]. 山东体育科技，2013，35（1）：49-52.

[23] 刘改成，王斌. 高校体育领导者变革型教练员领导行为及其有效性的实证研究[J]. 武汉体育学院学报，2007，41（9）：41-44.

[24] 张永郎. 跆拳道选手目标取向、知觉动机气候与运动自信心之相关研究[D]. 台中市：国立台湾体育大学，2000.

[25] 刘改成. 体育组织中的变革型领导研究述评[J]. 搏击（体育论坛），2011，3（6）：10-12，18.

[26] 涂志贤. 运动教练领导风格对选手成绩表现与满意度影响之研究[J].体育学报，1999，28：45-58.

[27] 张永郎. 跆拳道选手目标取向、知觉动机气候与运动自信心之相关研究[D]. 台中市：国立台湾体育大学，2000.

[28] 陈启仲. 教练转型领导行为影响选手组织承诺与选手满意度之研究：以94学年大专篮球联赛第二级男子篮球选手为例[D]. 台北县：辅仁大学，2006.

[29] 黄国恩，姜定宇，周婉茹，林思吟，郑予筑. 教练转型式领导对团队成员专业承诺的影响–教练满意度、团队满意度与训练满意度的调节效果[J]. 体育学报，2007，40（4）：63-74.

[30] 高三福. 教练的转型与交易领导及运动员的团队承诺：内在动机的调节效果[J]. 体育学报，2009，42（2）：45-61.

[31] 张剑，郭德俊. 内部动机与外部动机的关系[J]. 心理科学进展，2003，11（5）：545-550.

[32] 张路遥，翟一飞，蔡先锋. 不同竞技水平青少年足球运动员的动机气氛感和攻击行为[J]. 体育科技，2014，35（3）：78-79，85.

[33] 魏瑶，洪冬美. 目标定向对大学生体育锻炼内在动机的影响[J]. 天津体育学院学报，2009，24（5）：442-445.

[34] 陈旭，姚家新. 成就目标定向对大学生技能学习及情绪影响的实验研究[J]. 武汉体育学院学报，2002，36（6）：55-58，107.

[35] 陈坚，姒刚彦.《运动中任务定向和自我定向问卷》与《学业中任务定向和自我定向问卷》的初步检验[J]. 湖北体育科技，1998，17（3）：44-48.

[36] 张影. 不同项目运动队群体凝聚力的多层分析[D]. 武汉：华中师范大学，2006.

[37] 侯杰泰，温忠麟，成子娟.结构方程模型及其应用[M]. 北京：教育科学出版社，2004：127-130.

[38] 马红宇，王二平. 凝聚力对教练员领导行为、运动员角色投入和运动员满意度的中介作用[J]. 体育科学，2006，26（3）：64-69.

[39] 苏煜. 运用自我决定理论对高中生体育学习缺乏动机机制的研究[D].上海：华东师范大学，2007.

[40] 陈福亮，杨剑，季浏. 成就目标定向与大学生体育锻炼参与的关系-友谊质量的调节作用[J]. 体育科研，2013，34（4）：61-65.

[41] 李京诚，孙伟春.中小学生体育课成就动机、取向及其与动机气氛感的相关研究[J]. 天津体育学院学报，1999，14（3）：34-37.

[42] DECI E L，RYAN R M. Intrinsic motivation and self-determination in human behavior [M]. New York：Plenum Press，1985.

[43] AMES C. Achievement goals，motivational climate，and motivational processes [C]// ROBERTS G C. Advances in motivation in sport and exercise. Champaign，Illinois：Human Kinetics publisher，1992：161-176.

[44] VALLERAND R J. Toward a hierarchical model of intrinsic and extrinsic motivation [M]// ZANNA M. Advances in experimental social psychology. New York：Academic Press，1997：271-360.

[45] NICHOLLS，J G. The competitive ethos and democratic education [M]. Cambridge：Harvard University Press，1989.

[46] DWECK C S，LEGGETT E L. A social-cognitive approach to motivation and personality [J]. Psychological review，1988，95（2）：256-273.

[47] SELFRIZ J J，DUDA J L，CHI L K. The Relationship of Perceived Motivational Climate to Intrinsic Motivation and Beliefs about Success in Basketball[J]. Journal of Sport and Exercise Psychology，1992，14（4）：375-391.

[48] WHITE S A. Goal Orientation and Perceptions of the Motivational Climate Initiated by Parents[J]. Pediatric Exercise Science，1996，8（2）：122-129.

[49] FOX K，GOUDAS M，BIDDLE S，et al. Children's Task and Ego Goal Profiles in Sport[J]. British Journal of Educational Psychology，1994，64（2）：253-261.

[50] NTOUMANIS N，BIDDLE S J H. The Relationship of Coping and Its Perceived Effectiveness to Positive and Negative Affect in Sport[J]. Personality and Individual Differences，1998，24（6）：773-788.

[51] RUTH J A，BRUNEL F F. Gift Receipt and the Reformulation of Interpersonal Relationships [J]. Journal of Consumer Research，1999，25（4）：385-402.

[52] VALLERAND R J，SALVY S J，MAGEAU G A，et al. On the Role of Passion in Performance[J]. Journal of Personality，2007，75（3）：505-534.

[53] VALLERAND，R J & C F RATELLE. Intrinsic and extrinsic motivation：A hierarchical model [J]. University of Rochester，2002，39（3）：152-156.

[54] GUAY F，VALLERAND R，BLANCHARD C. On the Assessment of Situational Intrinsic and Extrinsic Motivation：The Situational Motivation Scale（SIMS）[J]. Motivation and Emotion，2000，24（3）：175-213.

[55] AVERY G C. Understanding Leadership [M]. Thousand Oaks，California：Sage Publications Ltd，2005.

[56] LAIOS，A & N THEODORIKAS & D GARGALIANOS. Leadership and power：Two important factors for effective coaching [J]. International Sports Journal，2003，24：150-154.

[57] CHELLADURAI，P. Leadership in sports organizations [J]. Canadian Journal of Applied Sport Sciences，1981，5（4）：226-231.

[58] VALLERAND R J. Toward a Hierarchical Model of Intrinsic and Extrinsic Motivation [M]//Zanna M. Advances in Experimental Social Psychology.New York：Academic Press，1997.

[59] WANG，J & D CALLAHAN. An investigation of players perceptions at competitive situations in college varsity soccer teams [J]. Journal of Applied Research in Coaching and Athletics，1999，14：176-195.

[60] SHERMAN C，FULLER R，SPEED H. Gender Comparisons of Preferred Coaching Behaviors in Australian Sports[J]. Journal of Sport Behavior，2000，23（4）：389-407.

[61] AMES C. Classrooms：Goals，Structures，and Student Motivation[J]. Journal of Educational Psychology，1992，84（3）：261-271.

[62] NTOUMANIS N. A Self-determination Approach to the Understanding of Motivation in

Physical Education[J]. British Journal of Educational Psychology，2001，71（2）：225-242.

[63] REINBOTH M，DUDA J L，NTOUMANIS N. Dimensions of Coaching Behavior，Need Satisfaction，and the Psychological and Physical Welfare of Young Athletes[J]. Motivation and Emotion，2004，28（3）：297-313.

[64] SARRAZIN P，VALLERAND R，GUILLET E，et al. Motivation and Dropout in Female Handballers：a 21-month Prospective Study[J]. European Journal of Social Psychology，2002，32（3）：395-418.

[65] RYAN R M，DECI E L. Intrinsic and Extrinsic Motivations：Classic Definitions and New Directions[J]. Contemporary Educational Psychology，2000，25（1）：54-67.

[66] FERRER-CAJA E，WEISS M R. Predictors of Intrinsic Motivation among Adolescent Students in Physical Education[J]. Research Quarterly for Exercise and Sport，2000，71（3）：267-279.

[67] NEWTON M，DUDA J L，YIN Z N. Examination of the Psychometric Properties of the Perceived Motivational Climate in Sport Questionnaire - 2 in a Sample of Female Athletes[J]. Journal of Sports Sciences，2000，18（4）：275-290.

[68] SELFRIZ J J，DUDA J L，CHI L K. The Relationship of Perceived Motivational Climate to Intrinsic Motivation and Beliefs about Success in Basketball[J]. Journal of Sport and Exercise Psychology，1992，14（4）：375-391.

[69] KIPP L，AMOROSE A. Perceived Motivational Climate and Self-Determined Motivation in Female High School Athletes[J]. Journal of Sport Behavior，2008，31（2）：108-129.

[70] ADIE J W，DUDA J L，NTOUMANIS N. Perceived Coach-autonomy Support，Basic Need Satisfaction and the Well- And Ill-being of Elite Youth Soccer Players：a Longitudinal Investigation[J]. Psychology of Sport and Exercise，2012，13（1）：51-59.

[71] Adie，J & S Jowett. Athletes'meta-perceptions of the coach-athlete relationship，multiple achievement goals and intrinsic motivation among track and field athletes [J]. Manuscript under review.2008.

[72] ADIE J W，JOWETT S. Meta-Perceptions of the Coach-Athlete Relationship，Achievement Goals，and Intrinsic Motivation among Sport Participants[J]. Journal of Applied Social Psychology，2010，40（11）：2750-2773.

[73] COAKLEY J J. Sport in society：Issues and controversies [M]. St. Louis，MO：C.V. Mosby，1994.

[74] ERLE F J. Leadership in competitive and recreational sport [D]. London，Ontario：

University of Western Ontario，1981.

[75] WANDZILAK，T & C J ANSORGE & G POTTER. Comparison between selected practice and game behaviors of youth sport soccer coaches[J]. Journal of Sport Behavior，1988.

[76] WANDZILAK T，ANSORGE C J，POTTER G. Comparison between Selected Practice and Game Behaviors of Youth Sport Soccer Coaches[J]. Journal of Sport Behavior，1988，11（2）：78−88.

[77] CHAUMETON N，DUDA J L. Is it how you play the game or whether you win or lose? The effect of competitive level and situation on coaching behaviors [J]. Journal of Sport Behavior，1988，11（3）：157−174.

[78] LUIKKONEN J，LAASKO L ，TELAMA R. Educational perspectives of youth sport coaches：Analysis of observed coaching behaviors [J]. International Journal of Sport Psychology，1996，27：439−453.

[79] CHELLADURAI P，CARRON A V. Task characteristics and individual differences and their relationship to preferred leadership in sports [J]. Psychology of Motor Behavior & Sport，1982，3：565−571.

[80] CHELLADURAI P，IMAMURA H，YAMAGUCHI Y，et al. Sport leadership in a cross−national setting：the case of Japanese and Canadian university athletes[J]. Journal of sport and exercise psychology，1988，10（4）：374−389.

[81] MILLARD L D. Differences in coaching behaviors of male and female high school soccer coaches[J]. Journal of sport behavior，1996，19（1）：19−31.

[82] SMITH R E，SMOLL F L，HUNT E. A System for the Behavioral Assessment of Athletic Coaches[J]. Research Quarterly American Alliance for Health，Physical Education and Recreation，1977，48（2）：401−407.

[83] SMOLL F L，SMITH R E. Leadership Behaviors in Sport：a Theoretical Model and Research Paradigm[J]. Journal of Applied Social Psychology，1989，19（18）：1522−1551.

[84] SMITH R E，SMOLL F L. Sport Performance Anxiety[M]//Leitenberg H. Handbook of Social and Evaluation Anxiety. Boston，MA：Springer US，1990：417−454.

[85] CHELLADURAI P，RICMCR H A. Measurement of leadership in sport [A]. In Duda J L（eds.）. Advances in sport and exercise psychology measurement [C]. Morgantown，West Virginia：FITNESS Information Technology，1998：227−253.

[86] SMOLL F L，SMITH R E. Leadership Behaviors in Sport：aTheoretical Model and Research Paradigm[J]. Journal of Applied Social Psychology，1989，19（18）：1522−1551.

[87] AMOROSE A J，HORN T S. Intrinsic Motivation：Relationships with Collegiate Athletes' Gender，Scholarship Status，and Perceptions of Their Coaches' Behavior[J]. Journal of Sport and Exercise Psychology，2000，22（1）：63-84.

[88] KENOW L J，WILLIAMS J M. Relationship between Anxiety，Self-Confidence，and Evaluation of Coaching Behaviors[J]. The Sport Psychologist，1992，6（4）：344-357.

[89] WILLIAMS T，VALLE J，VIÑUELA E. Is the Naturally Derived Insecticide Spinosad® Compatible with Insect Natural Enemies?[J]. Biocontrol Science and Technology，2003，13（5）：459-475.

[90] CHELLADURAI P. A contingency model of leadership in athletics [D]. Waterloo，Ontario：University of Waterloo，1978.

[91] CHELLADURAI P. Leadership in sports：a review[J]. International Journal of Sport Psychology，1990，21（4）：328-354.

[92] CHELLADURAI P. Handbook of Research on Sport Psychology [M]. New York：Macmillan，1993：647-671.

[93] COURNEYA K S，CHELLADURAI P. A model of performance measures in baseball[J]. Journal of Sport and Exercise Psychology，1991，13（1）：16-25.

[94] PRICE M S，WEISS M R. Relationships among Coach Burnout，Coach Behaviors，and Athletes' Psychological Responses[J]. The Sport Psychologist，2000，14（4）：391-409.

[95] ANDERSON D F，TRAIL G T，KWON H. Gender differences in sport consumer behavior among college students [J]. Research Quarterly for Exercise & Sport，2004，75（1）：115.

[96] TERRY P C，HOWE B L. Coaching preferences of athletes [J]. Canadian Journal of Applied Sport Psychology，1984，8：332-346.

[97] TERRY P C. The coaching preferences of elite athletes competing at Universiade'83[J]. Canadian Journal of Applied Sport Sciences，1984，9（4）：201-208.

[98] CHELLADURAI P，SALEH S D. Preferred leadership in sports [J]. Canadian Journal of Applied Sport Psychology，1978，3：85-92.

[99] HOUSE R J. A path-goal theory of leader effectiveness[J]. Administrative Science Quarterly，1971，16（5）：321-328.

[100] CÔTÉ J，SAIMELA J，TRUDEL P，et al. The Coaching Model：aGrounded Assessment of Expert Gymnastic Coaches' Knowledge[J]. Journal of Sport and Exercise Psychology，1995，17（1）：1-17.

[101] BLOOM G A，DURAND-BUSHN，SALMELA J H. Pre- And Postcompetition

Routines of Expert Coaches of Team Sports[J]. The Sport Psychologist，1997，11（2）：127－141.

[102] GILBERT W D，TRUDEL P. Validation of the coaching model（CM）in a team sport context [J]. International Sports Journal，2000，4：120－128.

[103] SALMELA，J H. Great job coach：Getting the edge from proven winner [M]. Ottawa：Potentium，1996.

[104] BAKER J，YARDLEY J，CÔTÉ J. Coach Behaviors and Athlete Satisfaction in Team and Individual Sports[J]. International Journal of Sport Psychology，2003，34（3）：226－239.

[105] CHASE M A，FELTZ D L，LIRGGC D. Do Coaches' Efficacy Expectations for Their Teams Predict Team Performance?[J]. The Sport Psychologist，1997，11（1）：8－23.

[106] HORN，L. Towards a new taxonomy of pragmatic inference [A]. In Schiffrin D（eds.）. Meaning，form，and use in context [C]. Washington D C：Georgetown University Press，1984：11－42.

[107] SINCLAIR，D A & R S VEALEY. Effects of coaches' expectations and feedback on the self−perceptions of athletes [J]. Journal of Sport Behavior，1989，12：77－91.

[108] REJESKI W，DARRACOTT C，HUTSLAR S. Pygmalion in Youth Sport：aField Study[J]. Journal of Sport Psychology，1979，1（4）：311－319.

[109] ZHANG J H，JENSEN B E，MANN B. Modification and Revision of the Leadership Scale for Sport[J]. Journal of Sport Behavior，1997，20（1）：105－122.

[110] JAMBOR，E A & J J ZHANG. Investigating leadership，gender，and coaching level using the revised leadership for sport scale [J]. Journal of Sport Behavior，1997，20（3）：313－321.

[111] HORN，T S. Coaching effectiveness：research findings and future directions [A]. In Horn T S（eds.）. Advances in sport psychology [C]. Champaign，Illinois：Human Kinetics，2002：309－354.

[112] DOW T E，DOWNTON J V. Rebel Leadership：Commitment and Charisma in the Revolutionary Process[J]. Contemporary Sociology，1974，3（6）：519.

[113] BURNS，J M. Leadership [M]. New York：Harper & Row，1978.

[114] BASS，B M. Leadership and performance beyond expection [M]. New York：Free Press，1985.

[115] YUKL，G & D D VAN FLEET. Theory and research on leadership organization [A]. In Dunnette M D，Hough L M（eds.）. Handbook of industrial and organizational psychology [C]. Palo Alto，California：Consulting Psychologists Press，1992：147－197.

[116] TICHY，N M & M A DEVANNA. The transformation leader [M]. New York：John

Wiley，1988.

[117] YUKL，G A. Leadership in organizations [M]. Upper Saddle River，New Jersey：Prentice Hall，2002.

[118] ALLIXN M. Transformational leadership：Democratic or despotic? [J]. Educational Management & Administration，2000，28（1）：7−20.

[119] BASS，B M & B J AVOLIO. Improving organizational effectiveness through transformational leadership [M]. Thousand Oaks，California：Sage Publications，1994.

[120] AVOLIO B，WALDMAN D A，YAMMARINO F. Leading in the 1990s：The four I's of transformational leadership[J]. Journal of European Industrial Training，1991，15（4）：9−16.

[121] BASS，B M & B J AVOLIO. Developing transformational leadership：1992 and beyond [J]. Journal of European Industrial Training，1990，14（5）：21−27.

[122] ULRICH D R. The role of transformational leaders in changing sport arenas [C]//Slack T，Hinings C R. The organization and administration of sport. London，Ontario：Sport Dynamics，1987.

[123] DOHERTY A J，DANYLCHUK K E. Transformational and Transactional Leadership in Interuniversity Athletics Management[J]. Journal of Sport Management，1996，10（3）：292−309.

[124] LANGELY W，WEESE W. Gender and leadership：The relationship to organizational effectiveness and employee job satisfaction in selected [M]. Canada：Canadian Sport Organizations，1955.

[125] WEESE W J. Do leadership and organizational culture really matter? [J]. Journal of Sport Management，1996，10（2）：197−206.

[126] KENT A，CHELLADURAI P. Perceived Transformational Leadership，Organizational Commitment，and Citizenship Behavior：a Case Study in Intercollegiate Athletics[J]. Journal of Sport Management，2001，15（2）：135−159.

[127] CHARBONNEAU D，BARLING J，KELLOWAY E K. Transformational Leadership and Sports Performance：The Mediating Role of Intrinsic Motivation [J]. Journal of Applied Social Psychology，2001，31（7）：1521−1534.

[128] RAFFERTY A E，GRIFFIN M A. Dimensions of Transformational Leadership：Conceptual and Empirical Extensions[J]. The Leadership Quarterly，2004，15（3）：329−354.

[129] CARLESS S A. Assessing the Discriminant Validity of Transformational Leader Behaviour as Measured by the MLQ [J]. Journal of Occupational and Organizational Psychology，1998，71（4）：353−358.

[130] PODSAKOFF N P，WHITING S W，PODSAKOFF P M，et al. Individual－And Organizational－level Consequences of Organizational Citizenship Behaviors：aMeta－analysis[J]. Journal of Applied Psychology，2009，94（1）：122－141.

[131] WALLACE，M & W J WEESE. Leadership，organizational culture，and job satisfaction in Canadian YMCA organizations [J]. Journal of Sport Management，1995，9（2）：182－193.

[132] PRUIJN，G & R BOUCHER. The relationship of transactional and transformational leadership to the organizational effectiveness of Dutch national sport organizations [J]. European Journal for Sport Management，1995，72：72－87.

[133] HOYTCL，BLASCOVICH J. Transformational and Transactional Leadership in Virtual and Physical Environments[J]. Small Group Research，2003，34（6）：678－715.

[134] HAHESY M J. Transformational leadership theories，attribution beliefs，and self－efficacy：a qualitative study of one successful NCAA wrestling coach [M]. Eugene，Oregon：Kinesiology Publications，2002.

[135] YUSOF A. The Relationship between Transformational Leadership Behaviors of Athletic Directors and Coaches'Job Satisfaction[J]. Physical Educator，1998，55（4）：170－175.

[136] DOHERTY A J. The Effect of Leader Characteristics on the Perceived Transformational/Transactional Leadership and Impact of Interuniversity Athletic Administrators[J]. Journal of Sport Management，1997，11（3）：275－285.

[137] YUSOF A. The Relationship between Transformational Leadership Behaviors of Athletic Directors and Coaches' Job Satisfaction[J]. Physical Educator，1998，55（4）：170－175.

[138] CHARBONNEAU D，BARLING J，KELLOWAY E K. Transformational leadership and sports performance：The mediating role of intrinsic motivation [J]. Journal of Applied Social Psychology，2001，31：1521－1534.

[139] ROWOLD J. Transformational and Transactional Leadership in Martial Arts[J]. Journal of Applied Sport Psychology，2006，18（4）：312－325.

[140] ARTHUR C A，WOODMAN T，ONG C W，et al. The Role of Athlete Narcissism in Moderating the Relationship between Coaches' Transformational Leader Behaviors and Athlete Motivation[J]. Journal of Sport and Exercise Psychology，2011，33（1）：3－19.

[141] VALLÉE C N，BLOOM G A. Building a Successful University Program：Key and Common Elements of Expert Coaches[J]. Journal of Applied Sport Psychology，2005，17（3）：179－196.

[142] CALLOW N，SMITH M J，HARDY L，et al. Measurement of Transformational

Leadership and Its Relationship with Team Cohesion and Performance Level[J]. Journal of Applied Sport Psychology，2009，21（4）：395−412.

[143] ALLEN J B，HODGE K. Fostering a Learning Environment：Coaches and the Motivational Climate[J]. International Journal of Sports Science & Coaching，2006，1（3）：261−277.

[144] DUDA，J L. Achievement goal research in sport：Pushing the boundaries and clarifying some misunderstandings [A]. In Roberts G C（eds.）. Advances in Motivation in Sport & Exercise [C]. Champaign，Illinois：Human Kinetics，2001：129−183.

[145] AMES，C. Achievement goals and the classroom motivational climate [C]// Meece J，Schunk D. Students' Perceptions in the Classroom. Hillsdale，New Jersey：Lawrence Erlbaum Associates，1992：327−348.

[146] BIDDLE S J H，MARKLAND D，GILBOURNE D，et al. Research Methods in Sport and Exercise Psychology：Quantitative and Qualitative Issues[J]. Journal of Sports Sciences，2001，19（10）：777−809.

[147] TREASURE D C，ROBERT G C. Students' Perceptions of the Motivational Climate，Achievement Beliefs，and Satisfaction in Physical Education[J]. Research Quarterly for Exercise and Sport，2001，72（2）：165−175.

[148] AMES C，AMES R，FELKER D W. Effects of Competitive Reward Structure and Valence of Outcome on Children's Achievement Attributions[J]. Journal of Educational Psychology，1977，69（1）：1−8.

[149] AMES，C. Competitive，co−operative and individualist goal structures：A motivational analysis [A]// Ames R，Ames C. Research on Motivation in Education：Student Motivation [C]. New York：Academic Press，1984：177−207.

[150] DIENER C I，DWECK C S. An Analysis of Learned Helplessness：II. the Processing of Success[J]. Journal of Personality and Social Psychology，1980，39（5）：940−952.

[151] AMES C，ARCHER J. Achievement Goals in the Classroom：Students' Learning Strategies and Motivation Processes[J]. Journal of Educational Psychology，1988，80（3）：260−267.

[152] BLUMENFELD P C. Classroom Learning and Motivation：Clarifying and Expanding Goal Theory[J]. Journal of Educational Psychology，1992，84（3）：272−281.

[153] EPSTEIN J L. Family structures and student motivation：A developmental perspective [C]//Ames C，Ames R. Research on Motivation in Education. San Diego，California：Academic Press，1989：259−295.

[154] SELFRIZ J J, DUDA J L, CHI L K. The Relationship of Perceived Motivational Climate to Intrinsic Motivation and Beliefs about Success in Basketball[J]. Journal of Sport and Exercise Psychology，1992，14（4）：375−391.

[155] WHITE S A, DUDA J L, HART S. An Exploratory Examination of the Parent−Initiated Motivational Climate Questionnaire[J]. Perceptual and Motor Skills，1992，75（3）：875−880.

[156] EBBECK V, BECKER S L. Psychosocial Predictors of Goal Orientations in Youth Soccer[J]. Research Quarterly for Exercise and Sport，1994，65（4）：355−362.

[157] KAVUSSANU M, ROBERTS G C. Motivation in Physical Activity Contexts：The Relationship of Perceived Motivational Climate to Intrinsic Motivation and Self−Efficacy[J]. Journal of Sport and Exercise Psychology，1996，18（3）：264−280.

[158] GOUDAS M. Motivational Climate and Intrinsic Motivation of Young Basketball Players[J]. Perceptual and Motor Skills，1998，86（1）：323−327.

[159] OMMUNDSEN Y, ROBERTS G C, KAVUSSANU M. Perceived Motivational Climate and Cognitive and Affective Correlates among Norwegian Athletes[J]. Journal of Sports Sciences，1998，16（2）：153−164.

[160] WILLIAMS L. Contextual Influences and Goal Perspectives among Female Youth Sport Participants[J]. Research Quarterly for Exercise and Sport，1998，69（1）：47−57.

[161] BIDDLE S, CURY F, GOUDAS M, et al. Development of Scales to Measure Perceived Physical Education Class Climate：aCross−national Project[J]. British Journal of Educational Psychology，1995，65（3）：341−358.

[162] PAPAIOANNOU A. Development of a Questionnaire to Measure Achievement Orientations in Physical Education[J]. Research Quarterly for Exercise and Sport，1994，65（1）：11−20.

[163] WALLING M D, DUDA J L, CHI L K. The Perceived Motivational Climate in Sport Questionnaire：Construct and Predictive Validity[J]. Journal of Sport and Exercise Psychology，1993，15（2）：172−183.

[164] WALDRON J J, KRANE V. Motivational climate and goal orientation in adolescent female softball players[J]. Journal of Sport Behavior，2005，28（4）：378−391.

[165] WALLINGMD, DUDA J L, CHI L K. The Perceived Motivational Climate in Sport Questionnaire：Construct and Predictive Validity[J]. Journal of Sport and Exercise Psychology，1993，15（2）：172−183.

[166] SELFRIZ J J, DUDA J L, CHI L K. The Relationship of Perceived Motivational Climate to Intrinsic Motivation and Beliefs about Success in Basketball[J]. Journal of Sport and Exercise

Psychology，1992，14（4）：375-391.

[167] TREASURE D，ROBERTS G C. Relationship between female adolescents' achievement goal orientations，perceptions of the motivational climate，belief about success and sources of satisfaction in basketball [J]. International Journal of Sport Psychology，1998，29：211-230.

[168] NEWTON M，DUDA J. Relations of Goal Orientations and Expectations on Multidimensional State Anxiety[J]. Perceptual and Motor Skills，1995，81（3_suppl）：1107-1112.

[169] CARPENTER P J，MORGAN K. Motivational Climate，Personal Goal Perspectives，and Cognitive and Affective Responses in Physical Education Classes[J]. European Journal of Physical Education，1999，4（1）：31-44.

[170] GUIVERNAU M，DUDA J. Integrating Concepts of Motivation and Morality：The Contribution of Norms Regarding Aggressive and Rule-violating Behaviors，Goal Orientations，and the Perceived Motivational Climate to the Prediction of Athletic Aggression[J]. Journal of Sport & Exercise Psychology，1998，20：13.

[171] MILLER，B W & G C ROBERTS & Y OMMUNDSEN. The relationship between perceived motivational climate and sportspersonship in elite male youth soccer players [A]. Proceedings of the sport psychology conference in the New Millennium [C]. Halmstad，Sweden：Halmstad University，2000：274-278.

[172] KAVUSSANU M，ROBERTS G C，NTOUMANIS N. Contextual Influences on Moral Functioning of College Basketball Players[J]. The Sport Psychologist，2002，16（4）：347-367.

[173] OMMUNDSEN Y，ROBERTS G C，LEMYRE P N，et al. Perceived Motivational Climate in Male Youth Soccer：Relations to Social-moral Functioning，Sportspersonship and Team Norm Perceptions[J]. Psychology of Sport and Exercise，2003，4（4）：397-413.

[174] MILLER B W，ROBERTS G C，OMMUNDSEN Y. Effect of Motivational Climate on Sportspersonship among Competitive Youth Male and Female Football Players[J]. Scandinavian Journal of Medicine and Science in Sports，2004，14（3）：193-202.

[175] GANO-OVERWAY L A，GUIVERNAU M，MAGYAR T，et al. Achievement Goal Perspectives，Perceptions of the Motivational Climate，and Sportspersonship：Individual and Team Effects[J]. Psychology of Sport and Exercise，2005，6（2）：215-232.

[176] OMMUNDSEN Y，ROBERTS G C. Effect of Motivational Climate Profiles on Motivational Indices in Team Sport[J]. Scandinavian Journal of Medicine & Science in Sports，2007，9（6）：389-397.

[177] BALAGUER I，DUDA J L，CRESPO M. Motivational Climate and Goal Orientations as

Predictors of Perceptions of Improvement，Satisfaction and Coach Ratings among Tennis Players[J]. Scandinavian Journal of Medicine & Science in Sports，2007，9（6）：381−388.

[178] DOROBANTU M，BIDDLE S J H. The influence of situational and individual goals on the intrinsic motivation of adolescents towards Physical Education [J]. The European Yearbook of Sport Psychology，1997，1：145−168.

[179] LIUKKONEN J，TELEMA R，BIDDLE S J H. Enjoyment in youth sports：A goal perspective approach [J]. The European Yearbook of Sport Psychology，1998，2：55−75.

[180] NEWTON M，DUDA J L，YIN Z N. Examination of the Psychometric Properties of the Perceived Motivational Climate in Sport Questionnaire − 2 in a Sample of Female Athletes[J]. Journal of Sports Sciences，2000，18（4）：275−290.

[181] PARISH L E，TREASURE D C. Physical Activity and Situational Motivation in Physical Education：Influence of the Motivational Climate and Perceived Ability[J]. Research Quarterly for Exercise and Sport，2003，74（2）：173−182.

[182] WHITEHEAD J，ANDRÉE K V，LEE M J. Achievement Perspectives and Perceived Ability：How far do Interactions Generalize in Youth Sport?[J]. Psychology of Sport and Exercise，2004，5（3）：291−317.

[183] SMITH R E，SMOLL F L，WIECHMAN S. Measurement of trait anxiety in sport [C]//DUDA J L. Advances in sport and exercise psychology measurement. Morgantown，West Virginia：Fitness Information Technology，1998.

[184] SMITH，R E & F L SMOLL & M W PASSER. Sport performance anxiety in children and youth [A]. In Smoll F L，Smith R E（eds.）. Children and youth in sports：A biopsychosocial perspective [C]. Dubuque，Iowa：Kendall/Hunt publishing company，2002：501−536.

[185] JONES G，SWAIN A. Predispositions to Experience Debilitative and Facilitative Anxiety in Elite and NonelitePerformers[J]. The Sport Psychologist，1995，9（2）：201−211.

[186] MAHONEY，M J & A W MEYERS. Anxiety and athletic performance：Traditional and cognitive−developmental perspectives [A]. In Hackfort D，Spielberger C D（eds.）. Anxiety in sports：An international perspective [C]. Washington D C：Hemisphere Publishing，1989.

[187] SCANLAN，T K & M L BABKES & L A SCANLAN. Participation in sport：A developmental glimpse at emotion [A]. In Mahoney J L，Larson R W，Eccles J S（eds.）. Organized activities as contexts of development：Extracurricular activities，after school，and community programs [C]. Mahwah，New Jersey：Lawrence Erlbaum Associates，2005：275−309.

[188] SCANLAN T K，LEWTHWAITE R. Social Psychological Aspects of Competition for

Male Youth Sport Participants：IV. Predictors of Enjoyment[J]. Journal of Sport Psychology，1986，8（1）：25−35.

[189] SMITH R E，SMOLL F L，HUNT E. A System for the Behavioral Assessment of Athletic Coaches[J]. Research Quarterly American Alliance for Health，Physical Education and Recreation，1977，48（2）：401−407.

[190] GOULD，D & D FELTZ & T HORN，et al. Reasons for discontinuing involvement in competitive youth swimming [J]. Journal of Sport Behavior，1982，5：155−165.

[191] GOULD D，TUFFEY S，UDRY E，et al. Burnout in Competitive Junior Tennis Players：II. Qualitative Analysis[J]. The Sport Psychologist，1996，10（4）：341−366.

[192] SMITH R E，PTACEK J T，PATTERSON E. Moderator Effects of Cognitive and Somatic Trait Anxiety on the Relation between Life Stress and Physical Injuries[J]. Anxiety，Stress & Coping，2000，13（3）：269−288.

[193] SCANLAN T K，PASSER M W. Factors Related to Competitive Stress among Male Youth SportParticipants[J]. Medicine and Science in Sports，1978，10（2）：103−108.

[194] SMOLL F L，SMITH R E，BARNETT N P，et al. Enhancement of Children's Self−esteem through Social Support Training for Youth Sport Coaches[J]. Journal of Applied Psychology，1993，78（4）：602−610.

[195] DUDA J L，NTOUMANIS N. After−school sport for children：Implications of a taskinvolving motivational climate [A]. In Mahoney J L，Larson R W，Eccles J S（eds.）. Organized activities as contexts of development：Extracurricular activities，after school，and community programs [C]. Mahwah，New Jersey：Lawrence Erlbaum Associates，2005：311−330.

[196] PAPAIOANNOU A，KOULI O. The Effect of Task Structure，Perceived Motivational Climate and Goal Orientations on Students' Task Involvement and Anxiety[J]. Journal of Applied Sport Psychology，1999，11（1）：51−71.

[197] CARR，S & M WYON. Motivational climate and goal orientations，trait anxiety and perfectionism in dance students：the link between contextual climate and motivational traits [J]. Journal of Sports Sciences，2003，21（4）：343−344.

[198] SMITH R E，SMOLL F L，CUMMING S P. Effects of a Motivational Climate Intervention for Coaches on Young Athletes' Sport Performance Anxiety[J]. Journal of Sport and Exercise Psychology，2007，29（1）：39−59.

[199] ESCARTÍ A，GUTIÉRREZ M. Influence of the Motivational Climate in Physical Education on the Intention to Practice Physical Activity or Sport[J]. European Journal of Sport

Science，2001，1（4）：1-12.

[200] NTOUMANIS N，BIDDLE S. The Relationship between Achievement Goal Profile Groups and Perceptions of Motivational Climates in Sport[J]. Scandinavian Journal of Medicine & Science in Sports，2007，8（2）：120-124.

[201] PENSGAARD，A M & G C ROBERTS. Elite Athletes' Experiences of the Motivational Climate：The Coach Matters[J]. Scandinavian Journal of Medicine & Science in Sport，2002，12（1）：54-59.

[202] PENSGAARD A M，ROBERTS G C. Elite Athletes' Experiences of the Motivational Climate：The Coach Matters[J]. Scandinavian Journal of Medicine and Science in Sports，2002，12（1）：54-59.

[203] BALAGUER I，DUDA J L，ATIENZA F L，et al. Situational and Dispositional Goals as Predictors of Perceptions of Individual and Team Improvement，Satisfaction and Coach Ratings among Elite Female Handball Teams[J]. Psychology of Sport and Exercise，2002，3（4）：293-308.

[204] DIGELIDIS N，PAPAIOANNOU A，LAPARIDIS K，et al. A One-year Intervention in 7th Grade Physical Education Classes Aiming to Change Motivational Climate and Attitudes towards Exercise[J]. Psychology of Sport and Exercise，2003，4（3）：195-210.

[205] CURY F，FONSÉCA D D，RUFO M，et al. Perceptions of Competence，Implicit Theory of Ability，Perception of Motivational Climate，and Achievement Goals：aTest of the Trichotomous Conceptualization of Endorsement of Achievement Motivation in the Physical Education Setting[J]. Perceptual and Motor Skills，2002，95（1）：233-244.

[206] ROBERTS G C ，TREASURE D C. Children in sport [J]. Sport Science Review，1992，（2）：46-64.

[207] GANO-OVERWAY L A，EWING M E. A Longitudinal Perspective of the Relationship between Perceived Motivational Climate，Goal Orientations，and Strategy Use[J]. Research Quarterly for Exercise and Sport，2004，75（3）：315-325.

[208] YOO J. Motivational-Behavioral Correlates of Goal Orientation and Perceived Motivational Climate in Physical Education Contexts[J]. Perceptual and Motor Skills，1999，89（1）：262-274.

[209] XIANG P，LEE A. Achievement Goals，Perceived Motivational Climate，and Students' Self-Reported Mastery Behaviors[J]. Research Quarterly for Exercise and Sport，2002，73（1）：58-65.

[210] MAGYAR T M，FELTZ D L. The Influence of Dispositional and Situational Tendencies

on Adolescent Girls'Sport Confidence Sources[J]. Psychology of Sport and Exercise，2003，4（2）：175-190.

[211] NTOUMANIS N，BIDDLE S J H，HADDOCK G. The Mediating Role of Coping Strategies on the Relationship between Achievement Motivation and Affect in Sport[J]. Anxiety，Stress & Coping，1999，12（3）：299-327.

[212] OMMUDSEM，Y & B W MILLER & G C ROBERTS，et al.. Moral functioning in soccer：the influence of perceived motivational climate and gender [J]. British Library Inside Conferences，2001 35（2）：158-160.

[213] RYSKA，T A & Z N YIN & M BOYD. The role of dispositional goal orientation and team climate on situational self-handicapping among young athletes [J]. Journal of Sport Behavior，1999，22（3）：410-425.

[214] STANDAGE M，DUDA J L，NTOUMANIS N. A Model of Contextual Motivation in Physical Education：Using Constructs from Self-determination and Achievement Goal Theories to Predict Physical Activity Intentions[J]. Journal of Educational Psychology，2003，95（1）：97-110.

[215] WILLIAMS L. Contextual Influences and Goal Perspectives among Female Youth Sport Participants[J]. Research Quarterly for Exercise and Sport，1998，69（1）：47-57.

[216] XIANG P，LEE A. Achievement Goals，Perceived Motivational Climate，and Students' Self-ReportedMastery Behaviors[J]. Research Quarterly for Exercise and Sport，2002，73（1）：58-65.

[217] LLOYD J，FOX K R. Achievement goals and motivation to exercise in adolescent girls：A preliminary intervention study [J]. British Journal of Physical Education Research Supplement，1992，11：12-16.

[218] TODOROVICH J R，CURTNER-SMITH M D. Influence of the Motivational Climate in Physical Education on Sixth Grade Pupilsí Goal Orientations[J]. European Physical Education Review，2002，8（2）：119-138.

[219] DUDA J L. Achievement goal research in sport：Pushing the boundaries and clarifying some misunderstandings [C]// ROBERTS G C. Advances in motivation in sport & exercise. Champaign，Illinois：Human Kinetics，2001：129-183.

[220] CUMMING S P，SMOLL F L，SMITH R E，et al. Is Winning Everything? the Relative Contributions of Motivational Climate and Won-Lost Percentage in Youth Sports[J]. Journal of Applied Sport Psychology，2007，19（3）：322-336.

[221] PAPAIOANNOU A，MARSH H W，THEODORAKIS Y. A Multilevel Approach to

Motivational Climate in Physical Education and Sport Settings: an Individual or a Group Level Construct?[J]. Journal of Sport and Exercise Psychology, 2004, 26 (1): 90−118.

[222] MORGAN K, SPROULE J, WEIGAND D, et al. A Computer−based Observational Assessment of the Teaching Behaviours that Influence Motivational Climate in Physical Education[J]. Physical Education & Sport Pedagogy, 2005, 10 (1): 83−105.

[223] HARWOOD C G, SPRAY C M, KEEGAN R J. Achievement goal theories in sport [C]//HORN T. Advances in sport psychology. Champaign, Illinois: Human Kinetics, 2008: 157−185.

[224] KEEGAN R J, HARWOOD C G, SPRAY C M, et al. A Qualitative Investigation of the Motivational Climate in Elite Sport[J]. Psychology of Sport and Exercise, 2014, 15 (1): 97−107.

[225] KEEGAN R J, HARWOOD C G, SPRAY C M, et al. A Qualitative Investigation Exploring the Motivational Climate in Early Career Sports Participants: Coach, Parent and Peer Influences on Sport Motivation[J]. Psychology of Sport and Exercise, 2009, 10 (3): 361−372.

[226] NTOUMANIS N, VAZOU S. Peer Motivational Climate in Youth Sport: Measurement Development and Validation[J]. Journal of Sport and Exercise Psychology, 2005, 27 (4): 432−455.

[227] KEEGAN R, SPRAY C, HARWOOD C, et al. The Motivational Atmosphere in Youth Sport: Coach, Parent, and Peer Influences on Motivation in Specializing Sport Participants[J]. Journal of Applied Sport Psychology, 2010, 22 (1): 87−105.

[228] HOLT N L, TAMMINEN K A, BLACK D E, et al. Youth Sport Parenting Styles and Practices[J]. Journal of Sport and Exercise Psychology, 2009, 31 (1): 37−59.

[229] ADIE J W, JOWETT S. Meta−Perceptions of the Coach−Athlete Relationship, Achievement Goals, and Intrinsic Motivation among Sport Participants[J]. Journal of Applied Social Psychology, 2010, 40 (11): 2750−2773.

[230] MAEHR, M L & M W STEINKAMP. Gender Differences in Motivational Orientations Toward Achievement in School Science: Aquantitative synthesis [J]. American Educational Research Journal, 1984, 21 (1): 39−59.

[231] STEINKAMP M W, MAEHR M L. Gender Differences in Motivational Orientations Toward Achievement in School Science: a Quantitative Synthesis[J]. American Educational Research Journal, 1984, 21 (1): 39−59.

[232] SKINNER B F. Some Contributions of an Experimental Analysis of Behavior to Psychology as a Whole[J]. American Psychologist, 1953, 8 (2): 69−78.

[233] WATSON J B. Psychology as the Behaviorist Views it[J]. Psychological Review, 1913,

20（2）：158－177.

[234] MCDOUGALL，W. Outline of Abnormal Psychology [M]. New York：Scribner，1926.

[235] DUNLAP K. Psychological Research in Aviation[J]. Science，1919，49：94－97.

[236] BERNARD L L. Discussion of Professor McDougall's Paper[J]. The Journal of Abnormal Psychology and Social Psychology，1924，19（1）：42－45.

[237] TOLMAN R C. Models of the Physical Universe[J]. Science，1932，75：367－373.

[238] MASLOW A H. Motivation and Personality [M]. New York：Harper，1954.

[239] RODRIGUEZ D，WIGFIELD A，ECCLES J S. Changing Competence Perceptions，Changing Values：Implications for Youth Sport[J]. Journal of Applied Sport Psychology，2003，15（1）：67－81.

[240] ANDREWS J A，LEWINSOHN P M，HOPS H，et al. Psychometric Properties of Scales for the Measurement of Psychosocial Variables Associated with Depression in Adolescence[J]. Psychological Reports，1993，73（3）：1019－1046.

[241] ELLIOT A J，DWECK C S. Competence and Motivation：Competence as the Core of Achievement Motivation [M]. Elliot A J，Dweck C S. Handbook of competence and motivation. New York：Guilford Publications，2005.

[242] PLANT R W，RYAN R M. Intrinsic Motivation and the Effects of Self－consciousness，Self－awareness，and Ego－involvement: an Investigation of Internally Controlling Styles[J]. Journal of Personality，1985，53（3）：435－449.

[243] DECI E L，KOESTNER R，RYANRM. A Meta－analytic Review of Experiments Examining the Effects of Extrinsic Rewards on Intrinsic Motivation[J]. Psychological Bulletin，1999，125（6）：627－668.

[244] DECI E L，KOESTNER R，RYAN R M. A Meta－analytic Review of Experiments Examining the Effects of Extrinsic Rewards on Intrinsic Motivation[J]. Psychological Bulletin，1999，125（6）：627－668.

[245] HULL C L. Principles of behavior：an introduction to behavior theory [A] //HULL C L.Principles of Behavior An Introduction to Behavior theory. Appleton Century，1943.

[246] MURRAY H A. Explorations in personality：a clinical and experimental study of fifty men of college age [A]. Explorations in personality：a clinical and experimental study of fifty men of college agexiv [C]. Oxford University Press，1938.

[247] RYAN R M，DECI E L. Self－Regulation and the Problem of Human Autonomy：Does Psychology Need Choice，Self－Determination，and Will?[J]. Journal of Personality，2006，74（6）：

1557－1586.

[248] RYAN R M，FREDERICK C. On Energy，Personality，and Health：Subjective Vitality as a Dynamic Reflection of Well－Being[J]. Journal of Personality，1997，65（3）：529－565.

[249] DECI E L，RYAN R M. The "What" and "Why" of Goal Pursuits：Human Needs and the Self－Determination of Behavior[J]. Psychological Inquiry，2000，11（4）：227－268.

[250] DeCharms，R. Personal causation：The internal affective determinants of behavior [M]. New York：Academic Press，1968.

[251] CSIKSZENTMIHALYI，M. Flow：The Psychology of optimal experience [M]. New York：Harper，1992.

[252] DECI E L，RYAN R M. The General Causality Orientations Scale：Self－determination in Personality[J]. Journal of Research in Personality，1985，19（2）：109－134.

[253] DECI E L，RYAN R M . Handbook of self－determination research [M]. New York：University of Rochester Press，2003：119－142.

[254] VLACHOPOULOS S P，KARAGEORGHIS C I，TERRY P C. Hierarchical Confirmatory Factor Analysis of the Flow State Scale in Exercise[J]. Journal of Sports Sciences，2000，18（10）：815－823.

[255] VALLERAND R J，PELLETIER L G，BLAIS M R，et al. The Academic Motivation Scale：a Measure of Intrinsic，Extrinsic，and Amotivation in Education[J]. Educational and Psychological Measurement，1992，52（4）：1003－1017.

[256] FREDERICK C M，RYAN R M. Differences in motivation for sport and exercise and their relations with participation and mental health [J]. Journal of Sport Behavior，1993，16（3）：124－146.

[257] DUDA J，CHI L K，NEWTON M，et al. Task and Ego Orientation and Intrinsic Motivation in Sport[J]. International Journal of Sport Psychology，1995，26（1）：40－63.

[258] ALEXANDRIS K，TSORBATZOUDIS C，GROUIOS G. Perceived Constraints on Recreational Sport Participation：Investigating Their Relationship with Intrinsic Motivation，Extrinsic Motivation and Amotivation[J]. Journal of Leisure Research，2002，34（3）：233－252.

[259] PELLETIER L G，TUSON K M，FORTIER M S，et al. Toward a New Measure of Intrinsic Motivation，Extrinsic Motivation，and Amotivation in Sports：The Sport Motivation Scale（SMS）[J]. Journal of Sport and Exercise Psychology，1995，17（1）：35－53.

[260] NICHOLLS J G. Achievement Motivation：Conceptions of Ability，Subjective Experience，Task Choice，and Performance[J]. Psychological Review，1984，91（3）：328－346.

[261] RYAN R M. Control and Information in the Intrapersonal Sphere: an Extension of Cognitive Evaluation Theory[J]. Journal of Personality and Social Psychology, 1982, 43 (3): 450-461.

[262] WILLIAMS G C, GROW V M, FREEDMAN Z R, et al. Motivational Predictors of Weight Loss and Weight-loss Maintenance[J]. Journal of Personality and Social Psychology, 1996, 70 (1): 115-126.

[263] RYAN R M. Psychological Needs and the Facilitation of Integrative Processes[J]. Journal of Personality, 1995, 63 (3): 397-427.

[264] BANDURA A. The Explanatory and Predictive Scope of Self-Efficacy Theory[J]. Journal of Social and Clinical Psychology, 1986, 4 (3): 359-373.

[265] SELIGMAN M E P. Helplessness: On depression, development, and death [M]. New York: W H Freeman & Co Ltd, 1975.

[266] VALLERANDR J. Toward a hierarchical model of intrinsic and extrinsic motivation[J]. Advances in Experimental Social Psychology, 1997, 29 (8): 271-360.

[267] RYAN R M, DECI E L. Intrinsic and Extrinsic Motivations: Classic Definitions and New Directions[J]. Contemporary Educational Psychology, 2000, 25 (1): 54-67.

[268] REEVES, A B. Teaching the Creed and Articles of Faith in England: Lateran IV to "Ignorantia sacerdotum" [M]. Toronto, Canada: ProQuest Dissertations Publishing, 2009.

[269] HAGGER M S, CHATZISARANTIS N L D, BARKOUKIS V, et al. Perceived Autonomy Support in Physical Education and Leisure-Time Physical Activity: aCross-Cultural Evaluation of the Trans-Contextual Model[J]. Journal of Educational Psychology, 2005, 97 (3): 376-390.

[270] WEISS M R, AMOROSE A J. Motivational orientations and sport behaviour [A]// HORN T S. Advances in Sport Psychology. Champaign, Illinois: Human Kinetics, 2008: 115-156.

[271] ROUSSEAU F L, VALLERAND RJ. Does Motivation Mediate Influence of Social Factors on Educational Consequences?[J]. Psychological Reports, 2000, 87 (3): 812-814.

[272] WEISS, M R & A J Amorose. Motivational orientations and sport behaviour [J]. Advances in Sport Psychology, 2008, 2: 115-156.

[273] ATKINSON J W. Motivational Determinants of Risk-taking Behavior[J]. Psychological Review, 1957, 64 (6): 359-372.

[274] MCCLELLAND, D C & J W ATKINSON & R A CLARK, et al. The achievement motive[M]. Des Moines, Iowa: Appleton-Century-Crofts, 1953.

[275] BRIERE，N M & L G PELLETIER & R J VALLERAND，et al. Leisure and mental-health-relations between motivation for certain forms of leisure and psychological well-being [J]. Canadian Journal of Behavioural Science-Revue Canadienne des Sciences du Comportement，1995，27（2）：140-156.

[276] PELLETIER L G，VALLERAND R J，Greendemers I，et al. Leisure and mental-health-relations betweenmotivation for certain forms of leisure and psychological well-being [J]. Canadian Journal of Behavioural Science-Revue Canadienne des Sciences du Comportement，1995，27（2）：140-156.

[277] CRESSWELL S L，EKLUND R C. Motivation and Burnout in Professional Rugby Players[J]. Research Quarterly for Exercise and Sport，2005，76（3）：370-376.

[278] HODGE K，LONSDALE C，NG J Y Y. Burnout in Elite Rugby：Relationships with Basic Psychological Needs Fulfilment[J]. Journal of Sports Sciences，2008，26（8）：835-844.

[279] LEMYRE P N，TREASURE D C，ROBERTS G C. Influence of Variability in Motivation and Affect on Elite Athlete Burnout Susceptibility[J]. Journal of Sport and Exercise Psychology，2006，28（1）：32-48.

[280] COHEN，J. A power primer [J]. Psychological Bulletin，1998，11（2）：155-159.

[281] WILSON P. Do Autonomous Exercise Regulations Underpin Different Types of Exercise Imagery?[J]. Journal of Applied Sport Psychology，2003，15（4）：294-306.

[282] GAGNE M. Autonomy Support and Need Satisfaction in the Motivation and Well-Being of Gymnasts[J]. Journal of Applied Sport Psychology，2003，15（4）：372-390.

[283] BLANCHARD C M，MASK L，VALLERAND R J，et al. Reciprocal Relationships between Contextual and Situational Motivation in a Sport Setting[J]. Psychology of Sport and Exercise，2007，8（5）：854-873.

[284] AMOROSE A J，ANDERSON-BUTCHER D. Autonomy-supportive Coaching and Self-determined Motivation in High School and College Athletes：a Test of Self-determination Theory[J]. Psychology of Sport and Exercise，2007，8（5）：654-670.

[285] ADIE J W，DUDA J L，NTOUMANIS N. Autonomy Support，Basic Need Satisfaction and the Optimal Functioning of Adult Male and Female Sport Participants：a Test of Basic Needs Theory[J]. Motivation and Emotion，2008，32（3）：189-199.

[286] DECI E L，BETLEY G，KAHLE J，et al. When trying to win - competition and intrinsic motivation [J]. Personality and Social Psychology Bulletin，1981，7（1）：79-83.

[287] VALLERAND R J，GAUVIN L I，HALLIWELL W R. Effects of Zero-Sum

Competition on Children's Intrinsic Motivation and Perceived Competence[J]. The Journal of Social Psychology, 1986, 126 (4): 465-472.

[288] WEINBERG R S, RAGAN J. Effects of Competition, Success/Failure, and Sex on Intrinsic Motivation[J]. Research Quarterly American Alliance for Health, Physical Education, Recreation and Dance, 1979, 50 (3): 503-510.

[289] TAUER J M, HARACKIEWICZ J M. The Effects of Cooperation and Competition on Intrinsic Motivation and Performance[J]. Journal of Personality and Social Psychology, 2004, 86 (6): 849-861.

[290] VALLERAND R J, REID G. On the relative effects of positive and negative verbal feedback on males' and females'intrinsic motivation[J]. Canadian Journal of Behavioural Science, 1988, 20 (3): 239-250.

[291] HENDERLONG J, LEPPER M R. The Effects of Praise on Children's Intrinsic Motivation: a Review and Synthesis[J]. Psychological Bulletin, 2002, 128 (5): 774-795.

[292] DWYER J J M. Effect of Perceived Choice of Music on Exercise Intrinsic Motivation[J]. Health Values: The Journal of Health Behavior, Education & Promotion, 1995, 19 (2): 18-26.

[293] GOUDAS M, BIDDLE S, FOX K, et al. It Ain't what You Do, It's the Way that You do It!Teaching Style Affects Children's Motivation in Track and Field Lessons[J]. The Sport Psychologist, 1995, 9 (3): 254-264.

[294] PATALL E A, COOPERH, ROBINSON J C. The Effects of Choice on Intrinsic Motivation and Related Outcomes: a Meta-analysis of Research Findings[J]. Psychological Bulletin, 2008, 134 (2): 270-300.

[295] REEVE J, NIX G, HAMM D. Testing Models of the Experience of Self-determination in Intrinsic Motivation and the Conundrum of Choice[J]. Journal of Educational Psychology, 2003, 95 (2): 375-392.

[296] ELLIOTT E S, DWECK C S. Goals: an Approach to Motivation and Achievement[J]. Journal of Personality and Social Psychology, 1988, 54 (1): 5-12.

[297] GIACOBBI P R, WHITNEY J, ROPER E, et al. College coaches' views about the development of successful athletes: A descriptive exploratory investigation [J]. Journal of Sport Behavior, 2002, 25 (2): 164-180.

[298] DUNCAN G R. The effects of climate, autonomy, relatedness and competency on self determination in college athletes[D]. Detroit, Michigan: Walden University, 2006.

[299] DUDA J，CHI L K，NEWTON M，et al. Task and Ego Orientation and Intrinsic Motivation in Sport[J]. International Journal of Sport Psychology，1995，26（1）：40−63.

[300] SARRAZIN P，VALLERAND R，GUILLET E，et al. Motivation and Dropout in Female Handballers：a 21−month Prospective Study[J]. European Journal of Social Psychology，2002，32（3）：395−418.

[301] COAKLEY J J. Sport in Society：Issues and Controversies[M]. St. Louis，MO：C.V. Mosby，1994.

[302] DUDA J L，ALLISON M T. Cross−cultural Analysis in Exercise and Sport Psychology：aVoid in the Field[J]. Journal of Sport and Exercise Psychology，1990，12（2）：114−131.

[303] AMES R，AMES C. Adolescent Motivation and Achievement[M]//Ames R，Ames C. The Adolescent As Decision−Maker. Elsevier，1989：181−204.

[304] DUDA J L. Goals：Asocial−cognitive approach to the study of achievement motivation in sport[M]//Singer R N，Murphey M，Tennant L K . Handbook of Research on Sport Psychology. New York：Macmillan，1993：421−436.

[305] BUTLER S B. Physical education and nonphysical education majors：A comparison of exercise behaviors [M]. Texas A&M University，Proquest dissertations publishing，1989.

[306] DECI E L，CONNELL J P，RYAN R M. Self−determination in a Work Organization[J]. Journal of Applied Psychology，1989，74（4）：580−590.

[307] VALLERAND R J. Toward a hierarchical model of intrinsic and extrinsic motivation [C]//Zanna M . Advances in Experimental Social Psychology. New York：Academic Press，1997：271−360.

[308] HORN T S. Coaching effectiveness in sport domain [C]//Advances in Sport Psychology. Chamapain，Illinois：Human Kinetics，2008：240−267.

[309] CHELLADURAI P. Leadership in Sports：a Review[J]. International Journal of Sport Psychology，1990，21：328−354.

[310] DECI E L，KOESTNER R，RYAN R M. Extrinsic Rewards and Intrinsic Motivation in Education：Reconsidered once again[J]. Review of Educational Research，2001，71（1）：1−27.

[311] MAGEAU G A，VALLERAND R J. The Coach–athlete Relationship：a Motivational Model[J]. Journal of Sports Sciences，2003，21（11）：883−904.

[312] AMOROSE A J. Reflected Appraisals and Perceived Importance of Significant Others' Appraisals as Predictors of College Athletes' Self−Perceptions of Competence[J]. Research Quarterly for Exercise and Sport，2003，74（1）：60−70.

[313] SARRAZIN P, VALLERAND R, GUILLET E, et al. Motivation and Dropout in Female Handballers: a 21-month Prospective Study[J]. European Journal of Social Psychology, 2002, 32（3）: 395-418.

[314] MAGYAR T M, FELTZ D L, SIMPSON I P. Individual and Crew Level Determinants of Collective Efficacy in Rowing[J]. Journal of Sport and Exercise Psychology, 2004, 26（1）: 136-153.

[315] ROBERTS G C. Understanding the dynamics of motivation in physical activity: the influence of achievement goals on motivational processes[C]//ROBERTS G. Advances in motivation in sport and exercise. Champaign, IL: Human Kinetics, 2001: 1-50.

[316] VALLERAND R J. Toward a hierarchical model of intrinsic and extrinsic motivation [C]// Zanna M. Advances in Experimental Social Psychology. New York: Academic Press, 1997: 271-360.

[317] VOSLOO J, OSTROW A, WATSON J C. The relationships between motivational climate, goal orientations, anxiety, and self-confidence among swimmers [J].Journal of Sport Behavior, 2009, 32（3）: 376-393.

[318] DUDA J L, BALAGUER I. Toward an integration of models of leadership with a contemporary theory of motivation[M]// LIDOR R, BAR-ELI M. Sport psychology: Linking theory and practice. Morgantown, WV: Fitness Information Technology, 1999: 213-230.

[319] SMITH S L, FRY M D, ETHINGTON C A, et al. The Effect of Female Athletes' Perceptions of Their Coaches' Behaviors on Their Perceptions of the Motivational Climate[J]. Journal of Applied Sport Psychology, 2005, 17（2）: 170-177.

[320] SMITH R E, SMOLL F L. The coach as a focus of research and intervention in youth sports[M]// SMOLL F L, SMITH R E. Children an youth in sport: a biopsychosocial perspective. Dubuque, IA: Brown & Benchmark, 1996: 125-141.

[321] CUTRONA C E, RUSSELL D W. Type of social support and specific stress: Toward a theory of optimal matching [A]. In Cutrona C E, Russell D W. Social support: An interactional view [C]. Oxford, England, 1990.

[322] CARR S, WEIGAND D A. Parental, Peer, Teacher and Sporting Hero Influence on the Goal Orientations of Children in Physical Education[J]. European Physical Education Review, 2001, 7（3）: 305-328.

[323] DUDA J L, NICHOLLS J G. Dimensions of Achievement Motivation in Schoolwork and Sport[J]. Journal of Educational Psychology, 1992, 84（3）: 290-299.

[324] LONSDALE C，HODGE K，ROSE E A. The Behavioral Regulation in Sport Questionnaire（BRSQ）：Instrument Development and Initial Validity Evidence[J]. Journal of Sport and Exercise Psychology，2008，30（3）：323－355.

[325] ADIE J W，DUDA J L，NTOUMANIS N，et al. Environmental factors，basic need satisfaction，and subjective well－being among adult team sport athletes [J]. Journal of Sport & Exercise Psychology，2006，28（2）：S23.

[326] TREASURE D C，DUDA J L，HALL H K，et al. Clarifying Misconceptions and Misrepresentations in Achievement Goal Research in Sport：a Response to Harwood，Hardy，and Swain[J]. Journal of Sport and Exercise Psychology，2001，23（4）：317－329.

[327] ROBERTS G C，TREASURE D C，KAVUSSANU M. Orthogonality of Achievement Goals and Its Relationship to Beliefs about Success and Satisfaction in Sport[J]. The Sport Psychologist，1996，10（4）：398－408.

[328] ELLIOT A J，MCGREGOR H A. A 2 × 2 Achievement Goal Framework[J]. Journal of Personality and Social Psychology，2001，80（3）：501－519.

[329] HARACKIEWICZ J M，BARRON K E，PINTRICH P R，et al. Revision of Achievement Goal Theory：Necessary and Illuminating[J]. Journal of Educational Psychology，2002，94（3）：638－645.

[330] KAPLAN A，MAEHR M L. The Contributions and Prospects of Goal Orientation Theory[J]. Educational Psychology Review，2007，19（2）：141－184.

[331] SMITH R E，SMOLL F L，CUMMING S P. Motivational Climate and Changes in Young Athletes' Achievement Goal Orientations[J]. Motivation and Emotion，2009，33（2）：173－183.

[332] WALLING M D，DUDA J L. Goals and Their Associations with Beliefs about Success in and Perceptions of the Purposes of Physical Education[J]. Journal of Teaching in Physical Education，1995，14（2）：140－156.

[333] OMMUNDSEN Y，PEDERSEN B H. The Role of Achievement Goal Orientations and Perceived Ability Upon Somatic and Cognitive Indices of Sport Competition Trait Anxiety aStudy of Young Athletes[J]. Scandinavian Journal of Medicine & Science in Sports，2007，9（6）：333－343.

[334] VEALEY R S，CAMPBELL J L. Achievement Goals of Adolescent Figure Skaters：Impact on Self－Confidence，Anxiety，and Performance[J]. Journal of Adolescent Research，1988，3（2）：227－243.

[335] ROBERTS G C，TREASURE D C，CONROY D E. Understanding the Dynamics of

Motivation in Sport and Physical Activity: AnAchievementGoalInterpretation[M]//Tenenbaum G, Eklund R C. Handbook of Sport Psychology. Hoboken, NJ, USA: John Wiley & Sons, Inc., 2012: 1-30.

[336] ROBERTS G C, TREASURE D C, KAVUSSANU M. Orthogonality of Achievement Goals and Its Relationship to Beliefs about Success and Satisfaction in Sport[J]. The Sport Psychologist, 1996, 10 (4): 398-408.

[337] NTOUMANISN, BIDDLE S. The Relationship between Achievement Goal Profile Groups and Perceptions of Motivational Climates in Sport[J]. Scandinavian Journal of Medicine & Science in Sports, 2007, 8 (2): 120-124.

[338] RUTH J A, OTNES C C, BRUNEL F F. Gift Receipt and the Reformulation of Interpersonal Relationships[J]. Journal of Consumer Research, 1999, 25 (4): 385-402.

[339] SMITH A L, BALAGUER I, DUDA J L. Goal Orientation Profile Differences on Perceived Motivational Climate, Perceived Peer Relationships, and Motivation-related Responses of Youth Athletes[J]. Journal of Sports Sciences, 2006, 24 (12): 1315-1327.

[340] HARWOOD C G, SWAINABJ.Antecedents of Pre-competitionAchievement Goals in Elite Junior Tennis Players[J]. Journal of Sports Sciences, 1998, 16 (4): 357-371.

[341] WHITEHEAD J, ANDREE K V, LEE M J. Longitudinal interactions between dispositional and situational goals, perceived ability, and intrinsic motivation [J]. British Library Inside Conferences, 1997: 750-752.

[342] WALDRON J J, KRANE V. Motivational climate and goal orientation in adolescent female softball players [J]. Journal of sport behavior, 2005, 28 (4): 378-391.

[343] ANDERMAN E M, MIDGLEY C. Changes in Achievement Goal Orientations, Perceived Academic Competence, and Grades across the Transition to Middle-Level Schools[J]. Contemporary Educational Psychology, 1997, 22 (3): 269-298.

[344] XIANG P, LEE A. The Development of Self-Perceptions of Ability and Achievement Goals and Their Relations in Physical Education[J]. Research Quarterly for Exercise and Sport, 1998, 69 (3): 231-241.

[345] ANDERMAN L H, ANDERMAN E M. Social Predictors of Changes in Students' Achievement Goal Orientations[J]. Contemporary Educational Psychology, 1999, 24 (1): 21-37.

[346] PINTRICH P R. Multiple Goals, Multiple Pathways: The Role of Goal Orientation in Learning and Achievement[J]. Journal of Educational Psychology, 2000, 92 (3): 544-555.

[347] CONROY D E, KAYE M P, COATSWORTH J D. Coaching Climates and the

Destructive Effects of Mastery-Avoidance Achievement Goals on Situational Motivation[J]. Journal of Sport and Exercise Psychology，2006，28（1）：69-92.

[348] VALLERAND R J. Toward a hierarchical model of intrinsic and extrinsic motivation [C]// Zanna M. Advances in Experimental Social Psychology. New York：Academic Press，1997：271-360.

[349] WILSON P M，RODGERS W M. The Relationship between Perceived Autonomy Support，Exercise Regulations and Behavioral Intentions in Women[J]. Psychology of Sport and Exercise，2004，5（3）：229-242.

[350] HAGGER M S，CHATZISARANTIS N L D. Self-determination in exercise and sport [M]. Champaign，Illinois：Human Kinetics，2007.

[351] GROUZET F，VALLERAND R J. On the transmission of values：The role of relatedness [M]. Montréal：Université du Québec à Montréal，2000.

[352] CHELLADURAI P. Discrepancy between Preferences and Perceptions of Leadership Behavior and Satisfaction of Athletes in Varying Sports[J]. Journal of Sport Psychology，1984，6（1）：27-41.

[353] THOMAS，J R & W SALAZAR & D M LANDERS. What is missing in P<0.05? Effect size [J]. Research Quarterly for Exercise and Sport，1991，62（3）：344-348.

[354] DUDA J L，WHITE S A，SULLIVAN C M. The relationships of gender，level of sport involvement，and participation motivation to goal orientation [R]. San Francisco，California：American Alliance for Health，Physical Education，Recreation and Dance in the Research Consortium Meetings，1991.

[355] REEVE C L，BLACKSMITHN. Equivalency and Reliability of Vectors of G-loadings across Different Methods of Estimation and Sample Sizes[J]. Personality and Individual Differences，2009，47（8）：968-972.

[356] AMOROSE A J. Reflected Appraisals and Perceived Importance of Significant Others' Appraisals as Predictors of College Athletes' Self-Perceptions of Competence[J]. Research Quarterly for Exercise and Sport，2003，74（1）：60-70.

[357] HOLLEMBEAK J，AMOROSE A J. Perceived Coaching Behaviors and College Athletes' Intrinsic Motivation：a Test of Self-Determination Theory[J]. Journal of Applied Sport Psychology，2005，17（1）：20-36.

[358] RICHER S F，VALLERAND R J. Construction and validation of the Relatedness

Feeling Scale[J]. Revue Européenne de Psychologie Appliquée，1998，48：129－37.

[359] WILLIAMS G C，GROW V M，FREEDMANZ R，etal. Motivational Predictors of Weight Loss and Weight－loss Maintenance[J]. Journal of Personality and Social Psychology，1996，70（1）：115－126.

[360] CARRON A V，HAUSENBLAS H A，EYS M A. Group dynamics in sport（3rd ed.）[M]. Morgantown WV：Fitness Information Technology，2005.

[361] HASSELL K，SABISTON C M，BLOOM G A. Exploring the multiple dimensions of social support among elite female adolescent swimmers[J]. International Journal of Sport Psychology，2010，41（4），340－359.

[362] HORN T S. Coaches' Feedback and Changes in Children's Perceptions of Their Physical Competence[J]. Journal of Educational Psychology，1985，77（2）：174－186.

[363] BLACK S J，WEISS M R. The Relationship among Perceived Coaching Behaviors，Perceptions of Ability，and Motivation in Competitive Age－Group Swimmers[J]. Journal of Sport and Exercise Psychology，1992，14（3）：309－325.

[364] ALLEN J B，HOWE B L. Player ability，coach feedback and female adolescent athletes' perceived competence and satisfaction[J]. Journal of Sport Exercise Psychology，1998，20（3）：280－299.

[365] STEIN J，BLOOM G A，SABISTON C M. Influence of Perceived and Preferred Coach Feedback on Youth Athletes' Perceptions of Team Motivational Climate[J]. Psychology of Sport and Exercise，2012，13（4）：484－490.

[366] MCARDLE S，DUDA J K. Implications of the motivational climate in youth sports[M]. In F. L，2002.

[367] SMITH R E，SMOLL F L，CUMMING S P. Effects of a Motivational Climate Intervention for Coaches on Young Athletes' Sport Performance Anxiety[J]. Journal of Sport and Exercise Psychology，2007，29（1）：39－59.

[368] HASSELL K，SABISTON C M，BLOOM G A. Exploring the multiple dimensions of social support among elite female adolescent swimmers[J]. International journal of sport psychology，2010，41（4）：340－359.

[369] DECI，E L & R M RYAN. A motivational approach to self－integration in personality[J]. Nebraska Symposium on Motivation，1991，38：237－288.

[370] ZUCKERMAN M，EYSENCK S B，EYSENCK H J. Sensation Seeking in England and

America: Cross-cultural, Age, and Sex Comparisons[J]. Journal of Consulting and Clinical Psychology, 1978, 46 (1): 139-149.

[371] RICHER S F, VALLERAND R J. Construction and validation of the Perceived Relatedness Scale[J]. Revue Européenne de Psychologie Appliquée, 1998, 48 (2): 129-137.

[372] VALLERAND R J, LOSIER G F. An Integrative Analysis of Intrinsic and Extrinsic Motivation in Sport[J]. Journal of Applied Sport Psychology, 1999, 11 (1): 142-169.

[373] REINBOTH M, DUDA J L, NTOUMANIS N. Dimensions of Coaching Behavior, Need Satisfaction, and the Psychological and Physical Welfare of Young Athletes[J]. Motivation and Emotion, 2004, 28 (3): 297-313.

[374] KOWAL J, FORTIER M S. Testing Relationships from the Hierarchical Model of Intrinsic and Extrinsic Motivation Using Flowasa Motivational Consequence[J]. Research Quarterly for Exercise and Sport, 2000, 71 (2): 171-181.

[375] RYAN, R M. Agency and organizationintrinsic motivation, autonomy, and the self in psychological-development [J]. Nebraska Symposium on Motivation, 1993, 40 (4): 1-56.

[376] RYAN R M, LYNCH J H. Emotional Autonomy Versus Detachment: Revisiting the Vicissitudes of Adolescence and Young Adulthood[J]. Child Development, 1989, 60 (2): 340.

[377] BLAIS M R, SABOURINS, BOUCHER C, et al. Toward a Motivational Model of Couple Happiness[J]. Journal of Personality and Social Psychology, 1990, 59 (5): 1021-1031.

[378] FISHER C D. The Effects of Personal Control, Competence, and Extrinsic Reward Systems on Intrinsic Motivation[J]. Organizational Behavior and Human Performance, 1978, 21 (3): 273-288.

[379] DECI E L, EGHRARI H, PATRICK B C, et al. Facilitating internalization: the self-determination theory perspective[J]. Journal of Personality, 1994, 62 (1): 119-142.

[380] RYAN R M, DECI E L. The "Third Selective Paradigm" and the Role of Human Motivation in Cultural and Biological Selection: a Response to Csikszentmihalyi and Massimini[J]. New Ideas in Psychology, 1985, 3 (3): 259-264.

[381] ADIE J W, DUDA J L, NTOUMANIS N, et al. Environmental factors, basic need satisfaction, and subjective well-being among adult team sport athletes[J]. Journal of Sport & Exercise Psychology, 2006, 28 (2): 23.

[382] PETHERICK C, WEIGAND D A. The Relationship of Dispositional Goal Orientations and Perceived Motivational Climates on Indices of Motivation in Male and Female Swimmers[J].

International Journal of Sport Psychology，2002，33（2）：218−237.

[383] NTOUMANIS N，BIDDLE S. The Relationship between Achievement Goal Profile Groups and Perceptions of Motivational Climates in Sport[J]. Scandinavian Journal of Medicine & Science in Sports，2007，8（2）：120−124.

[384] HODGE K，PETLICHKOFF L. Goal Profiles in Sport Motivation：a Cluster Analysis[J]. Journal of Sport and Exercise Psychology，2000，22（3）：256−272.

附　　录

附录 A　教练员领导行为、激励氛围对运动员动机内化影响研究（预测）

您好！

本问卷专为学术研究设计，采用无记名方式填写。请您根据所在排球队的实际情况对相关题项做出真实和客观的评价。问卷的数据结果仅供学术研究使用，敬请安心填写。请您在填写此问卷时，细心阅读各项问题，真实地做出您的评价。问题的完整性对学术研究非常重要，请您完整回答所有问题。感谢您对本研究的支持与参与！

（一）您的基本情况

请根据您的实际情况，在最符合的选项上画"√"。

1. 您的性别：

（1）男　　　　　　　　　　　　　　　（2）女

2. 您的年龄

（1）16 岁以下　（2）16～17 岁　（3）18～19 岁　（4）20～21 岁　（5）21 岁以上

3. 您在球队比赛中是

（1）主力队员　　　　（2）替补队员　　　　（3）不好说

4. 您的运动等级

（1）二级　　　　　（2）一级　　　　　（3）健将级

（4）国际健将级　　（5）其他

5. 您加入该球队的时间

（1）2 年以下　　　　　　　　　　　（2）2～3 年

242

（3）3～4 年　　　　　　　　　　　　（4）4 年以上

打分说明：问卷项目以打分为基础，评分由 **1** 分至 **5** 分。

1：非常不同意　**2**：不同意　**3**：一般　**4**：同意　**5**：非常同意

一、教练员领导行为量表	非常不同意	不同意	一般	同意	非常同意
1. 教练员向我们解释运动技术和战术动作要领	1	2	3	4	5
2. 教练员鼓励队员针对训练中的问题自己找答案	1	2	3	4	5
3. 对重要事情做决定时，教练员能事先征求队员的意见	1	2	3	4	5
4. 教练员鼓励队员能自己设定训练目标和采取措施	1	2	3	4	5
5. 教练员帮助队员改善在训练比赛中的不足	1	2	3	4	5
6. 教练员总是对队员表示关心	1	2	3	4	5
7. 教练员制定训练内容负荷时会与队员进行沟通	1	2	3	4	5
8. 教练员通过训练提高队员的技术与战术水平	1	2	3	4	5
9. 教练员鼓励与引导队员之间互相帮助、互相提高	1	2	3	4	5
10. 教练员总是用命令的口气跟队员说话	1	2	3	4	5
11. 教练员在队员能力表现良好时，会在其他队员面前赞扬	1	2	3	4	5
12. 教练员总是帮助解决队内的矛盾与冲突	1	2	3	4	5
13. 教练员对队员表现好时，会给予口头赞扬	1	2	3	4	5
14. 教练员清楚地向队员讲解技战术在比赛中的作用	1	2	3	4	5
15. 教练员会充分征求队员对比赛战术和策略的意见	1	2	3	4	5
16. 教练员鼓励队员就训练比赛提出个人建议	1	2	3	4	5
17. 教练员总是会花大量的时间对队员的表现做出评价	1	2	3	4	5
18. 教练员总是表现得很严厉，拒人于千里之外	1	2	3	4	5
19. 教练员总是帮助队员解决个人生活问题	1	2	3	4	5
20. 教练员总是充分考虑到每个队员的个人需求	1	2	3	4	5
21. 教练会针对每个队员的表现做出具体的评价	1	2	3	4	5
22. 教练员清楚地向队员解释技战术比赛中具体应用的策略	1	2	3	4	5
23. 教练员能告诉队员他在什么时候表现得特别好	1	2	3	4	5
24. 教练员在执教过程中清楚地表达对队员训练和比赛的具体要求	1	2	3	4	5

续表

一、教练员领导行为量表	非常不同意	不同意	一般	同意	非常同意
25. 教练员会充分征求队员对训练强度和内容的反馈意见	1	2	3	4	5
26. 在训练比赛中，教练员只要求队员应怎样做，而不说明为什么	1	2	3	4	5
27. 制订训练计划时，教练员不会考虑队员的意见	1	2	3	4	5
28. 在队员表现好时，教练员会表达感谢	1	2	3	4	5
29. 教练员能明确地指出每个队员在训练比赛中的优缺点	1	2	3	4	5
30. 对重要事情做决定时，教练员不会考虑队员的意见	1	2	3	4	5
31. 教练员要求队员无条件接受他的意见	1	2	3	4	5

二、运动员目标导向量表	非常不同意	不同意	一般	同意	非常同意
1. 当别人表现得很糟糕，但我表现得很好的时候，我有成就感	1	2	3	4	5
2. 当我所学的东西使我想去训练尝试时，我有成就感	1	2	3	4	5
3. 当我学会新的技能时，我有成就感	1	2	3	4	5
4. 当我尽最大努力训练时，我有成就感	1	2	3	4	5
5. 当我在比赛中状态出色时，我有成就感	1	2	3	4	5
6. 当我努力去尝试新的技术动作时，我有成就感	1	2	3	4	5
7. 当其他队员表现不如我时，我有成就感	1	2	3	4	5
8. 当我掌握了某种技术动作时，我有成就感	1	2	3	4	5
9. 当所学的技能和知识应用得得心应手时，我有成就感	1	2	3	4	5
10. 当我非常努力地投入训练时，我有成就感	1	2	3	4	5
11. 当我在训练和比赛中得分最多时，我有成就感	1	2	3	4	5
12. 当我表现得比其他队员更好时，我有成就感	1	2	3	4	5
13. 当我学习到有趣的新知识时，我有成就感	1	2	3	4	5

三、教练员激励氛围量表	非常不同意	不同意	一般	同意	非常同意
1. 在团队中，教练员会针对队员的竞技弱点，帮助和要求队员认真进行针对性训练	1	2	3	4	5
2. 在团队中，教练员要求队员在训练中的配合要默契	1	2	3	4	5

三、教练员激励氛围量表	非常不同意	不同意	一般	同意	非常同意
3. 在团队中，教练员让每个队员觉得自己扮演着重要的角色	1	2	3	4	5
4. 在团队中，当队员表现不好时，教练员会表达强烈不满	1	2	3	4	5
5. 在团队中，教练员对待主力队员和替补队员的态度不同	1	2	3	4	5
6. 在团队中，只有那些表现优异的队员能得到教练员的赏识	1	2	3	4	5
7. 在团队中，只有你表现优异才有机会上场比赛	1	2	3	4	5
8. 在团队中，教练员更喜欢某些队员，不喜欢另一些队员	1	2	3	4	5
9. 在团队中，教练员鼓励队员努力完善与改进自身的技术动作	1	2	3	4	5
10. 在团队中，教练员引导队员提高竞技水平、增强成就感	1	2	3	4	5
11. 在团队中，教练员非常强调训练质量的提高	1	2	3	4	5
12. 在团队中，教练员相信所有队员对团队的成功都很重要	1	2	3	4	5
13. 在团队中，队员会因为犯错而受到惩罚	1	2	3	4	5
14. 在团队中，当我训练表现超越队友时，才会得到教练员的表扬	1	2	3	4	5
15. 在团队中，教练员能让每个队员认识到自身的长处	1	2	3	4	5
16. 在团队中，教练员要求队员认真踏实地做好过程	1	2	3	4	5
17. 在团队中，教练员鼓励队员互帮互学，共同提高	1	2	3	4	5
18. 在团队中，教练员对主力队员给予更多的偏爱和优待	1	2	3	4	5
19. 在团队训练中，教练员鼓励队内相互竞争	1	2	3	4	5
20. 在团队中，教练员很清楚谁是最好的队员	1	2	3	4	5
21. 在团队中，队员会因为惩罚而害怕犯错误	1	2	3	4	5
22. 在团队中，教练员能通过不断的努力，帮助队员克服技能上的缺陷	1	2	3	4	5
23. 在团队中，教练员鼓励队员相互切磋、交流	1	2	3	4	5

续表

三、教练员激励氛围量表	非常不同意	不同意	一般	同意	非常同意
24. 在团队中，教练员会对努力训练的队员提出表扬	1	2	3	4	5
25. 在团队中，教练员会因为队员的失误而愤怒	1	2	3	4	5
26. 在团队中，当我训练水平超越队友时，我会有成就感和幸福感	1	2	3	4	5
27. 在团队中，教练员只认为主力队员对球队成功做出贡献	1	2	3	4	5
28. 在团队中，教练员总是强调你要付出努力	1	2	3	4	5
29. 在团队中，教练员要求队员共同探讨问题，共同提高	1	2	3	4	5
30. 在团队中，教练员经常会惩罚犯错误的队员	1	2	3	4	5
31. 在团队中，教练员让每个队员感到自己是重要的团队成员之一	1	2	3	4	5
32. 在团队中，尽管队员的竞技水平不同，但是教练员认为每个人对团队成功都很重要	1	2	3	4	5
33. 在团队中，教练员总是给予主力队员更多的关注	1	2	3	4	5

四、运动员基本心理需求量表	非常不同意	不同意	一般	同意	非常同意
1. 我感到训练中我有足够的自由和话语权	1	2	3	4	5
2. 我训练努力是因为我渴望训练	1	2	3	4	5
3. 我认为我具备优秀运动员的潜质	1	2	3	4	5
4. 在团队中，我感到教练非常重视我	1	2	3	4	5
5. 我对我的训练表现感到满意	1	2	3	4	5
6. 在团队中，我感到受到教练员的支持	1	2	3	4	5
7. 训练后我对我的竞技能力充满信心	1	2	3	4	5
8. 在团队中，我感到教练员能听取我的意见	1	2	3	4	5
9. 我可以在一定程度上灵活地掌握训练量	1	2	3	4	5
10. 在团队中，我感到受到教练员的理解	1	2	3	4	5

续表

四、运动员基本心理需求量表	非常不同意	不同意	一般	同意	非常同意
11. 我感到通过训练我的竞技水平有所提高	1	2	3	4	5
12. 我有一定权利决定自己希望增强的训练技能	1	2	3	4	5
13. 在团队中，我感到教练员将我当作家人一样看待	1	2	3	4	5
14. 我有一定权利决定或改进训练方式与内容	1	2	3	4	5
15. 我对自己训练和比赛中的能力感到满意	1	2	3	4	5

五、运动动机量表	非常同意	不同意	一般	同意	非常同意
1. 参与训练和比赛可以帮助我学习其他的生活技能	1	2	3	4	5
2. 参与训练和比赛是因为教练员要求我这样做	1	2	3	4	5
3. 当我掌握一定难度的运动技能时，我会获得一种个人满足	1	2	3	4	5
4. 参与训练和比赛能使我认识更多的人	1	2	3	4	5
5. 参与训练和比赛能让我认识的人重视我	1	2	3	4	5
6. 参与训练和比赛可以让我获得荣誉和社会地位	1	2	3	4	5
7. 我从事该项目是希望在该项目界有好的声望	1	2	3	4	5
8. 训练与比赛中，我对该项目的运动越了解时，我的兴趣会越高	1	2	3	4	5
9. 当我没有认真参与训练时，我会心里不舒服	1	2	3	4	5
10. 参与训练和比赛可以让我在物质上获得一些好处	1	2	3	4	5
11. 当我全力投入训练或比赛时，我会获得一种兴奋感	1	2	3	4	5
12. 当我领悟到某种新的运动技能提升方法时，我会感到愉快	1	2	3	4	5
13. 参与训练和比赛是我与朋友保持良好关系的重要途径	1	2	3	4	5
14. 参与训练和比赛是要向其他人证明自己的价值	1	2	3	4	5
15. 参与训练和比赛是获得自身其他方面素质提升的一种途径	1	2	3	4	5
16. 我认为从事该项目是别人发现我棒的最好方法	1	2	3	4	5
17. 我参与训练和比赛是因为希望获得好的运动成绩	1	2	3	4	5
18. 当我的运动技能不断获得提升时，我会获得一种满足感	1	2	3	4	5

续表

五、运动动机量表	非常不同意	不同意	一般	同意	非常同意
19. 参与训练和比赛能够提高自身的竞技水平	1	2	3	4	5
20. 我喜欢在大众面前展示自己的运动技能有多棒	1	2	3	4	5
21. 参与训练和比赛可以让我获得他人的认可	1	2	3	4	5
22. 只有在参与训练与比赛的过程中，我才能感觉自己是最好的	1	2	3	4	5

六、教练员支持行为	非常不同意	不同意	一般	同意	非常同意
1. 球队出现问题后，教练员会咨询大家想法	1	2	3	4	5
2. 教练员经常灌输我们团队意识	1	2	3	4	5
3. 教练员会让我们对自己的能力有信心	1	2	3	4	5
4. 如果我们在训练中表现优异，教练员会感到快乐	1	2	3	4	5
5. 教练员对我们充满信任	1	2	3	4	5
6. 教练员重视我们每一个队员	1	2	3	4	5
7. 教练员对我们训练中体现的能力充满信心	1	2	3	4	5
8. 教练员会充分听取我们的意见	1	2	3	4	5
9. 我们感到教练员能对我们训练中的问题给予理解	1	2	3	4	5
10. 球队出现问题后，教练员会咨询大家的想法	1	2	3	4	5
11. 教练员在训练中会考虑我们的感受与身体状况	1	2	3	4	5
12. 教练员鼓励我们尝试新的训练方法与训练内容	1	2	3	4	5
13. 教练员帮助我们提高训练水平	1	2	3	4	5

七、群体凝聚力量表	非常不同意	不同意	一般	同意	非常同意
1. 我对我们队的求胜欲感到高兴	1	2	3	4	5
2. 这个队为我个人成绩的提高提供了足够的机会	1	2	3	4	5
3. 我喜欢我们队的战术打法	1	2	3	4	5
4. 我对比赛中我所承担的任务和担当的角色感到满意	1	2	3	4	5
5. 我愿意经常参加队内的聚会或集体活动	1	2	3	4	5
6. 如果有一天我离开这个队伍，我会惦念队友	1	2	3	4	5
7. 很多队员都是我场下的好朋友	1	2	3	4	5

续表

七、群体凝聚力量表	非常不同意	不同意	一般	同意	非常同意
8. 我很荣幸能在这个队里训练和比赛	1	2	3	4	5
9. 我们在比赛和训练中是团结一致的	1	2	3	4	5
10. 所有队员都有共同的训练比赛目标	1	2	3	4	5
11. 在训练比赛中，任何人遇到问题，其他队员都愿意给予帮助	1	2	3	4	5
12. 在比赛或训练期间，队员之间会针对每个人所承担的任务和扮演的角色坦诚地交换意见	1	2	3	4	5
13. 我们队的队员经常在一起聚会	1	2	3	4	5
14. 比赛结束后，在闲暇时我们队的队员喜欢在一起消磨时间	1	2	3	4	5
15. 除了比赛和训练，我们队的队员很少来往	1	2	3	4	5

感谢您参与本次调查，您的观点与建议将对我们的培训研究非常具有价值！

附录 B 教练员领导行为、激励氛围对运动员动机内化影响研究（正式）

您好！

　　本问卷专为学术研究设计，采用无记名方式填写。请您根据所在排球队的实际情况对相关题项做出真实和客观的评价。问卷的数据结果仅供学术研究使用，敬请安心填写。请您在填写此问卷时，细心阅读各项问题，真实地做出您的评价。问题的完整性对学术研究非常重要，请您完整回答所有问题。感谢您对本研究的支持与参与！

（一）您的基本情况（专业组）

请根据您的实际情况，在最符合的选项上画"√"。

1. 您的性别：

（1）男　　　　　　　　　　　　　　　　（2）女

2. 您的年龄

（1）16 岁以下（2）16～17 岁（3）18～19 岁（4）20～21 岁（5）21 岁以上

3. 您在球队比赛中是

（1）主力队员　　　　　（2）替补队员　　　　　（3）不好说

4. 您的运动等级

（1）二级　　　　　（2）一级　　　　　（3）健将级

（4）国际健将级　　　　　（5）其他

5. 您加入该球队的时间

（1）2 年以下　　　　　　　　　　　　（2）2～3 年

（3）3～4 年　　　　　　　　　　　　（4）4 年以上

（二）您的基本情况（非专业组）

请根据您的实际情况，在最符合的数字上画"√"。

1. 您的性别：（1）男　　　　　　　　（2）女

2. 您现在是：（1）本科生　　　　　　（2）研究生

3. 您所在学校是：（1）一本　　　　　（2）二本

4. 您现在是：（1）大一（2）大二（3）大三（4）大四（5）研究生

5. 您的年龄：

（1）18 岁以下（2）18～20 岁（3）21～23 岁（4）24～26 岁（5）27 岁以上

6. 您是否是首发队员：

（1）是　　　　　（2）不是　　　　　（3）不好说

7. 您的运动等级：

（1）二级　　　　　　　　　　（2）一级

（3）健将级　　　　　　　　　（4）国际健将级

8. 您的球龄是：

（1）1～3 年　　　（2）3～5 年　　　（3）6～8 年

（4）9～11 年　　　（5）12～14 年　　　（6）15 年以上

9. 平时每周训练天数：

（1）1 天/周（2）2～3 天/周（3）4～5 天/周（4）6 天以上/周

打分说明：问卷项目以打分为基础，评分由 1 分至 5 分。

1：非常不同意　　2：不同意　　3：一般　　4：同意　　5：非常同意

一、教练员领导行为量表	非常不同意	不同意	一般	同意	非常同意
1. 教练员鼓励队员针对训练中的问题自己找答案	1	2	3	4	5
2. 对重要事情做决定时，教练员能事先征求队员的意见	1	2	3	4	5
3. 教练员鼓励队员能自己设定训练目标和采取措施	1	2	3	4	5
4. 教练员帮助队员改善在训练比赛中的不足	1	2	3	4	5
5. 教练员总是对队员表示关心	1	2	3	4	5
6. 教练员制定训练内容负荷时会与队员进行沟通	1	2	3	4	5
7. 教练员通过训练提高队员的技术与战术水平	1	2	3	4	5
8. 教练员鼓励与引导队员之间互相帮助、互相提高	1	2	3	4	5
9. 教练员在队员能力表现良好时，会在其他队员面前赞扬	1	2	3	4	5
10. 教练员总是帮助解决队内的矛盾与冲突	1	2	3	4	5
11. 教练员在队员表现好时，会给予口头赞扬	1	2	3	4	5
12. 教练员清楚地向队员讲解技战术在比赛中的作用	1	2	3	4	5
13. 教练员会充分征求队员对比赛战术和策略的意见	1	2	3	4	5

续表

一、教练员领导行为量表	非常不同意	不同意	一般	同意	非常同意
14. 教练员鼓励队员就训练比赛提出个人建议	1	2	3	4	5
15. 教练员总是会花大量的时间对队员的表现做出评价	1	2	3	4	5
16. 教练员总是帮助队员解决个人生活问题	1	2	3	4	5
17. 教练员总是充分考虑到每个队员的个人需求	1	2	3	4	5
18. 教练员会针对每个队员的表现做出具体的评价	1	2	3	4	5
19. 教练员清楚地向我们解释技战术比赛中具体应用的策略	1	2	3	4	5
20. 教练员能告诉队员他在什么时候表现得特别好	1	2	3	4	5
21. 教练员执教过程中清楚地表达对队员训练和比赛的具体要求	1	2	3	4	5
22. 教练员会充分征求队员对训练强度和内容的反馈意见	1	2	3	4	5
23. 在训练比赛中，教练员只要求队员应该怎样做，而不说明为什么	1	2	3	4	5
24. 制订训练计划时，教练不会考虑队员的意见	1	2	3	4	5
25. 在队员表现好时，教练员会表达感谢	1	2	3	4	5
26. 教练员能明确地指出每个队员在训练比赛中的优缺点	1	2	3	4	5
27. 对重要事情做决定时，教练员不会考虑队员的意见	1	2	3	4	5
28. 教练员要求队员无条件接受他的意见	1	2	3	4	5

二、运动员目标导向量表	非常不同意	不同意	一般	同意	非常同意
1. 当我所学的东西使我想去训练尝试时，我有成就感	1	2	3	4	5
2. 当我学会新的技能时，我有成就感	1	2	3	4	5
3. 当我尽最大努力训练时，我有成就感	1	2	3	4	5
4. 当我在比赛中状态出色时，我有成就感	1	2	3	4	5
5. 当我努力去尝试新的技术动作时，我有成就感	1	2	3	4	5
6. 当其他队员表现不如我时，我有成就感	1	2	3	4	5
7. 当我掌握了某种技术动作时，我有成就感	1	2	3	4	5

续表

二、运动员目标导向量表	非常不同意	不同意	一般	同意	非常同意
8. 当所学的技能和知识应用得得心应手时，我有成就感	1	2	3	4	5
9. 当我非常努力地投入训练时，我有成就感	1	2	3	4	5
10. 当我在训练和比赛中得分最多时，我有成就感	1	2	3	4	5
11. 当我学习到有趣的新知识时，我有成就感	1	2	3	4	5

三、教练员激励氛围量表	非常不同意	不同意	一般	同意	非常同意
1. 在团队中，教练员会针对队员的竞技弱点，帮助和要求我们认真进行针对性训练	1	2	3	4	5
2. 在团队中，教练员要求队员在训练中的配合要默契	1	2	3	4	5
3. 在团队中，教练员让每个队员觉得自己扮演着重要的角色	1	2	3	4	5
4. 在团队中，当队员表现不好时，教练员会强烈表达不满	1	2	3	4	5
5. 在团队中，教练员对待主力队员和替补队员的态度不同	1	2	3	4	5
6. 在团队中，只有那些表现优异的队员能得到教练的赏识	1	2	3	4	5
7. 在团队中，只有你表现优异才有机会上场比赛	1	2	3	4	5
8. 在团队中，教练员引导队员提高竞技水平，增强成就感	1	2	3	4	5
9. 在团队中，教练员相信所有队员对团队的成功都很重要	1	2	3	4	5
10. 在团队中，队员会因为犯错而受到惩罚	1	2	3	4	5
11. 在团队中，教练员能让我们每个人认识到自身的长处	1	2	3	4	5
12. 在团队中，教练员鼓励队员互帮互学，共同提高	1	2	3	4	5
13. 在团队中，教练员对主力队员给予更多的偏爱和优待	1	2	3	4	5
14. 在团队训练中，教练员鼓励队内相互竞争	1	2	3	4	5
15. 在团队中，教练员很清楚谁是最好的队员	1	2	3	4	5

续表

三、教练员激励氛围量表	非常 不同意	不同 意	一般	同意	非常 同意
16. 在团队中，队员会因为惩罚而害怕犯错误	1	2	3	4	5
17. 在团队中，教练员能通过不断的努力，帮助队员克服技能上的缺陷	1	2	3	4	5
18. 在团队中，教练员会对努力训练的队员提出表扬	1	2	3	4	5
19. 在团队中，教练员会因为队员的失误而愤怒	1	2	3	4	5
20. 在团队中，当我训练水平超越队友时，我会有成就感和幸福感	1	2	3	4	5
21. 在团队中，教练员总是强调你要付出努力	1	2	3	4	5
22. 在团队中，教练员要求队员共同探讨问题，共同提高	1	2	3	4	5
23. 在团队中，教练员经常会惩罚犯错误的队员	1	2	3	4	5
24. 在团队中，教练员让每个队员感到自己是重要的团队成员之一	1	2	3	4	5
25. 在团队中，尽管队员的竞技水平不同，但是教练员认为每个人对团队成功都很重要	1	2	3	4	5
26. 在团队中，教练员总是给予主力队员更多的关注	1	2	3	4	5
四、运动员基本心理需求量表	非常 不同意	不同 意	一般	同意	非常 同意
1. 我感到训练中我有足够的自由和话语权	1	2	3	4	5
2. 我训练努力是因为我渴望训练	1	2	3	4	5
3. 我认为我具备优秀运动员的潜质	1	2	3	4	5
4. 在团队中，我感到教练非常重视我	1	2	3	4	5
5. 我对我的训练表现感到满意	1	2	3	4	5
6. 在团队中，我感到受到教练员的支持	1	2	3	4	5
7. 训练后我对我的竞技能力充满信心	1	2	3	4	5
8. 在团队中，我感到教练员能听取我的意见	1	2	3	4	5
9. 我可以在一定程度上灵活地掌握训练量	1	2	3	4	5
10. 在团队中，我感到受到教练员的理解	1	2	3	4	5
11. 我有一定权利决定自己希望增强的训练技能	1	2	3	4	5
12. 在团队中，我感到教练员将我当作家人一样看待	1	2	3	4	5

四、运动员基本心理需求量表	非常不同意	不同意	一般	同意	非常同意
13. 我有一定权利决定或改进训练方式与内容	1	2	3	4	5
14. 我对自己训练和比赛中的能力感到满意	1	2	3	4	5

五、运动动机量表	非常同意	不同意	一般	同意	非常同意
1. 参与训练和比赛可以帮助我学习其他的生活技能	1	2	3	4	5
2. 参与训练和比赛是因为教练员要求我这样做	1	2	3	4	5
3. 当我掌握一定难度的运动技能时，我会获得一种个人满足	1	2	3	4	5
4. 参与训练和比赛能让我认识的人重视我	1	2	3	4	5
5. 参与训练和比赛可以让我获得荣誉和社会地位	1	2	3	4	5
6. 我从事该项目是希望在该项目界有好的声望	1	2	3	4	5
7. 在训练与比赛中，我对该项目的运动越了解，我的兴趣会越高	1	2	3	4	5
8. 当我没有认真参与训练时，我会心里不舒服	1	2	3	4	5
9. 当我全力投入训练或比赛时，我会获得一种兴奋感	1	2	3	4	5
10. 当我领悟到某种新的运动技能提升方法时，我会感到愉快	1	2	3	4	5
11. 参与训练和比赛是我与朋友保持良好关系的重要途径	1	2	3	4	5
12. 参与训练和比赛是要向其他人证明自己的价值	1	2	3	4	5
13. 参与训练和比赛是获得自身其他方面素质提升的一种途径	1	2	3	4	5
14. 我认为从事该项目是别人发现我棒的最好方法	1	2	3	4	5
15. 参与训练和比赛能够提高自身的竞技水平	1	2	3	4	5
16. 我喜欢在大众面前展示自己的运动技能有多棒	1	2	3	4	5
17. 参与训练和比赛可以让我获得他人的认可	1	2	3	4	5

六、教练员支持行为	非常不同意	不同意	一般	同意	非常同意
1. 教练员鼓励我们在训练中多问问题	1	2	3	4	5
2. 教练员经常灌输我们团队意识	1	2	3	4	5

续表

六、教练员支持行为	非常 不同意	不同意	一般	同意	非常 同意
3. 教练员会让我们对自己的能力有信心	1	2	3	4	5
4. 如果我们在训练中表现优秀，教练员会感到快乐	1	2	3	4	5
5. 教练员对我们充满信任	1	2	3	4	5
6. 教练员重视我们每一个队员	1	2	3	4	5
7. 教练员对我们训练中所体现的能力充满信心	1	2	3	4	5
8. 教练员会充分听取我们的意见	1	2	3	4	5
9. 我们感到教练员能对我们训练中的问题给予理解	1	2	3	4	5
10. 球队出现问题后，教练员会咨询大家的想法	1	2	3	4	5
11. 教练员在训练中会考虑我们的感受与身体状况	1	2	3	4	5
12. 教练员鼓励我们尝试新的训练方法与训练内容	1	2	3	4	5
13. 教练员帮助我们提高训练水平	1	2	3	4	5

七、群体凝聚力量表	非常 不同意	不同意	一般	同意	非常 同意
1. 我对我们队的求胜欲感到高兴	1	2	3	4	5
2. 这个队为我个人成绩的提高提供了足够的机会	1	2	3	4	5
3. 我喜欢我们队的战术打法	1	2	3	4	5
4. 我对比赛中我所承担的任务和担当的角色感到满意	1	2	3	4	5
5. 我愿意经常参加队内的聚会或集体活动	1	2	3	4	5
6. 如果有一天我离开这个队伍，我会惦念队友	1	2	3	4	5
7. 很多队员都是我场下的好朋友	1	2	3	4	5
8. 我很荣幸能在这个队里训练和比赛	1	2	3	4	5
9. 我们在比赛和训练中是团结一致的	1	2	3	4	5
10. 在训练比赛中，任何人遇到问题，其他队员都愿意给予帮助	1	2	3	4	5
11. 在比赛或训练期间，队员之间会针对每个人所承担的任务和扮演的角色坦诚地交换意见	1	2	3	4	5
12. 我们队的队员经常在一起聚会	1	2	3	4	5
13. 比赛结束后，在闲暇时我们队的队员喜欢在一起消磨时间	1	2	3	4	5

感谢您参与本次调查，您的观点与建议将对我们的研究非常具有价值！